# 最经典的
# 经济学
# 常识

盛文林 ◎ 编著

台海出版社

图书在版编目（CIP）数据

最经典的经济学常识 / 盛文林编著. —北京：台海出版社，2011.2

ISBN 978-7-80141-766-4

Ⅰ. ①最… Ⅱ. ①盛… Ⅲ. ①经济学－通俗读物
Ⅳ. ①F0-49

中国版本图书馆 CIP 数据核字(2010)第 262672 号

---

**最经典的经济学常识**

| | | | |
|---|---|---|---|
| 著　　者： | 盛文林 | 装帧设计： | 天下书装 |
| 责任编辑： | 姜航 | | |
| 版式设计： | 盛文林文化 | 责任印制： | 蔡旭 |

出版发行：台海出版社
地　　址：北京市景山东街20号，　邮政编码：　100009
电　　话：010－64041652（发行，邮购）
传　　真：010－84045799（总编室）
网　　址：www.taimeng.org.cn/thcbs/defauit.htm
E-mail：　th-cbs@163.com

经　　销：全国各地新华书店
印　　刷：北京高岭印刷有限公司
本书如有破损、缺页、装订错误，请与本社联系调换
开　　本：710×1000　1/16
字　　数：200千字　　　　　　　　　　印　张：16
版　　次：2011年11月第1版　　　　　印　次：2011年11月第1次印刷
书　　号：ISBN 978-7-80141-766-4
定　　价：28.00元

**版权所有　翻印必究**

# 前 言

"纵然当代的这种情绪姑可不论,经济学家和政治哲学家的思想,正确也罢,错误也罢,其力量之大,常人往往认识不足。事实上可以说统治这个世界的舍如此之思想几无他也。实干家们,自信可在相当程度上免受任何学理之影响者,往往已沦为某一个已故经济学家的思想奴隶。掌权的狂人们,自称可从虚空里听获神音天意者,其狂悖骄妄则常常是从几年前尚存学界的某个不入流学者的思想中提炼浓缩而成。"

—— 凯恩斯

# 目 录

## 什么是经济学

经济学 ································· 1
古代经济学 ····························· 2
经济学基本原理 ························ 6
经济学科分类 ························· 15
经济学与政策 ························· 18
西方经济学流派 ······················· 19
现代西方经济学流派 ·················· 23
经济学的研究方法 ···················· 28

## 经济学定律与常用术语解析

国民幸福指数 ························· 39
住房痛苦指数 ························· 40
国民收入 ····························· 43
国内生产总值 ························· 44
国民生产总值 ························· 46
经济增长率 ··························· 48
物价指数 ····························· 49
失业率 ······························· 51
货　币 ······························· 52
利　率 ······························· 53
汇　率 ······························· 56

| | |
|---|---|
| 国际收支 | 60 |
| 金融市场 | 62 |
| 国际金融市场 | 64 |
| 外　汇 | 66 |
| 基　金 | 76 |
| 股　票 | 89 |
| 股权收购 | 101 |
| 股权转让 | 104 |
| 证　券 | 110 |
| 债　券 | 112 |
| 期　货 | 121 |
| 权　证 | 126 |
| 国际贸易 | 131 |
| 技术贸易 | 136 |
| 知识产权保护 | 141 |
| 保税物流 | 142 |
| 保　险 | 144 |
| 利　润 | 150 |
| 垄　断 | 151 |
| 产业结构 | 154 |
| 乘数效应 | 157 |
| 成　本 | 160 |
| 中产阶级 | 163 |
| 羊群效应 | 163 |
| 恩格尔系数 | 170 |
| 基尼系数 | 173 |
| 房产税 | 175 |
| 公共物品 | 177 |
| 公共产品理论 | 179 |
| 公共选择理论 | 182 |
| 溢出效应 | 191 |

| 规模效应 | 192 |
| 品牌效应 | 192 |
| 核心竞争力 | 197 |
| 信息不对称理论 | 200 |
| 关税壁垒 | 203 |
| 特别提款权 | 207 |

## 经济学大家

| 现代经济学之父——亚当·斯密 | 210 |
| 最有影响力的古典经济学家——大卫·李嘉图 | 212 |
| 战后繁荣之父——凯恩斯 | 217 |
| 一门皆显赫——保罗·萨缪尔森 | 220 |
| 精神病患者——约翰·纳什 | 223 |
| 穷人的经济学家——阿马蒂亚·森 | 230 |
| 总统、首相的导师——米尔顿·弗里德曼 | 234 |
| 欧元之父——罗伯特·蒙代尔 | 236 |

## 世界经济机构

| 国际货币基金组织 | 238 |
| 世界银行 | 239 |
| 世界贸易组织 | 242 |
| 亚洲开发银行 | 245 |

# 什么是经济学

## 经济学

经济学的英文名字 Economics 是由希腊文 οικοσ［oikos］发展而来，意思是家庭、家族、财产权（family，household，estate）以及 νομοσ［nomos］，或法律（custom，law）组成，从词组上来看是指家族管理（household management）或政府的管理。

当代经济学的定义指对人类各种经济活动和各种经济关系进行理论的、应用的、历史的以及有关方法的研究的各类学科的总称。经济学又可称为经济科学，即经世济民的科学。它是研究人类个体及其社会在其发展的各个阶段上的各种需求和满足需求的活动及其规律的学科。经济者，经世济民也。世者，人类社会也；民者，社会主体也。由"民"与"民"之间拉出一条"需求和满足需求"的线，连结成一对"商品供求"关系，这就是"经"；而"民"与"民"两个"社会主体"的"需求"都得到了"满足"，这就是"济"。经济学，是以"公民"及其"商品"和"商品要素"（如"土地"、"劳动力"、"技术"、"空气"、"水"等）为主要研究对象的。因此，商品是经济的起点，商品学是经济学的基础，财务学、会计学是经济学的桥梁。

经济学研究的内容。经济学被称为"社会科学之皇后"。相对于人们的欲望，经济资源总是短缺的。经济学就要研究如何合理地配置和充分利用稀缺的经济资源来满足人们的多种需求。微观经济学与宏观经济学是经济学的基础。微观经济学是研究社会中单个经济单位的经济行为，以及相应的经济变量的单项数值如何决定的经济学说，亦称市场经济学或价格理论，其中心理论是价格理论。宏观经济学是以国民经济总过程的活动为研究对象，主要研究就业总水平、国民总收入等经济总量，宏观经济学也称为就业理论或收入理论。

## 古代经济学

古希腊在经济思想方面的主要贡献中,有色诺芬的《经济论》,柏拉图的社会分工论和亚里士多德关于商品交换与货币的学说。色诺芬的《经济论》论述奴隶主如何管理家庭农庄,如何使具有使用价值的财富得以增加。色诺芬十分重视农业,他认为农业是希腊自由民的最好职业,这对古罗马的经济思想和以后法国重农学派都有影响。柏拉图在《理想国》一书中从人性论、国家组织原理、使用价值的生产三个方面考察社会分工的必要性,他认为社会分工是出于人性和经济生活所必需的一种自然现象。这个社会分工学说,旨在为他设想的奴隶主理想国提供理论根据,对当时的社会经济结构提出了一个理论分析。这种分析与中国古代管仲的"四民分业"论和孟轲的农耕与百业、劳心与劳力的"通功易事,以羡补不足"的理论,基本上是一致的。亚里士多德在《政治学》与《伦理学》两书中有关经济思想方面的贡献,不仅在于他指出了每种物品都有供直接使用和与其他物品相交换两种用途,而且说明了商品交换的历史发展和货币作为交换媒介的职能,指出货币对一切商品起着一种等同关系即等价关系的作用,从而成为最早分析商品价值形态和货币性质的学者。但是他对追求货币财富的商业资本和高利贷资本都从公正原则出发持否定态度。

古罗马的经济思想,部分见于几位著名思想家如大加图(公元前234～前149年)、瓦罗(公元前116～前27年)等人的著作中。他们论述奴隶制农庄的管理和农作物的种植技术,把农业放在社会经济的首位,赞赏自给自足的自然经济。但是古罗马对经济思想的贡献,主要是罗马法中关于财产、契约和自然法则的思想。古罗马早期有十二铜表法,以后在帝国时期有市民法(适用于罗马公民的民事法律)和万民法(适用于帝国境内的各族人的法律)。在这些法律中,古罗马法学家对于财产权、契约关系以及与此相联系的买卖、借贷、债务等关系都有明确的解释,这些思想对于中世纪的"公平价格"概念和以后资本主义社会中关于一切经济行为都基于私有财产权的经济思想,而有重大的影响。万民法所依据的普遍性原则和自然合理性,以后逐渐形成自然法则思想,成为资本主义初期的自然法、自然秩序思想的重要来源。

西欧中世纪经历了千年之久,封建制度从11世纪开始才真正建立起来。中世纪的学术思想为教会所垄断,形成所谓经院学派。经院学派主要用哲学形式为宗教的神学作论证,但也包含某些经济思想,用来论证某些经济关系或行为是否合法或是否公平。后来由于商品经济的发展和城市的兴起,教会不得不回答当时社会上出现的两个重要问题:一是贷款利息的正当性问题,一是交换价格的公正性问题。贷款取息与教义抵触,教会曾一再明令禁止。但后来迫于大量流行的贷款取息的现实,经院学派不得不采取调和态度。如13世纪的神学家托马斯·阿奎那,原则上反对贷款取息,但认为在贷者因出贷蒙受损失,或借主逾期未还,或以入伙方式贷款等情况下,可以收取利息。关于公平价格的概念,在古罗马法学家著作中提出过。在中世纪神学家中较早论述公平价格的是大阿尔伯特(约公元1200年~1280年),他认为公平价格是和成本相等的价格,市场价格不能长期低于成本。托马斯·阿奎那基本上接受这个看法,但加上了许多主观因素。对这两个问题,在中世纪并未形成有说服力的观点,但为以后的经济学家提出了研究的课题。

19世纪末期,随着资产阶级经济学研究对象的演变,即更倾向于对经济现象的论证,而不注重国家政策的分析,有些经济学家改变了政治经济学这个名称。英国经济学家 W. S. 杰文斯在他的《政治经济学理论》(1879年第二版)序言中,明确提出应当用"经济学"代替"政治经济学",认为单一词比复合词更为简单明确;去掉"政治"一词,也更符合于学科研究的对象和主旨。1890年,A. 马歇尔出版了他的《经济学原理》,从书名上改变了长期使用的"政治经济学"这一学科名称。到20世纪,在西方国家,"经济学"这一名称就逐渐代替了"政治经济学",既被用于理论经济学,也被用于应用经济学。

战国时期,在中国出现了一个学术思想空前繁荣的局面。诸子百家竞相著书立说,其中最著名的有道家、儒家、墨家和法家。他们的经济思想,对中国的封建经济思想以至中国封建经济本身的发展,起着深远的影响。由于中国封建社会的经济和政治制度有着自己的特点,因而反映这个制度要求的各家经济思想以及以后的演变,与西方古代的经济思想比较,除在重视农业生产、社会分工思想等方面有些共同之处外,也有它自己的特点。具有中国特色的古代经济思想,主要如下:

"道法自然"的思想

道法自然是道家的经济思想。道家所说的"道"不单指自然界的道,同时也指人类社会的道。道家从自然哲学出发,主张经济活动应顺从自然法则运行,主张清静无为和"小国寡民",反对在当时日益发展的封建等级制度下儒家所提倡的礼制和法家所主张的刑政。这种经济思想在汉代司马迁的著作《史记·货殖列传》与《史记·平准书》中得到阐发。司马迁反对当时桑弘羊为了增加财政收入而主张由封建官府垄断盐铁等重要工商业的经营的做法，主张农工商各业应任其自然发展。道家这种经济思想后来传到西欧，对17～18世纪在西欧盛行的自然法和自然秩序思想有一定影响。

义利思想即关于人们求利活动与道德规范之间相互关系的理论。"利"主要指物质利益，"义"是指人们行动应遵循的道德规范。儒家道德经济学与儒商的兴起，就如欧洲宗教改革的新教伦理带来的资本主义工业文明的发展。同样，儒家的现代化改革带来的是有社会责任和伦理约束的现代化后工业文明；因而，儒家在新经济时代具有新的经济管理与企业文化意义。义利关系是中国古代思想史上有争议的一个问题。儒家承认求利之心，人人皆有，因而不反对求利，但是他们把义放在首位，认为求利活动应受义的制约，主张重义轻利，先义后利。这就是说，要把合乎封建等级利益的规范，作为求利的前提。尽管当时和以后也有重利轻义或义利结合的主张，但是儒家贵义贱利的理论，却占统治地位，成为中国封建社会长期束缚人们思想的僵化教条，妨碍了人们对求利、求富问题的探讨和论证，也在一定程度上影响了商品经济在中国的发展。

富国思想

中国古代思想家为使中央集权的封建制国家富强，提出了各种见解或政策。孔丘提出要"足食足兵"，孔门有若（公元前518～?）提出"百姓足，君孰与不足"，这是儒家早期的富国思想。以后商鞅在秦国变法，提出富国强兵和"重本抑末"政策，他是法家富国理论最早的提出者和实践者。商鞅和以后的韩非，认为农业是衣食之本，又是战士之源，发展农业生产是国家富强的唯一途径，因此，富国必须"重本"。同时，他们认为工商业是末业，易于牟利，如不加限制，就会使人人避农，危害农业生产，因而主张"禁末"。不仅如此，他们还主张"强国"就须"弱民"，即采取刑赏的手段，使生产者把除了生活和再生产所需之外的生产品，上交国君，私人不得保有大量财富。《管子》的富国思想，在"重本"一点上和商鞅、韩非相同，但对"末"有不同理解，认为要限制的只是"刻镂"、"文章"的工事。它把商、工与农、士同列为四民，四民同列，重点是在分工。此外，《管子》主张富国必须富民，认为"民必得其所欲，然后听上"。以后，荀况在儒学的基础上吸收各家的富国思想，著有《富国》专篇，提出了较为完整的富国理论。他"重本"，但也肯定工、商各业在社会经济中的作用，只是说对商贾的数量要有所限制；并明确提出富国必须以富民为基础，主张"上下俱富"。富国之策，受到汉以后历代思想家的重视。到宋代，李觏著有《富国策》十篇。富国思想在中国的政治经济思想史上具有独特地位，这与中国长期是一个中央集权的封建专制主义国家这一特点有着密切关系。

### 赋税思想

对土地课征赋税是中国封建社会农产品的主要分配形式，是中国思想家经常论述的主要问题之一。自西周的"公田"制消亡后，对农业生产改为按所有田亩课征赋税。因此，中国古代的经书、史籍如《尚书》、《周礼》、《国语》等，常有关于田地分级和贡赋分等的论述。管仲相齐时，提出"相地而衰征"的赋税征收制度，即按土地好坏差别征以不同的税额，体现了使纳税者负担公平的原则。儒家在赋税问题上主张"薄税敛"，即减轻农民的赋税负担，但荀况不是像孔丘、孟轲那样主张恢复"藉田以力"的"公田"制来达到这个目的，而是追随管仲的思想，认为"相地而衰征"是"王者之法"，因而主张"等赋"，即按田地优劣制定赋税的等差。这些都表明中国古代思想家在公元前就有了朴素的级差地租观点。

### 平价思想

平价思想即关于稳定物价的思想。中国古代思想家很早就有这方面的论述。如《周礼》一书很注意对市场、物价进行管理的问题，提到当时官职中有司市、贾师掌握"平市"、"均市"、"成价"、"恒价"等事。战国时代，李悝、范蠡鉴于谷价大起大落对农民和工商业者都不利，提出国家在丰年购进粮食，在歉年出售粮食的"平籴"、"平粜"政策，使粮价只在一定范围内涨落。《管子》的《轻重》篇，则从货币流通量影响物价的角度，提出国家可利用收缩或投放货币的政策来平抑物价和积蓄重要物资，同时也可用来作为打击富商大贾囤积居奇、操纵物价活动的手段。汉武帝时，桑弘羊实行的平准、均输政策，主要目的也在于平抑谷价。这一平价思想也被用于国家储备粮食的常平仓制度和救济贫民的义仓制度。

### 奢俭思想

古代王公贵族生活的奢侈或节俭，关系到财用的匮乏或富足，税敛的苛繁和薄简，因此，对待消费应提倡"俭"还是"奢"，这也是中国古代思想家经常论述的一个问题。一般来说，黜奢崇俭是中国封建时期占支配地位的经济思想。先秦儒家，把"礼"作为区别奢俭的标准，反对各个等级的人有超礼制标准的消费，超过即被指责为奢，其目的是维护消费方面的等级制。墨家和道家也都主张黜奢崇俭，只是区别奢俭的标准不同于儒家。墨家主张不分等级，以维持生命健康需要为消费标准；道家则以原始时代简陋的生活条件作为理想。秦汉以后，黜奢崇俭成为对待消费问题的封建正统教条。但在中国漫长的封建社会里，也出现过一些相反的观点。如《管子》一书的《侈靡》篇，就论述过富有者衣食、宫室、墓葬等方面的侈靡性开支，可以使女工、木工、瓦工、农夫有工作可做，即有利于贫民得到就业和生活的门路，也可使商业活跃起来。这在当时确是一个颇不寻常的观点。它从经济活动各方面的相互联系来考察消费问题，提出了消费对生产的反作用的卓越见解。对这一思想，北宋范仲淹（公元989～1052年）和明代陆楫都有所阐发。陆楫明确反对禁奢，认为扩大消费是改善贫民生计的重要途径；俭只能使一人一家免于贫，而奢则能"均天下而富之"。这种学说是封建社会中商品经济已有相当发展的反映。

除上述几种主要经济思想外，中国古代思想家还有其他的经济观点，如欲求思想、功利思想、理财思想、田制思想、富民思想、人口思想，以及地尽其利、民尽其力的思想，等等。一般来说，中国古代的经济思想，大都是为维护中央集权的封建专制统治服务的，但也有些思想是为扩大商品生产与交换、发展社会生产力而提出来的。

## 经济学基本原理

### 人们面临交替关系

俗话说："天下没有白吃的午餐。"为了得到我们喜爱的一件东西，通常就不得不放弃另一件东西。作出决策要求我们在一个目标与另一个目标之间必须有所取舍。

我们考虑一个学生必须决定如何分配他的最宝贵的资源——时间。他可以把所有的时间用于学习经济学，或者可以把所有的时间用于学习心理学；他也可以把时间平均分配在这两个学科上。他把某一个小时用于学习一门课时，他就必须放弃学习另一门课的一小时。

还可以考虑父母决定如何使用自己的家庭收入。他们可以购买食物、衣服，或全家度假。或者他们也可以为退休或孩子的大学教育储蓄一部分收入。当他们选择把一美元用于茶时，他们在其他地方上就要少花一美元。

当人们组成社会时，就面临各种不同的交替关系。典型的交替关系是"大炮与黄油"之间的交替。我们把更多的钱用于国防以保卫我们的领土免受外国入侵（大炮）时，我们能用于提高国内生活水平的个人物品的消费（黄油）就少了。在现代社会里，同样重要的是清洁的环境和高收入水平之间的交替关系。要求企业减少污染的法律增加了生产物品与劳务的成本。由于成本高，结果这些企业赚的利润少了，支付的工资低了，收取的价格高了，或者是这三种结果的某种结合。因此，尽管污染管制给予我们的好处是更清洁的环境，以及由此引起的健康水平提高，但其代价是企业所有者、工人和消费者的收入减少。

社会面临的另一种交替关系是效率与平等之间的交替。效率是指社会能从某些资源中得到最多东西。平等是指这些资源的成果公平地分配给社会成员。换句话说，效率是指经济蛋糕的大小，而平等是指如何分割这块蛋糕。在设计政府政策的时候，这两个目标往往是不一致的。

我们来考虑目的在于实现更平等地分配经济福利的政策。某些政策，例如，福利制度或失业保障，是要帮助那些最需要帮助的社会成员。而另一些政策，例如，个人所得税，是要求收入达到某种程度的部分人对政府的支持比其他人更多。虽然这些政策对实现更大的平等有好处，但它以降低效率为代价。当政府把富人的收入再分配给穷人时，就减少了对辛勤工作的奖励；结果，人们工作少了，生产的物品与劳务也少了。换句话说，当政府想要把经济蛋糕切为更均等的小块时，这块蛋糕也就变小了。

认识到人们面临交替关系本身并没有告诉我们，人们将会或应该作出什么决策。一个学生不应该仅仅由于要增加用于学习经济学的时间而放弃心理学的学习。社会不应该仅仅由于环境控制降低了我们的物质生活水平而不再保护环境。也不应该仅仅由于帮助穷人扭曲了工作激励而忽视他们。然而，认识到生活中的交替关系是重要的，因为人们只有了解他们可以得到的选择，才能作出良好的决策。

## 某种东西的成本是为了得到它而放弃的东西

由于人们面临着交替关系，所以，作出决策就要比较可供选择的行动方案的成本与收益。但是，在许多情况下，某种行动的成本并不是那么明显。

例如，考虑是否上大学的决策。收益是使知识丰富和一生拥有更好的工作机会。但成本是什么呢？要回答这个问题，你会想到把你用于学费、书籍、住房和伙食的钱加总起来。但这种总和并不真正地代表你上一年大学所放弃的东西。

这个答案的第一个问题是，它包括的某些东西并不是上大学的真正成本。即使你离开了学校，你也需要有睡觉的地方，要吃东西。只有在大学的住宿和伙食比其他地方贵时，贵的这一部分才是上学的成本。实际上，大学的住宿与伙食费可能还低于你离开学校生活时所支付的房租与食物费用。在这种情况下，住宿与伙食费的节省是上大学的收益。

这种成本计算的第二个问题是，它忽略了上大学最大的成本——你的时间。当你把一年的时间用于听课、读书和写文章时，你就不能把这段时间用于工作。对大多数学生而言，为上学而放弃的工资是他们受教育的最大单项成本。

一种东西的机会成本是为了得到这种东西所放弃的东西。当作出任何一项决策，例如，是否上大学时，决策者应该认识到伴随每一种可能的行动而来的机会成本。实际上，决策者通常是知道这一点的。那些正处于上大学年龄的运动员从事职业运动就能赚很多钱，他们深深认识到，他们上大学的机会成本极高。他们往往认为不值得花费这种成本来获得上大学的收益。这一点儿也不奇怪。

## 理性人考虑边际量

生活中的许多决策涉及对现有行动计划进行微小的增量调整。经济学家把这些调整称为边际变动。在许多情况下，人们可以通过考虑边际量来作出最优决策。

例如，假设一位朋友请教你，他应该在学校上多少年学。如果你给他用一个拥有博士学位的人的生活方式与一个没有上完小学的人进行比较，他会抱怨这种比较无助于他的决策。你的朋友很可能已经受过某种程度的教育，并要决定是否继续上学。为了作出这种决策，他需要知道，继续上学所带来的额外收益和所花费的额外成本。通过比较这种边际收益与边际成本，他就可以评价继续上学是否值得。

再举一个考虑边际量如何有助于作出决策的例子，考虑一个航空公司决定对等退票的乘客收取多高的价格。假设一架200个座位的飞机横越国内飞行一次，航空公司的成本是10万美元。在这种情况下，每个座位的平均成本是10万美元/200，即500美元。有人会得出结论：航空公司的票价决不应该低于500美元。

但航空公司可以通过考虑边际量而增加利润。假设一架飞机即将起飞时仍有

10个空位。在登机口等退票的乘客愿意支付300美元买一张票。航空公司应该卖给他票吗？当然应该。如果飞机有空位，多增加一位乘客的成本是微乎其微的。虽然一位乘客飞行的平均成本是500美元，但边际成本仅仅是这位额外的乘客将消费的一包花生米和一罐汽水的成本而已。只要等退票的乘客所支付的钱大于边际成本，卖给他机票就是有利可图的。

正如这些例子说明的，个人和企业通过考虑边际量将会作出更好的决策。只有一种行动的边际收益大于边际成本，一个理性决策者才会采取这项行动。

## 人们会对激励作出反应

由于人们通过比较成本与收益作出决策，所以，当成本或收益变动时，人们的行为也会改变。这就是说，人们会对激励作出反应。例如，当苹果的价格上升时，人们就决定多吃梨少吃苹果，因为购买苹果的成本高了。同时，苹果园主决定雇佣更多工人并多摘苹果，因为出售苹果的收益也高了。

对设计公共政策的人来说，激励在决定行为中起到很重要的作用。公共政策往往改变了私人行动的成本或收益。当决策者未能考虑到行为如何由于政策的原因而变化时，他们的政策就会产生他们意想不到的效果。

举个例子来说明这种不想要的效果，考虑一下有关安全带和汽车安全的公共政策。在20世纪50年代有安全带的汽车很少，而现在所有的汽车都有安全带，这种变化的原因是公共政策。60年代后期，拉尔夫·纳德尔（Ralph Nader）的著作《任何速度都不安全》引起公众对汽车安全的关注。国会的反应是通过立法要求汽车公司生产包括安全带在内的各种安全设备，安全带成为所有新汽车的标准设备。

安全带的立法如何影响汽车安全呢？直接的影响是显而易见的。由于所有汽车都有安全带，更多的人系安全带，重大车祸发生时乘客存活的概率提高了。从这种意义上说，安全带拯救了一些人的生命。安全带对安全的这种直接影响正是国会要求有安全带时的动机。

但是，要完全了解这个法律的影响就必须认识到，人们由于他们所面临的激励而改变了自己的行为。在这种情况下，相关的行为是驾驶员开车时的速度和谨慎程度。缓慢而谨慎地开车是有代价的，因为这要耗费驾驶员的时间和精力。当决定谨慎开车的程度时，理性人要比较谨慎开车的边际收益和边际成本。当提高安全程度的收益高时，他们就会更慢、更谨慎地开车。这就可以解释为什么人们在道路有冰时开车会比道路干净时更缓慢而谨慎。

现在来考虑安全带的法律如何改变了一个理性驾驶员的成本—收益计算。安全带降低了驾驶员的车祸代价，因为它们减少了伤亡的概率。因此，安全带的法律减少了缓慢而谨慎地开车的收益。人们对安全带的反应和对道路状况改善的反应一样——更快更放肆地开车。这样，安全带法律最终的结果是更多的车祸次数。

这个法律如何影响开车死亡的人数呢？系安全带的驾驶员在任何一次车祸中存活的可能性更大，但他们可能发现他们的车祸次数更多了。净效应是不确定的。此外，安全开车程度的下降对行人（以及没有系安全带的驾驶员）显然有不利的影响。他们会由于这一法律而有危险，因为他们很可能遇上了车祸而又没有安全带的保护。因此，安全带的法律倾向于增加行人死亡的数量。

乍一看，这种关于激励与安全带的讨论似乎是毫无根据的猜测。但是，经济学家萨姆·佩兹曼在1975年发表的一篇文章中说明了实际上汽车安全法有许多这类意想不到的影响。根据佩兹曼的观点，这些法律减少了每次车祸的死亡人数而增加了车祸的次数。净结果是驾驶员死亡人数变动很小，而行人死亡人数增加了。

佩兹曼对汽车安全的分析仅仅举出了人们对激励作出反应的一般原理的一个例子。经济学家研究的许多激励要比汽车安全法的激励更为直接。例如，没有一个人对向苹果征税会引起人们少买苹果的事感到惊讶。然而，正如安全带的例子所说明的，政策有时也会有事先并不明显的影响。在分析任何一种政策时，不仅应该考虑直接影响，而且还应该考虑激励发生作用的间接影响。如果政策改变了激励，它就将使人们改变自己的行为。

## 贸易能使每个人状况更好

也许你在新闻中听到过，在世界经济中日本是美国的竞争对手。在某些方面，这是真的，因为美国和日本企业生产许多相同的产品。福特公司和丰田公司在汽车市场上争夺同样的顾客。康柏公司和东芝公司在个人电脑市场上争夺同样的顾客。

但在思考国家之间的竞争时，这种想法很容易成为误导。美国和日本之间的贸易并不像许多体育比赛结果一样，一方赢而另一方输。实际上，两国之间的贸易可以使两个国家的状况都变得更好。

为了说明原因，我们考虑贸易如何影响你的家庭。当你的一个家庭成员找工作时要与也在找工作的其他家庭成员竞争。当购物时，大家也相互竞争，因为每个家庭都想以最低的价格购买最好的东西。因此，在某种意义上说，经济生活中每个家庭都在与其他家庭竞争。

尽管有这种竞争，但把你的家庭与其他家庭隔绝开来并不会过得更好。因为你的家庭必须自己种粮食，自己做衣服，自己盖房子住。显然，你的家庭并不需要这样做。无论是在耕种、做衣服或盖房子方面，贸易使每个人可以专门从事自己最擅长的活动。通过与其他人交易，人们可以按较低的价格买到各种各样的物品与劳务。

国家和家庭一样也从相互交易的能力中获益。贸易使各国可以专门从事自己最擅长的活动，并享有各种各样的物品与劳务。既是竞争对手，又是在世界经济中的伙伴。

## 市场通常是组织经济活动的一种好方法

苏联和东欧共产主义的崩溃可能是 20 世纪后半期世界上最重要的变化。共产主义国家运行的前提是，政府的中央计划者能在最正确的位置上指导经济活动。这些计划者决定生产什么物品与提供何种劳务，生产多少，以及谁来生产和消费这些物品与劳务。支撑中央计划的理论是，只有政府才能以促进整个社会经济福利的方式组织经济活动。

现在大部分实行中央计划经济的国家已经放弃了这种制度，并努力发展市场经济。在市场经济中，中央计划者的决策被千百万企业和家庭的决策所取代。企业决定雇佣谁和生产什么。家庭决定为哪家企业工作，以及用自己的收入买什么。这些企业和家庭在市场上相互交易，价格和个人利益引导着他们的决策。

乍一看，市场经济的成功是一个谜。千百万利己的家庭和企业分散作出决策似乎会引起社会混乱。但事实已经证明，市场经济在以一种促进普遍经济福利的方式组织经济活动方面非常成功。

经济学家亚当·斯密（Adam Smith）在他 1776 年的著作《国富论》中提出了全部经济学中最有名的观察结果：家庭和企业在市场上相互交易，他们仿佛被一只"看不见的手"所指引，引起了合意的市场结果。本书的目的之一就是要解释这只看不见的手如何施展它的魔力。当你学习经济学时，你将会知道，价格就是看不见的手用来指引经济活动的工具。价格既反映了一种物品的社会价值，也反映了生产该物品的社会成本。由于家庭和企业在决定购买什么和出卖什么时关注价格，所以，他们就不知不觉地考虑到了他们行动的社会收益与成本。结果，价格指引这些个别决策者在大多数情况下实现了整个社会福利最大化的结果。

关于看不见的手在指引经济活动中的技巧有一个重要推论：当政府阻止价格根据供求自发地调整时，它就限制了看不见的手协调组成经济的千百万家庭和企业的能力。这个推论解释了为什么税收对资源配置有不利的影响：税收扭曲了价格，从而扭曲了家庭和企业的决策。这个推论还解释了租金控制这类直接控制价格的政策所引起的更大伤害。而且，这个推论也解释了共产主义的失败。在共产主义国家中，价格不是在市场上决定的，而是由中央计划者指定。这些计划者缺乏那种在价格对市场力量自由地作出反应时反映在价格中的信息。中央计划者之所以失败，是因为它们在管理经济时把市场上那只看不见的手缚起来了。

## 政府有时可以改善市场结果

虽然市场通常是组织经济活动的一种好方法，但这个规律也有一些重要的例外。政府干预经济的原因有两类：促进效率和促进平等。这就是说，大多数政策的目标不是把经济蛋糕做大，就是改变蛋糕的分割。

看不见的手通常会使市场有效地配置资源。但是，由于各种原因，有时看不见的手不起作用。经济学家用"市场失灵"这个词来指市场本身不能有效配置资源的情况。

市场失灵的一个可能原因是外部性。外部性是一个人的行动对旁观者福利的影响。污染是一个典型的例子。如果一家化工厂并不承担它排放烟尘的全部成本，它就会大量排放。在这种情况下，政府就可以通过环境保护来增加经济福利。

市场失灵的另一个可能原因是市场势力。市场势力是指一个人（或一小群人）不适当地影响市场价格的能力。例如，假设镇里的每个人都需要水，但只有一口井。这口井的所有者对水的销售就有市场势力——在这种情况下，它是一个垄断者。这口井的所有者并不受残酷竞争的限制，而正常情况下看不见的手正是以这种竞争来制约个人的私利。你将会知道，在这种情况下，规定垄断者收取的价格有可能提高经济效益。

看不见的手也不能确保公平地分配经济成果。市场经济根据人们生产其他人愿意买的东西的能力来给予报酬。世界上最优秀的篮球运动员赚的钱比世界上最优秀的棋手多，只是因为人们愿意为看篮球比赛比看象棋比赛付更多的钱。看不见的手并没有保证每个人都有充足的食品，体面的衣服和充分的医疗保健。许多公共政策（例如所得税和福利制度）的目标就是要实现更平等的经济福利分配。

我们说政府有时可以改善市场结果并不意味着它总能这样。公共政策并不是天使制定的，而是由极不完善的政治程序制定的。有时所设计的政策只是为有利于政治上有权势的人。有时政策由动机良好但信息不充分的领导人制定。学习经济学的目的之一就是帮助你判断，一项政府政策什么时候适用于促进效率与公正，而什么时候不行。

## 一国的生活水平取决于它生产物品与劳务的能力

世界各国生活水平的差别是惊人的。1993年，美国人的平均收入为2.5万美元。同一年，墨西哥人的平均收入为7000美元，而尼日利亚人的平均收入为1500美元。毫不奇怪，这种平均收入的巨大差别反映在生活质量的各种衡量指标上。高收入国家的公民比低收入国家的公民拥有更多电视机、更多汽车、更好的营养、更好的医疗保健，以及更长的预期寿命。

随着时间推移，生活水平的变化也很大。在美国，从历史上看，收入的增长每年为2%左右（根据生活费用变动进行调整之后）。按这个比率，平均收入每35年翻一番。在一些国家，经济增长甚至更快。例如，在日本，近20年间平均收入翻了一番，而韩国在近10年间平均收入翻了一番。

用什么来解释各国和不同时期生活水平的巨大差别呢？答案很简单。几乎所有生活水平的变动都可以归因于各国生产率的差别——这就是一个工人一小时所生产的物品与劳务量的差别。在那些每单位时间工人能生产大量物品与劳务的国家，大多数人享有高生活水平；在那些工人生产率低的国家，大多数人必须忍受贫困的生活。同样，一国的生产率增长率决定了平均收入增长率。

生产率和生活水平之间的基本关系是简单的，但它的意义是深远的。如果生产率是生活水平的首要决定因素，那么，其他解释的重要性就应该是次要的。例如，有人想把20世纪美国工人生活水平的提高归功于工会或最低工资法。但真实的原因是他们提高了生产率。另一个例子是，一些评论家声称，美国近年来收入增长放慢是由于日本和其他国家日益激烈的竞争。但真正的原因不是来自国外的竞争，而是美国生产率增长的放慢。

生产率与生活水平之间的关系对公共政策也有深远的含义。在考虑任何一项政策如何影响生活水平时，关键问题是政策如何影响我们生产物品与劳务的能力。为了提高生活水平，决策者需要通过让工人受到良好的教育，拥有生产物品与劳务需要的工具，以及得到获取最好技术的机会。

例如，过去10年间美国许多争论集中在政府的预算赤字上——政府的支出超过了政府收入。正如我们将要说明的，对预算赤字的关注主要根据它对生产率的不利影响。当政府需要为预算赤字筹资时，它就要在金融市场上借钱，这就像学生要借钱为上大学筹资，或者企业要借钱为新工厂筹资一样。因此，当政府借钱为赤字筹资时，就减少了其他借款者所能得到的资金量。这样，预算赤字就减少了人力资本（学生的教育）和物质资本（企业的工厂）的投资。由于现在的低投资意味着未来的低生产率，因此，一般认为预算赤字抑制了生活水平的增长。

### 当政府发行了过多货币时，物价上升

1921年1月，德国一份日报价格为0.3马克。不到两年之后，1922年11月，一份同样的报纸价格为7000万马克。经济中所有其他产品的价格都以类似的程度上升。这个事件是历史上最惊人的通货膨胀的例子，通货膨胀是经济中物价总水平的上升。

虽然美国从未经历过接近于德国20世纪20年代的情况，但通货膨胀有时也成为一个经济问题。例如，20世纪70年代期间，物价总水平翻了一番还多，当时的美国总统杰拉德·福特称通货膨胀是"公众的头号敌人"。与此相比，在平常年代，通货膨胀是每年3%左右；按这个速率，物价20多年才翻一番。由于高通货膨胀给社会带来了各种代价，所以世界各国都把保持低通货膨胀作为经济政策的一个目标。

什么引起了通货膨胀？在大多数严重或持续的通货膨胀情况下，罪魁祸首总是相同的，即货币量的增长。当一个政府创造了大量本国货币时，货币的价值就下降了。在20世纪20年代初的德国，当物价平均每月上升3倍时，货币量每月也增加了3倍。美国20世纪70年代的情况虽然没有这么严重，但美国经济史也得出了类似的结论：20世纪70年代的高通货膨胀与货币量的迅速增长是相关的，而平常年代的低通货膨胀与货币量的缓慢增长也是相关的。

### 社会面临通货膨胀与失业之间的短期交替关系

如果通货膨胀这么容易解释，为什么决策者有时却在解决通货膨胀问题上遇到麻烦呢？一个原因是人们通常认为降低通货膨胀会引起失业暂时增加。通货膨

胀与失业之间的这种交替关系被称为菲利普斯曲线，这个名称是为了纪念第一个研究这种关系的经济学家菲利普斯而命名的。

在经济学界，菲利普斯曲线仍然是一个有争议的问题，但大多数经济学家现在接受了这样一种思想：通货膨胀与失业之间存在短期交替关系。根据普遍的解释，这种交替关系的产生是由于某些价格调整缓慢。例如，假定政府减少了经济中的货币量。这种政策长期变动的唯一后果是物价总水平将下降。但并不是所有的价格都将立即作出调整。在所有企业都印发新目录，所有工会都作出工资让步，以及所有餐馆都印了新菜单之前需要几年时间。这就是说，可以认为价格在短期中是黏性的。

由于价格是黏性的，各种政府政策都具有不同于长期效应的短期效应。例如，当政府减少货币量时，它就减少了人们支出的数量。较低的支出与居高不下的价格结合在一起就减少了企业销售的物品与劳务量。销售量减少又引起企业解雇工人。因此，对价格的变动作出完全的调整之前，货币量减少就暂时增加了失业。

通货膨胀与失业之间的交替关系只是暂时的，但可以持续数年之久。因此，菲利普斯曲线对理解经济中的许多问题是至关重要的。特别是决策者在运用各种政策工具时可以利用这种交替关系。短期中决策者可以通过改变政府支出量、税收量和发行的货币量来影响经济所经历的通货膨胀与失业的结合。由于这些货币与财政政策工具具有如此大的潜在力量，所以，决策者应该如何运用这些工具来控制经济，一直是一个有争议的问题。

## 经济学科分类

随着商品经济的发展和社会分工的深化，人类经济活动的内容愈来愈复杂、丰富，专业化程度愈来愈细密；同时，各种经济活动之间、经济活动与其他社会活动之间相互依存、相互渗透的联系，也愈来愈紧密。适应这种情况，经济学的研究范围也愈来愈广。一方面，从带有高度概括性的理论经济学中不断分化出带有应用性的和独立的部门经济学、专业经济学等分支学科；另一方面，也出现了经济学科内部各个分支相互交叉的学科以及经济学科与其他社会科学以至自然科学学科之间彼此联结的边缘学科。与此同时，随着经济学研究的深化，对分析的精确性的要求愈来愈高，出现了研究经济数量的分析和计量方法的学科；为了总结历史经验，为理论研究和政策制定提供系统的历史依据，出现了各种经济史的学科；为了追溯和总结经济理论本身的发展演变，出现了经济思想史的学科。这样，就在社会科学中逐步形成了一个庞大的、门类分支繁多的经济学科体系。

17～19世纪末，政治经济学逐渐被用作研究经济活动和经济关系的理论科学的名称。马克思和恩格斯通常也都沿用这个名词。但是，他们不仅对政治经济学的内容进行了深刻的根本性的变革，而且在历史唯物主义的基础上，把政治经济学的研究贯穿于人类历史的各个发展阶段，从局限于资本主义生产方式，扩展为整个人类社会的各种生产方式。只研究资本主义生产方式发生和发展的政治经济学，称为狭义政治经济学；研究人类各种生产方式及其发生和发展的政治经济学，称为广义政治经济学。

关于现代经济学的学科分类，资本主义国家和社会主义国家根据各自经济发展的特点和经济学科的发展状况，各有自己的门类划分。综合两类国家的经济学科发展现状，大体上可以分为如下几个门类：

理论经济学

理论经济学论述经济学的基本概念、基本原理，以及经济运行和发展的一般规律，为各个经济学科提供基础理论。

在西方经济学界，理论经济学通常称为一般经济理论，它分为宏观经济学与微观经济学两个分支。宏观经济学以整个国民经济为视野，以经济活动总过程为对象，考察国民收入、物价水平等总量的决定和波动。其中经济增长理论和经济波动（经济周期）理论又是宏观经济学的两个独立分支。另外，与经济增长理论密切联系的发展经济学，研究发展中国家的经济发展问题，现在也已成为宏观经济学的一个分支。微观经济学研究市场经济中单个经济单位即生产者（厂商）、消费者（居民）的经济行为，包括供求价格平衡理论、消费者行为理论，在不同市场类型下厂商成本分析与产量、价格决定理论、生产要素收入决定即分配理论等。此外，福利经济学等也已成为理论经济学的独立分支。

经济史

经济史是研究人类社会各个历史时期不同国家或地区的经济活动和经济关系发展演变的具体过程及其特殊规律，为总结历史经验和预见未来社会经济发展趋势提供依据，也为研究各个历史时期形成的经济思想、学说、政策提供历史背景。经济史按地域范围划分，有国别经济史（如中国经济史、英国经济史等），地区经济史（如欧洲经济史、拉丁美洲经济史等），世界经济史（以世界为整体，研究世界经济的形成和发展）；按部门或专业来区分，有农业发展史、工业发展史、银行发展史等；按历史分期，有古代经济史、近代经济史、现代经济史之分。关于世界经济现状及其发展趋势的研究，实际上属于现代经济史范围（这部分内容见中国大百科全书出版社出版的《世界经济百科全书》）。

经济思想史或称经济学说史。它研究各个历史时期出现的经济观点、经济思想、经济学说及其产生的经济政治背景、所起的影响、所占的历史地位，以及各个人物、各个学派之间的承袭、更替、对立的关系等。作为一门评价和分析各个时期各个阶级各个学派的经济思想、经济学说的学科，它显然也要受到研究者的阶级立场、观点和方法的制约。经济思想史一般包括作为经济学前史的古代经济思想的发展。资产阶级经济学的产生、发展、演变，以及马克思主义经济学的产生、发展等几个主要部分。按国别划分，这个学科也可分为中国经济思想史、英国经济思想史、美国经济思想史等。

有关经济数量分析、计量方法的学科

有关经济数量分析、计量方法的学科包括数理经济学、经济数学、经济统计学、经济计量学等学科。资产阶级经济学家出于维护资本主义制度的需要，比较注重各种经济现象之间数量关系的分析。自19世纪70年代起，就有一些经济学家应用数学推导经济理论，建立数理经济学。第二次世界大战后，数理经济学得到进一步发展，广泛应用现代数学方法建立了各种静态的、动态的、微观的、宏观的经济模型。与之相联系的一个分支是经济数学，它侧重阐述现代经济分析中运用的各种数学方法，这实际上属于应用数学范围。经济统计学是一门建立较早的学科，是统计方法在经济数值处理和分析中的应用。30年代初，一些经济学家进一步把经济理论、数学方法和统计方法三者结合起来，建立经济计量学，用以建立计量模型，估算参数，分析各种经济变量之间复杂的数量关系，验证经济理论，进行经济预测，规划有关政策。结合质的分析，适当运用数学方法和统计方法对各种经济活动和经济关系进行量的分析，可以增强各类经济学科的精确性，增强制订政策和计划的科学性。现在，这类有关经济数量分析、计量方法的学科在社会主义国家也已受到重视并有不同程度的发展。

应用经济学

应用经济学主要指应用理论经济学的基本原理研究国民经济各个部门、各个专业领域的经济活动和经济关系的规律性，或对非经济活动领域进行经济效益、社会效益的分析而建立的各个经济学科。它大体上可分为如下几个分支：

（1）以国民经济个别部门的经济活动为研究对象的学科，如农业经济学、工业经济学、建筑经济学、运输经济学、商业经济学，等等。

（2）以涉及国民经济各个部门而带有一定综合性的专业经济活动为研究对象的学科，如计划经济学、劳动经济学、财政学、货币学、银行学，等等。

（3）以地区性经济活动为研究对象的学科，如城市经济学、农村经济学、区域经济学（经济地区规划、生产力布局），等等。

（4）以国际间的经济活动为研究对象的学科，如国际经济学及其分支：国际贸易学、国际金融学、国际投资学，等等。

（5）以企业经营管理活动为研究对象的学科，如企业管理、企业财务、会计学、市场（销售）学，等等。

（6）与非经济学科交叉联结的边缘经济学科，如与人口学相交叉的人口经济学；与教育学相交叉的教育经济学；与法学相交叉的经济法学；与医药卫生学相交叉的卫生经济学；与生态学相交叉的生态经济学或环境经济学；与社会学相交叉的社会经济学；与自然地理学相交叉的经济地理学、国土经济学、资源经济学；与技术学相交叉的技术经济学，等等。这些边缘经济学科主要研究这些非经济领域发展变化的经济含义、经济效益、社会效益，从中找出它们的规律性。

应用经济学的分支学科，无论在资本主义国家还是在社会主义国家，都是适应社会经济发展的需要而不断扩展、不断充实的。应用经济学的发展，离不开社会经济实践，离不开理论经济学的指导，但它们的发展反过来又丰富了理论经济学的内容，起着指导实践的作用。这些分支是：

西方经济学

微观经济学（个体经济学）

宏观经济学（总体经济学）

计量经济学

经济学方法

经济学史

马克思主义经济学

政治经济学

## 经济学与政策

经济学家在帮助政府制定经济政策中起很大作用，为了考察这种作用，有必要区别实证和规范的观点。

实证的观点是对事实进行描述，它要说明的是有关现象是什么的命题。实证命题可能对也可能错，不过可以通过事实来加以检验。"失业在增长"，"明年通货膨胀率超过6%"，"政府降低税收，会增加进口"，这些都是实证命题。

规范的观点是对价值判断的一种描述，它要说明有关应该是什么的命题，比如该做什么和不应当做什么，关于事情是好还是坏，值得赞赏还是不值得赞赏的观点。"对富人比穷人收更多的税"，"政府应当减少通货膨胀"，"养老金应随通货膨胀率增加而增加"，这些都是规范命题的例子。它们不能简单通过事实证实或证明为正确还是错误。

经济学家通常用实证的方式对政策起作用。他们可以分析特定政策的影响，指出两种政策中的哪一个更可能达到目的，但他们作为经济学家不能说哪一个政策目标更可取。例如，经济学家可能会争论增加政府开支是否会减少失业，增加通货膨胀，但他们不能说政策是否值得赞赏。也就是说，经济学家也不能作规范的判断，与其他人一样，经济学家也不比他人有更多的精神权利。经济学家通常通过成本收益原则，计算事物的收益大小来决定事物。

## 西方经济学流派

随着新的生产方式的产生和发展，相应地出现和形成了西方经济学。西方经济学的主要流派在罗斯福新政前有如下几个：

### 重商主义

16~17世纪是西欧资本原始积累时期。这一时期商业资本的兴起和发展，促使封建自然经济瓦解，国内市场统一，并通过对殖民地的掠夺和对外贸易的扩张积累了大量资金，推动了工场手工业的发展，为资本主义生产方式的勃兴提供了条件，正是在这一时期产生了代表商业资本的利益和要求的重商主义思想。重商主义原指国家为获取货币财富而采取的政策。16世纪末以后，在英、法两国出现了不少宣扬重商主义思想的著作。重商主义重视金银货币的积累，把金银看作是财富的唯一形式，认为对外贸易是财富的真正源泉，只有通过出超才能获取更多的金银财富。因此，主张在国家的支持下发展对外贸易。但是重商主义的研究只限于流通过程，还没有形成一套完整的经济理论体系。

## 古典经济学

17世纪中叶以后，首先在英国，然后在法国，工场手工业逐渐发展成为工业生产的主要形式。重商主义已经不适应日益壮大的产业资本的利益和要求。这时，封建制度还严重阻碍着资本主义的发展，资产阶级面临的任务是与封建势力作斗争。这种斗争要求从理论上说明资本主义生产方式怎样使财富迅速增长，探讨财富生产和分配的规律，论证资本主义生产的优越性。由此，产生了由流通过程进入生产过程研究的古典经济学。古典经济学的先驱是英国的 W. 配第和法国的 P. 布阿吉尔贝尔。配第的主要贡献在于提出了劳动价值论的一些基本观点，并在此基础上初步考察了工资、地租、利息等范畴。布阿吉尔贝尔认为流通过程不创造财富，只有农业和畜牧业才是财富的源泉。

出现于18世纪50～70年代初的以 F. 魁奈和 A. R. J. 杜尔哥为主要代表的法国重农学派理论，是对资本主义生产的第一个系统理解。他们提出自然秩序的概念，用按资本主义方式经营的农业来概括资本主义，用租地农场主的生产经营活动来分析资本的流通和再生产。正是在这个意义上马克思称重农学派为"现代政治经济学的真正鼻祖"。

亚当·斯密是英国古典经济学的杰出代表和理论体系的创立者。他所著《国民财富的性质和原因的研究》一书，把资产阶级经济学发展成一个完整的体系。他批判了重商主义只把对外贸易作为财富源泉的错误观点，并把经济研究从流通领域转到生产领域。他克服了重农学派认为只有农业才创造财富的片面观点，指出一切物质生产部门都创造财富。他分析了国民财富增长的条件以及促进或阻碍国民财富增长的原因，分析了自由竞争的市场机制，把它看作是一只"看不见的手"支配着社会经济活动，他反对国家干预经济生活，提出自由放任原则。他第一个系统地论述了劳动价值论的基本原理，并指出利润和地租都是对劳动所创造的价值的扣除。但由于斯密受到资产阶级立场和方法的局限，他错误地把资本主义看作是永恒的制度，认为通过人类的利己之心和"看不见的手"可以实现社会的和谐，并且在价值论和分配论上表现出许多矛盾和混乱的观点。因此，在他的理论中既有科学的见解，也有庸俗的成分。

D. 李嘉图是英国古典经济学的完成者。他在1817年发表的《政治经济学及赋税原理》一书中建立了以劳动价值论为基础、以分配论为中心的严谨的理论体系。他继承斯密理论中的科学因素，并作出了重大发展。他坚持商品的价值是由生产中耗费的劳动决定的原理，批评了斯密在价值论上的二元观点。他强调经济学的主要任务是阐明财富在社会各阶级间分配的规律，认为全部价值都是由劳动生产的，工资由工人的必要生活资料的价值决定，利润是工资以上的余额，地租是工资和利润以上的余额，由此，他阐明了工资和利润的对立，工资、利润和地租的对立。此外，李嘉图还论述了货币流通量的规律、对外贸易的比较成本学说，等等。李嘉图的理论反映了英国产业革命时期工业资产阶级的利益和要求。李嘉图理论体系的根本缺陷是不懂得资本主义生产方式的历史性，和斯密一样把资本主义看作是永恒的自然的制度，从而造成了理论上不可克服的矛盾。例如，他不能解决怎样在价值规律的基础上说明资本和劳动相交换以及等量资本取得等量利润等问题。但总的说来，古典经济学到李嘉图达到了顶峰，对后来的经济学发展有着深远的影响。

古典经济学产生于西欧资本主义生产方式处于上升发展的时期，当时社会的主要矛盾是新兴资产阶级和没落地主阶级之间的矛盾，资产阶级的主要任务是反对封建制度及其残余，为发展资本主义开辟道路。在这种条件下，古典经济学还能对资本主义生产方式的内在联系和矛盾进行较为客观的探索，因而具有一定的科学成分。古典经济学最主要的贡献是奠定了劳动价值论的基础，从而成为马克思的经济学说的一个重要来源，但由于阶级和历史的局限性，他们的理论不可避免地包含一些庸俗因素。

## 古典经济学的庸俗化

古典经济学在19世纪初发展到顶峰的同时，也开始着它的庸俗化过程。这反映了西欧产业革命初期阶级矛盾的特点。法国的 J. B. 萨伊和英国的 T. R. 马尔萨斯是把古典经济学庸俗化的创始者。萨伊阉割劳动价值论，发展了斯密的三种收入决定交换价值的庸俗观点；他还从效用价值论出发，转到生产费用论，进而建立"三位一体公式"的分配论。他还提出"供给创造自己的需求"的市场法则，从根本上否认资本主义存在供求脱节和普遍生产过剩的可能性。马尔萨斯在将斯密学说庸俗化的同时，同李嘉图进行激烈论争，他抓住李嘉图在价值论上无法解决的难题进行抨击，并力图否定李嘉图的劳动价值论和关于利润来源的学说。J. 密尔和 J. R. 麦克库洛赫则以斯密和李嘉图的信徒面目出现，采用注释和通俗化的形式将古典经济学庸俗化。

庸俗经济学的主要代表，在英国有 N. W. 西尼尔（公元1790~1864年）和 J. S. 密尔；在法国有 F. 巴师夏等。他们仍然自称是斯密、李嘉图的继承者，但实际已抛弃注释、曲解的手法而进一步采取补充、折衷的形式，对古典经济学进行根本性的修正。J. S. 密尔虽然受到社会思潮的一定影响，但他的理论体系却是19世纪上半叶各派庸俗经济学的大调和、大综合。他在1848年出版的《政治经济学原理及其在社会哲学中的若干应用》一书，是19世纪中叶以后的几十年间西方最流行、最有权威的经济学教科书。他的体系在某种意义上是宣告古典学派的资产阶级经济学时代的终结。

## 历史学派

19世纪上半叶德国资本主义的发展还远远落后于英法。在这个特殊的历史条件下，出现了以国家主义者F. 李斯特为先驱的德国历史学派。历史学派分为旧历史学派和新历史学派两个阶段。以W. 罗雪尔为创始人的旧历史学派活动于19世纪40~70年代。他们反对19世纪中叶以前的英法传统经济学，以历史归纳法反对抽象演绎法；以历史反对理论，否认经济规律的客观存在；以国家主义反对世界主义；以生产力的培植反对交换价值的追求；以国家干预经济反对自由放任。随着70年代德国资本主义经济的迅速发展和工人运动的蓬勃兴起，出现了以G. 施穆勒、A. 瓦格纳（公元1835~1917年）、L. 布伦塔诺（公元1844~1931年）等为主要代表的新历史学派，他们在上述基本观点的基础上，提出改良主义的"社会经济政策"，因而被称为"讲坛社会主义者"。

## 边际效用学派

边际效用学派是19世纪70年代初出现在西欧几个国家的一个庸俗学派，以倡导边际效用价值论和边际分析为共同特点，在其发展过程中形成两大支派：一是以心理分析为基础的心理学派或称奥地利学派，其主要代表为奥地利的C. 门格尔、F. 维塞尔和E. 柏姆-巴维克等；一是以数学为分析工具的数理学派或称洛桑学派，其主要代表有英国的杰文斯、法国的L. 瓦尔拉斯和V. 帕累托。边际效用学派在美国的主要代表是J. B. 克拉克，他在边际效用论的基础上提出边际生产力分配论。这个学派的主旨是宣扬主观唯心主义，否定劳动价值论和剩余价值论，为资本主义剥削制度辩护。当代资产阶级经济学家把边际效用价值论的出现称为"边际主义革命"，即对古典经济学的革命。这个学派运用的边际分析方法，后来成为资产阶级经济学发展的重要基础。

## 新古典经济学

新古典经济学主要代表人物是英国剑桥大学的马歇尔，他在1890年出版的

《经济学原理》一书中,继承了 19 世纪以来英国庸俗经济学的传统,兼收并蓄,以折衷主义手法把供求论、生产费用论、边际效用论、边际生产力论等融合在一起,建立了一个以完全竞争为前提、以"均衡价格论"为核心的相当完整的经济学体系,这是继 J. S. 密尔之后庸俗经济学观点的第二次大调和、大综合。他用渐进的观点分析经济现象;用力学的均衡概念和数学的增量概念分析商品和生产要素的供求均衡及其价格的决定;用主观心理动机解释人类的经济行为;在静态、局部均衡分析的框框内引进时间因素等。他用均衡价格论代替价值论,并在这个核心的基础上建立各生产要素均衡价格决定其在国民收入中所占份额的分配论。他颂扬自由竞争,主张自由放任,认为资本主义制度可以通过市场机制的自动调节达到充分就业的均衡。这个理论体系的实质是在掩盖资本主义的剥削,抹杀资本主义的无政府状态及其他许多矛盾。新古典经济学从 19 世纪末起至 20 世纪 30 年代,一直被西方经济学界奉为典范。

### 制度学派

制度学派是 19 世纪末 20 世纪初在美国出现的历史学派变种。它的主要代表有 T. 凡勃伦、J. R. 康蒙斯、W. C. 米切尔等。他们把历史学派的方法具体化为制度演进的研究,否认经济理论的意义,以批判资本主义的姿态出现,提倡改良主义政策。

### 瑞典学派

此外,在北欧出现了以 K. 维克塞尔(公元 1851～1926 年)为代表的瑞典学派,提出与马歇尔不同的理论体系,强调投资与储蓄的均衡,提出自己的利息理论,在这一时期的资产阶级经济学说中,占有特殊地位。

## 现代西方经济学流派

1929 年 10 月 24 日,以纽约股市暴跌为起点,爆发了持续 7 年之久席卷整个资本主义世界的"大危机"。为了摆脱危机,美国总统罗斯福在 1933 年 3 月 4 日就职后,立刻大规模干预经济,史称"罗斯福新政"。在此背景下,1936 年英国经济学家凯恩斯出版《就业、利息和货币通论》一书,严厉批判新古典经济学,提出"有效需求决定国民收入"原理,主张由政府干预来拯救资本主义,人称"凯恩斯革命",标志着现代宏观经济学诞生。

1945年，第二次世界大战结束以后，以美国麻省理工学院教授萨缪尔森为主要代表的一些经济学家，试图弥合凯恩斯理论与新古典经济学之间的分歧，遂形成所谓"新古典综合派"，他们认为新古典经济学适用于经济繁荣状态，属于微观经济学；凯恩斯理论适用于经济萧条状态，属于宏观经济学。1948年萨缪尔森出版《经济学》（第1版）是这一学派形成的标志，1961年《经济学》第5版开始使用"新古典综合"一词。至于"微观经济学"和"宏观经济学"这两个名词则最早出现在波尔丁1948年出版的《经济分析》一书第2版中。

新古典综合派认为：市场经济不能自动实现充分就业，因此政府应根据"逆经济风向行事"原则，运用财政和货币政策实施干预，以促进充分就业和国民收入增长。该学派的理论核心是英国经济学家希克斯1937年在《凯恩斯先生与古典学派经济学家》一文中最早提出，后来为美国经济学家汉森1953年在《凯恩斯学说指南》中推广的IS—LM模型，又称"希克斯—汉森模型"。

直到1980年代以前，新古典综合派一直占据西方经济学主流地位。但由于不能解释1960年代通货膨胀和1970年代"滞胀"，受到了许多非凯恩斯主义流派的激烈指责，催生了"新凯恩斯主义"。非凯恩斯主义流派基本情况如下：

## 货币主义学派

货币主义学派又称"芝加哥学派"，是反对凯恩斯主义的急先锋，其创始人及主要代表为美国经济学家弗里德曼（Milton Friedman，公元1912~2006年）。他1950年代就开始反对凯恩斯主义。认为长期内存在"自然失业率"，即在没有货币因素干扰的情况下，当劳动市场在竞争中达到均衡时，由技术水平、风俗习惯、资源数量等实际因素决定的固有的失业率，包括自愿失业、摩擦性失业和结构性失业等。自然失业率是保持零通货膨胀率的最低失业率，当政府采取扩张性财政政策与货币政策时，短期内由于货币幻觉，实际工资暂时下降，厂商扩大生产，增加就业，但长期内，由于"适应性预期"，工人会要求提高名义工资，引起实际工资和失业率回升，结果仅仅是通货膨胀。

弗里德曼还提出"恒常收入假说"，认为消费者不是根据现期收入而是根据"恒常收入"来安排消费，因此短期内扩张性政策不可能刺激消费，再次否定了干预政策的有效性。

弗里德曼认为"唯有货币最要紧"，主张"单一规则的货币政策"，即每年根据实际国民收入的增长按某一固定比例增加货币供给，以稳定货币，稳定经济,根除滞胀。而要稳定货币,就必须放弃政府对经济的干预,实行经济自由主义。1968年美国经济学家布朗纳(Brunner)在《货币和货币政策的作用》一文中首次使用"货币主义"一词。

## 理性预期学派

理性预期学派又称新古典宏观经济学派。最早由美国经济学家穆思(John F. Muth)1961年发表《理性预期与价格变动理论》一文提出"理性预期"概念,公元1970—1973年美国芝加哥大学的卢卡斯(Robert Lucas,公元1937~2001年)进一步阐述,受到萨金特(Thomas J. Sargent,公元1943~ )、华莱士(Neil Wallace)、巴罗(Robert J. Barro,公元1944~ )等人重视。该学派认为:人是有理性的,能够根据相关信息对经济发展作出正确预测,即所谓"理性预期"。在存在理性预期并且工资与价格具有弹性的前提下,人们将会预料到政府的经济政策并采取相应对策,使之无法影响实际国民收入和失业,即所谓"政策无效性定理"。主张政府放弃干预经济,或实行公开的永久不变的政策。

该学派还提出自然率假说和实际经济周期理论。自然率假说认为资本主义市场经济存在一种内在的动态平衡,外力可以暂时打破这一平衡,但不能从根本上改变这一平衡。"实际经济周期理论"由普雷斯科特(Edward Prescott)、朗恩(John Long)、普洛塞尔(Charles Plosser)等人提出,认为经济周期是一种随机波动现象,由技术、战争、人口、自然等实际因素对供给发生冲击引发,市场能够自动调整适应,无需政府干预。

## 供给学派

供给学派又称"里根经济学",该学派认为:凯恩斯主义扩张性财政政策,一方面刺激总需求,使人们过度依赖政府;另一方面导致高税收,抑制企业家的积极性,影响供给,结果导致经济滞胀。该学派重新肯定萨伊定律,主张减税节支,减少干预,实行自由放任政策,刺激企业家精神,促进供给。但实际执行时,"减税容易节支难",造成高赤字、高利率、高汇率、高外债等一系列恶果。

供给学派又分"极端供给学派"和"温和供给学派",前者以美国南加利福尼亚大学商学院教授拉弗(Arthur. B. Laffer,公元1940~ )为主要代表,用"拉弗曲线"描述税收与税率之间的关系,为减税提供理论依据。后者以美国哈佛大学教授费尔德斯坦（Martin Stuart Feldstein，公元1939～  ）为代表，提出"费尔德斯坦曲线"，他们认为：在通货膨胀率不变的条件下，财政赤字的增加会引起资本形成率下降，即财政赤字与资本形成存在替换关系；在保证资本形成率不变的前提下，财政赤字的增加将导致通货膨胀，财政赤字与通货膨胀率呈正相关关系。强调要靠资本积累和市场刺激而不是利用政府干预来减轻社会弊病，代表作《美国税收刺激、国民储蓄与资本积累》。

### 新自由主义学派

广义的"新自由主义学派"包括货币主义、理性预期学派、供给学派等。狭义的"新自由主义学派"，仅指以英籍奥地利经济学家哈耶克（Friedrich August von Hayek，公元1899～1992年）为主要代表的新自由主义学派，主要阵地在奥地利维也纳大学、英国伦敦经济学院、美国芝加哥大学、德国弗莱堡大学等，故又称"新奥国学派"、"新维也纳学派"、"伦敦—芝加哥学派"和"弗莱堡学派"等。

该学派崇尚个人自由，认为自由是创造一切价值的源泉。强调个人无需服从任何人，只需服从法律，法治的关键在于保证个人自由。反对人治，认为人治导致权力被滥用，即使权力被思想高尚的人掌握，也会给社会带来祸患。主张思想自由，认为思想国家化是"真理的末日"。该学派主张经济自由和私有制。对于1930年代资本主义世界的大萧条，认为是由于货币供给不足或投资过度造成的，市场能够自行调节，无需国家干预。对于1960—1970年代发生的失业和通货膨胀，认为是由于国家垄断货币发行权，使市场机制受到干扰，以及政府扩大财政赤字造成的。因此，主张"货币非国家化"，由私营银行提供竞争性货币。

### 新剑桥凯恩斯学派

新剑桥凯恩斯学派又称"凯恩斯左派"、"李嘉图学派"，代表人物是英国经济学家罗宾逊夫人（Joan Robinson，公元1903～1983年）。从收入分配角度着手，认为经济增长率取决于投资率，而投资率取决于储蓄率。在资本主义经济条件下，国民收入分为工资和利润两部分。储蓄率也分解为工资收入者的储蓄率与利润收入者的储蓄率两部分，当利润占的比重提高时，整个储蓄率上升，促进经济增长，因此经济增长必然伴随收入不平等的加剧。该学派既反对新古典综合派的财政干预政策，也反对自由放任政策，认为前者只强调充分就业，不问就业的具体内容，导致"繁荣中的贫困"；至于后者，则认为市场机制是个效率极差的调节器，1930年代的大危机就证明了它的失败。对于货币主义者推崇备至的货币嗤之以鼻，认为货币与产量之间仅存在微弱的联系。最后，该学派主张通过税收和补助来消除社会收入不均等和阶级差别等改良主义措施。

## 市场非均衡学派

市场非均衡学派以法国经济学家贝纳西（Jean Pascal Benassy）等人为代表，认为均衡是偶然的，非均衡才是经常的。在非均衡条件下，经济运行遵循"短边法则"，即由最短缺的一边来决定经济变量的取值。现代宏观经济既可能由于总供给不足，导致"新古典失业"，也可能由于总需求不足，导致"凯恩斯失业"，新古典政策和凯恩斯政策都有用。

## 新制度学派

新制度学派主张研究整个社会制度，实际上囊括了经济学、政治学、社会学、心理学、法学等，没有明确的研究对象，也未形成系统的理论体系。该派主要有两个分支，一支以美国经济学家加尔布雷斯（John Kenneth Galbraith，公元1908~ ）和瑞典经济学家缪尔达尔（Gunnar Myrdal，公元1898~1987年）为代表，主张政府干预；另一支以美籍英国经济学家科斯（Ronald Harry Coase，公元1910~ ）为代表，主张自由放任。

加尔布雷斯1973年出版《经济学和公共目标》一书提出"二元体系理论"，认为：现代资本主义经济是由少数大企业组成的计划体系和大量小企业组成的市场体系组成，计划体系实力雄厚，能支配环境，市场体系则只能受制于环境，政府通常偏袒计划体系，导致市场原则让位于计划原则，企业不再追求最大利润，而代之以稳定和增长。因此，新古典经济学和凯恩斯主义统统失灵。主张扶持小企业，抑制大企业，实现收入均等化。希望科技教育界培养一批有新观念的人进入国会，通过立法施行改革。

缪尔达尔1944年发表《美国的困境：黑人问题与现代民主》一文提出"循环累积因果原理"，认为：社会经济诸要素之间不是均衡关系，也并非趋于均衡，而是一种循环累积运动，"富者越富，穷者越穷"。据此解释美国白人对黑人的歧视和黑人的生活水平低下，认为二者互为因果，累积循环。后又用来解释发展中国家贫困落后的原因，提出改良主义政策主张，包括权力结构的改革、土地制度的改革、教育的改革等。

科斯1937年发表《企业的性质》一文解释企业形成的原因，1960年发表《社会成本问题》，提出著名的"科斯定理"，认为一旦假定交易成本为零，则只要产权明晰，无论产权归谁，都可以通过市场自由交易来消除外在性现象，实现资源最佳配置。

### 公共选择学派

公共选择学派主要代表人物是美国经济学家布坎南（James Mcgill Buchanan，公元1919~  ），1962年他与图洛克（Gordon Tullock，公元1922~  ）合著《同意的计算》一书，从经济学角度研究政府行为，认为：政治家是理性经济人，旨在追求个人利益最大化，政治活动就是许多不同利益集团出于自利动机进行的交易。政治交易通常通过一定的投票规则进行决策，在民主前提下，政府的决策会反映"中间投票人"的利益，但现实生活中，由于人与人之间不平等，政府的决策往往倾向于某些特殊利益集团，而特殊利益集团则会有意识地影响政府决策，从中谋取好处，即所谓"寻租"。政府的职责本来是代表公共利益，弥补市场机制不足，提供公共物品，但由于种种原因，常常导致"政府失灵"或"公共失灵"。因此，对现行民主制度表示怀疑，主张按市场机制思路，完善政府规则，防止滥用权力。经济方面，该学派主张有规则的经济政策，反对凯恩斯主义相机抉择的政策干预。

1990年代以后，西方经济学进入新发展阶段，帕金（M. Parkin）称之为"新凯恩斯主义"，主要代表人物有美国斯坦福大学的斯蒂格利茨，哈佛大学的曼昆和萨墨斯，麻省理工学院的布兰查德和罗泰姆伯格，哥伦比亚大学的费尔普斯（Edmund S. Phelps），伯克利加州大学的阿克洛夫（George A. Akerlof，公元1940~  ）和耶伦，威斯康辛大学的格特勒，以及普林斯顿大学的伯南克等。主要特点：（1）强调政府有用；（2）强调用微观经济学原理解释宏观经济现象；（3）加强了对市场垄断势力、价格歧视、信息不对称、外在经济、博弈论、委托—代理关系、公共物品等现象的研究；（4）用总需求—总供给模型（AD—AS模型）取代IS—LM模型；（5）各流派融合发展。

## 经济学的研究方法

### 观察与实践

观察与实验是科学研究的开始，其中，"观察"是指在不进行人为干预的前提下，将实际发生的经济现象及其过程客观地记录下来。"实验"则是在某种人工控制条件下，小范围模拟现实经济现象，并据此对现实经济现象进行分析和推断。

一般来说，经济现象是不可逆的随机过程，因此，经济学研究只宜使用观察法，而不宜使用实验法。例如，一个农民率先栽种苹果发了财，于是推而广之，号召广大农民群起效仿，结果并不会使所有农民都发财，而是导致市场供过于求，价格下跌，大家都赔钱。不过，有时候经济学家也进行实验。例如，一个农民率先栽种苹果发了财，于是在周围局部范围内推广，结果许多农民都跟着富了起来。奥妙在于，一个较小的局部范围内，各种自然条件和社会经济条件比较相似，外部大环境相对稳定，从而经济过程的可重复性比较大。

在观察和实验时，需要掌握一定的科学调查统计技术，如全面普查、重点调查、典型调查、抽样调查等。由于经济信息常常涉及人的切身利益，当事人常常会有意无意、或多或少地隐瞒甚至假造数据和事实，因而为了获得确切的事实材料，还需要掌握必要的访谈技巧，一般的原则是拉近感情、隐蔽企图、旁敲侧击、催人入眠、多方印证。此外，还要注意有意识地发现问题。所谓问题，主要是一些与众不同或违反常理的奇异现象。如一个村经济发展很快，或很慢，与周边村庄形成显著的对照，就值得研究一下，这个村为什么发展这么快或这么慢？善于发现问题，是科学研究的基本功。其中，最主要的是保持独立思考，大胆质疑，不轻信他人，不迷信权威。

## 个人探索与文献研究

通过观察与实验发现问题之后，下一步就是分析和探讨问题的原因及其内在机制。从根本上来说，这只能靠个人探索，并提出自己独立的见解。但是，强调个人探索，并不等于单打独斗。在漫长的历史发展中，前人已经做了大量研究，积累了大量文献资料，这使得后人能够在前人研究的基础上，更有效率地开展研究。因此，在开始分析某一个现象或问题时，第一步要做的就是下工夫查阅有关文献资料，了解前人的研究成果，这已经成为现代科学研究的基本范式。

## 理论模型

科学研究从形式来看，就是对通过观察与实验得到的经验数据材料，加以概括和抽象，建立相应理论模型的过程，也就是要抓住现实对象最主要的本质特征,忽略其他非本质的细枝末节,将现实对象予以简单化、理想化。例如,"市场经济"就是一个最基本的理论模型,它包括一系列假设:如假设厂商和居民都是有理性的,都要追求自身利益的最大化;假设市场上具有众多的厂商和居民户,从而每一个厂商和个人都是既定市场价格的接受者,都不能操纵市场价格;假设资源可以自由流动;假设厂商和个人能够及时、方便、轻易地获得所有各种市场信息,等等。

在研究中建立理论模型,可以使问题大大简化,提高研究效率。但同时也会导致理论常常与现实脱节。因此,经济学研究结论一般不能在现实经济生活中直接套用。如西方经济学理论研究结论"在市场经济条件下,能够实现最佳资源配置",就与现实不完全相符。

理论模型可以用文字描述,也可以用数学公式表达。现代西方经济学一般倾向于应用数学公式,其基本做法是:将所有研究对象都称为"变量",然后先作出一定的假设,通常假定除所要研究的少数几个主要变量外,其他所有变量和外部条件都不变,在此假设前提下,再以有关数据材料为基础,通过逻辑分析和统计检验,建立主要变量之间的逻辑关系。

建立理论模型时要注意"合理假设"。原则上只有无关紧要的因素,才可以忽略不计,或假设为不变。但究竟哪些因素可以忽略不计,哪些因素不能忽略?需要根据具体问题具体分析。例如,研究一块石头的下落运动,可以将空气阻力忽略不计;但如果研究羽毛的下落,就不能将空气阻力忽略不计了。

## 规范经济学与实证经济学

所谓规范经济学,是首先确立一个伦理价值判断标准,然后据此评价经济活动的结果是否符合标准,研究经济活动怎样才能达到所确立的标准,最后提出相应的政策建议。简言之,也就是回答"应该怎样,不应该怎样"的问题。如以经济增长问题为例,若用规范经济学来分析,就是:首先确立一些理想的经济增长标准,如经济增长应该"稳定"、"可持续"、"促进充分就业"、"保持物价稳定"、"提高居民生活水平"等,然后再看现实经济增长是不是符合这些标准,如果不符合,再考虑应该怎样进行调整,等等。

所谓实证经济学,是试图摒弃一切价值判断,只研究经济现象各变量之间客观存在的相互联系和规律,分析、预测各种经济行为可能带来的各种后果,据此提出自己的政策建议。它要回答的是"是什么,不是什么"的问题。如仍以经济增长为例,按实证经济学方法,就是首先搜集一些历史统计资料,然后用相关分析、回归分析等统计分析方法，探讨经济增长是怎样实现的？哪些因素促进了经济增长？等等。至于这种经济增长是好还是坏，则置之不理。

目前，西方经济学家一般倾向于实证经济学方法，但并不完全排除规范经济学。

## 均衡分析与非均衡分析

均衡分析是假定经济变量的运动总是趋向于均衡状态，据此研究经济现象如何达到均衡。如西方经济学均衡价格理论，就是假定商品价格总有成为均衡价格的趋势，然后用"价格调节供求，供求影响价格"这一市场机制来阐明均衡价格是怎样形成的。非均衡分析则认为，经济变量并不一定趋向于均衡，均衡是偶然的，非均衡才是经常的。据此研究非均衡条件下，各种经济变量的变化和运动规律。其基本分析方法被概括为"短边法则"：即经济变量的数值取决于最短缺的因素。仍以商品价格为例，按非均衡分析方法，并不一定会成为均衡价格，在多数情况下，商品不是供过于求，就是供不应求，只有偶尔情况下，才会实现供求均衡，达到均衡价格。当商品供过于求的时候，其价格由需求来决定，即所谓"买方市场"；当商品供不应求时，价格由供给决定，即所谓"卖方市场"。

目前西方经济学中占主导地位的是均衡分析方法。如微观部分的均衡价格理论、消费者均衡、厂商均衡，宏观部分的国民收入均衡，都贯穿了均衡分析思路。作为一个系统，社会经济内部诸因素之间客观上存在一定的比例关系，因此均衡分析作为一种基本的经济学方法得到普遍应用，是很自然的。但另一方面，社会经济系统内部结构是相当松散的，并且经常处于变动中，包括各因素之间的数量比例关系，也都在不停地变化，因而非均衡分析的思路也很值得引起重视。

## 静态分析与动态分析

静态分析和动态分析最早是挪威经济学家弗瑞希于1933年发表《动态经济学中的扩散问题和冲击问题》一文中从计量经济学的角度进行划分的。但时至今日，经济学界常常将二者混淆在一起，导致许多纠缠不清的是非争论。对此，张建华先生提出了如下观点：

静态分析是在假定其他条件不变的前提下，以某些经济变量为自变量（不是以时间为自变量），研究作为函数的另一些经济变量随作为自变量的经济变量取值的变化而变化的规律。它是一种组合选择分析,其中自变量与函数的不同取值之间是一种并列关系,不存在时间先后顺序和前后演替关系。这种分析体现的是机械论思维方式,它假定其他因素都不变,只有一种或几种可变因素,在此前提下,孤立地研究可变因素对经济现象的影响,并把这种影响看作是某种铁定不变的精确关系。

如以需求定理为例,假定其他条件都不变,只有价格与商品需求量在变化,其中价格为自变量,商品需求量为函数。一般的规律是,当商品价格比较高时,商品需求量就比较少;当商品价格比较低时,商品需求量就比较大。这就属于静态分析。

动态分析则是以时间为自变量,研究各种经济变量,随时间的变化而变化的规律。这是一种过程演化分析,其中不同的变量状态之间是一种生长生成、演替进化关系,有一定的时间顺序和前因后果关系。这里体现的是系统论和随机概率论思维方式,它将各种相关因素看作一个系统整体,考虑这些相关因素之间的交互作用,研究它们各自以及它们共同对经济现象的影响,并认为这种影响并非铁定不变,而呈一种概率关系。例如,仍以价格和需求量的关系来讲,若用动态分析,就是首先搜集若干时期某种商品的价格和需求量(销售量)数据,建立商品价格和商品需求量的时间序列,从中可以看出商品价格与商品需求量随时间变化而变化的轨迹,然后进一步进行统计相关分析,看商品价格的变化与商品需求量的变化是否存在相关关系,最后再通过回归分析等方法建立商品需求量与商品价格之间的函数关系。结果可能使人大吃一惊:当商品价格较高时,商品需求量也较高,当商品价格较低时,商品需求量也较低,二者呈同方向变化,民间俗语称之为"买涨不买跌",与上述需求定理正好相反。那么,我们应该相信哪个结论呢?其实,这两个结论都没有错,只是分析方法不同,结论也不同罢了。

一般地,静态分析的结论既不能用动态资料来证实,也不能用动态资料来证伪。需要注意的是,在文字描述上,静态分析常常给人以动态的错觉,如"当商品供过于求时,商品价格下降,引起需求增加,供给减少,逐渐趋于供求均衡;反之,当商品供不应求时,商品价格上涨,会促使供给增加,需求减少,最后也逐渐趋于供求均衡"这一段话,乍一看,商品价格、供给和需求都在变化,似乎是动态分析,但实质上是静态分析,其中价格与需求量取值的变化与时间无关。与此同时,动态分析到最后,通过对主要经济变量的时间序列数据作相关分析、回归分析等处理,建立起主要经济变量之间的函数关系,形如 $Q_d = 1000 - 3P$ 等,似乎是静态分析，但其实是动态分析，其中价格 P 本身是以时间为自变量的函数，从而需求量 Qd 也是随着时间的变化而变化。

目前经济学基础理论研究普遍采用静态分析方法。如西方经济学中的边际效用递减规律、边际替代率递减规律、边际技术替代率递减规律、边际收益递减规律、边际消费倾向递减规律以及凯恩斯关于有效需求决定国民收入原理等，都是静态分析方法的杰作。

## 边际分析

边际分析（Marginal analysis）是 19 世纪后期奥地利学派的门格尔（Carl Menger，公元 1840～1921 年）、维塞尔（Freidrich von Wieser，公元 1851～1926 年）、庞巴维克（Eugen B&ouml;hm Bawerk，公元 1851～1914 年）等人开创的，目前已经成为西方经济学普遍应用的基本方法，其要点是把经济变量之间的关系看作一种函数关系，研究"自变量的增量"所引起的"函数的增量"的变化，其目的是要确定一个最佳的自变量值和函数值。例如，在小麦地里施用化肥，施肥量少了，产量上不去；施肥量多了，可能使麦苗致病，甚至可能将麦苗"烧死"，导致产量下降。那么，施多少化肥才合适呢？这就需要进行试验研究。一般的做法是，将一块试验田分成若干试验小区，各试验小区其他条件保持一致，只是施肥量分别从少到多，逐渐增加，然后观察比较各试验小区间小麦产量的变化，看一看随着施肥量的增加，小麦产量的增加呈什么规律，最后确定一个最佳的施肥量和最佳的小麦产量，这就是边际分析。

边际分析方法是贯穿整个西方经济学理论的一个基本分析方法。如微观经济学中的边际效用、边际产量、边际成本、边际收益等概念，宏观经济学中的边际消费倾向、边际储蓄倾向等概念，以及与其相联系的一系列"边际"原理，都体现了边际分析方法。曼昆在《经济学原理》中指出："理性人考虑边际量"，并列为经济学的十大原理之一。

注意：边际分析只适用于存在极值的函数关系。如函数单调递减，或单调递增，或呈正比例关系等，就不适用边际分析。

## 环境分析

"环境"被定义为一个事物从中产生并影响这一事物存在和发展的所有周围因素的综合体。他认为，任何事物都是一定环境的产物，其物质和能量都来自其赖以形成、存在和发展的环境，从而事物的发展变化归根到底都是周围环境因素作用的结果。这是因为，事物的发展变化说到底无非都是事物内部的能量和物质在发生变化。这就是"环境决定论"的基本观点。据此，一个事物只有联系它所处的环境，才能得到科学的说明。如1970年代末以来，中国实行开放政策，极大地促进了国民经济的发展，实践已经证明这一政策的正确性，从理论上来讲就是环境决定论的体现。再打个比方来讲，好比一颗鸡蛋，单独拿来，无论怎样颠来倒去地观察和测试，都搞不清它的来历。但只要抓一只母鸡过来，一切便轻而易举，迎刃而解：鸡蛋是母鸡生的。

在现代市场经济状态下，随着世界各国日益加速开放融合，传统内因论已经变得越来越不合时宜，我们应当及时更新观念，代之以全新的环境决定论。环境决定论才是适应现代市场经济发展实际的、对外开放的哲学理论。

## 系统分析

1920年代奥地利生物学家贝塔朗菲（Ludwig von Bertalanffy，公元1901～1972年）提出"机体生物学"，强调生命现象不能用机械论观点来揭示其规律，只能把它看作一个整体或系统来加以考察。举例来讲，一台拖拉机由许许多多个零件组成，每个零件都可以拆下来，拆下来之后，每个零件还是一个完整意义上的零件，这些零件重新组装起来，还是一台完整的拖拉机，像这样"部分可以脱离整体单独存在"就是机械论的观点。显然，这种机械论的观点是不能适用于生命现象的，有一个经典的说法是，一只手被砍下来，虽然仍然叫做"手"，但实际上作为一只手的生命机能已经完全消失了，也就是说，部分不能脱离整体单独存在，这就是系统论的观点。1947年贝塔朗菲把系统论观点进一步推广到一般情形，提出了"一般系统论"。1968年贝塔朗菲出版《一般系统理论——基础、发展与应用》，这是一般系统论的代表作。

目前，系统论思想在经济学界已经引起广泛注意，但在经济学基础理论研究中，系统论和系统分析方法并没有真正落到实处。一般经济学家还是习惯于传统机械论思维方式。如微观经济学部分的边际收益递减规律，假定其他因素都不变，只有一种可变生产要素，结果表明随着该可变生产要素投入量的增加，边际产量起初递增，随后转为递减，直至变为负数。这就是一个比较典型的机械论分析。它有一个致命的弱点，就是假定其他条件不变，认为产量的变化与其他条件无关，这就无法解释边际产量为什么会由"递增"转为"递减"。对此，只有使用系统论思想才能作出科学的解释。

在经济学基础理论研究中应用系统方法，最重要的是形成"系统结构观点"，要看到事物内部各因素之间以及事物与其周围环境之间存在一定的相互联系，并形成一定的结构，共同影响事物的发展变化。

##  随机概率分析

随机概率分析认为，事物的发展变化都是依据一定的概率发生的随机过程，这就是"随机概率原理"。从理论上来讲，事物都是无限可分的，也就是都具有"粒子性"，其中每一组成元素（即粒子）都具有相对独立性，决定了宏观总体上整个事物的发展变化具有某种不确定性；但同时，事物内部组成元素（即粒子）之间又是相互联系，即具有"波动性"，从而又使整个事物的运动具有某种规律性。两方面概括起来，就是事物的运动具有随机概率性。具体到现实经济生活来说，世界上千千万万个消费者、厂商以及各国政府，他们的经济行为，无论从单个来看，还是从宏观总体来看，都是某种随机概率过程。全部经济学概念和原理都只能理解为某种经济现象或过程发生的概率，这是正确理解经济学规律的关键之一。

一般来讲，目前在经济学领域占统治地位的还是传统机械论思维方式。传统机械论思维方式，除了孤立地看待各种因素以外，还有一个基本特点就是"精确"地、"僵死"地看待事物各因素之间的相互联系和运动状态，结果只能在随机变化的现实面前四处碰壁。如西方经济学均衡价格理论认为，当一种商品的需求量与供给量相等时，就确定了商品的均衡价格。但实际上，商品价格的形成是一个由千千万万的厂商和消费者参与的随机过程，始终在不停地波动，并不存在一个确定不变的均衡价格。

## 历史分析

历史分析是非西方经济学者经常提及的一个基本方法，西方学术界也有人提倡。但到底什么是历史分析，学术界的看法并不一致。

历史分析的基本内容包括：（1）任何事物都是某种历史存在，都有其发生、发展直至消亡的历史过程。（2）任何事物都是发展变化的。（3）只有通过历史的研究才能真正科学地阐明事物的本质及其发展规律。（4）历史的研究意味着对事物发展的全过程系统地进行研究，不能割断历史，片面地研究。（5）必须将事物放在它所处的历史条件下来进行研究，既不要用古人的标准判断今人的事情，也不要用今人的标准判断古人的事情。

例如，在评价原始农业生产水平时，人们常常讲："原始农业生产力水平很

低。"这就是一种非历史的观点，它实际上是以现代农业的生产力水平作为标准，来判断原始农业的生产力水平。严格来讲，二者没有可比性。用历史的观点来看，原始农业在它所处的历史时期，相对于采集、狩猎来讲，是一种最先进的生产方式。再如，目前一种流行的观点，认为我国20世纪50年代到70年代搞计划经济弄得民穷财尽，80年代以后逐渐实行市场经济改革，国民经济得到极大发展，这表明计划经济搞错了，市场经济搞对了。这实际上就是以当前的标准看待当年的计划经济，是一种非历史的观点。从历史观点来看，新中国成立初期，国内积贫积弱，在国际上则相当孤立，在此种条件下，为了确保国家安全，加速经济发展，必须依靠国家的力量，近乎无偿地从农民手里取得农产品，支持工业建设，也就只能走计划经济道路。后来，到70年代末80年代初，国内工业化建设奠定了基础，国际地位显著提高，这才能够实行改革开放政策，发展市场经济。我们既不应不顾历史条件的变化，固守计划经济的观念，反对市场经济改革，也不应借市场经济改革的成果来否定历史上计划经济的意义。

值得注意的是，不要把动态分析方法与历史分析方法混为一谈。二者虽然表面上有一些相似之处，都在研究运动和变化，但一般来说，动态分析方法只研究事物的量变或只简单地描述一系列事件的过程及其表面联系。而历史分析方法则着重研究事物的质变，并寻根究底探讨引起事物质变的内在机制，这两种研究方法在本质上是不同的。

## 数学方法

数学方法是现代西方经济学研究中广泛应用的一个方法，并已经发展成为一个专门的经济学分支，即计量经济学。"Econometrics"（即"计量经济学"，又译"经济计量学"）这个词是挪威经济学家弗瑞希于1926年模仿"Biometrics"一词创造的，他在1933年写道："统计学、经济理论和数学这三种观点对真正了解现代经济生活中数量关系来说，每一种观点都是一种必要的但本身并非充分的条件，把这三者结合起来，才是强有力的研究方法。正是这种结合构成了计量经济学。"1969年设立"瑞典中央银行为纪念阿尔弗雷德·贝恩哈德·诺贝尔经济科学奖"（The Bank of Sweden Prize in Economic Sciences in Memory of Alfred Nobel，通称"诺贝尔经济学奖"）以来，至2003年止，共有50位经济学家获此殊荣，其中三分之一以上与计量经济学有关，由此可见数学方法之重要。但与此同时，也出现了滥用数学方法的倾向，招致许多人批评。

## 事实验证

科学研究的任务是揭示事物的本质及其发展变化的规律,因此任何科学理论是否正确,最终都需要靠事实来进行检验。如果研究结论经检验与事实相符,就是正确的,否则就是不正确的。但需要注意的是,按随机概率观点,事物的存在及其发展变化都是一种随机现象,因而科学研究的结论,从本质上来说,都只能就事物的常态作出某种概然的反映,不可能完全与事实相符。特别是经济学,由于研究对象极其庞杂,经常会遇到例外现象。因此,用事实来检验经济学研究结论的时候,一定要注意掌握好判断标准,切不可夸大偶尔的例外,轻率否定科学研究的基本结论,更不要借口例外的存在,陷入相对主义的泥坑,从根本上失去判断是非的能力。例如,人会说话,这是一般常识,但是,哑巴会说话吗?哑巴当然不会说话,那么,"人会说话"这句话错了?并没错。这道理就在于这句话中的"人"实际上并不是指"所有人",而是指"绝大多数正常人"。

还要注意:事物总是在不断地发展和变化。一个科学的结论,今天还符合事实,明天就可能与事实不相符合了。因此,绝不应简单地根据当前的事实来否定既往的科学结论,而应该有一个历史发展的观点。

## 比较鉴别

在科学研究中,经常会遇到观点分歧和争论,在这种情况下,就需要比较鉴别。对此,一般应该掌握以下5条标准:

(1)真实性。这是科学真理最基本的特征,作为科学真理,必须符合客观实际。具体可参见上文。

(2)深刻性。科学真理应能透过事物的表面现象,反映事物内在的本质和规律。如"物以稀为贵"可算一条经验常识,但不能算科学真理。在这个问题上,马克思的劳动价值理论,尽管从今天的角度来看,存在这样那样的缺陷,但它却能深入到经济现象的背后,去揭示价格现象的本质和内在规律,因而更具有科学真理性。

(3)自洽性。一套科学真理内部各个观点要保持和谐统一,不能自相矛盾。据《韩非子·难一》记载,中国古代楚国有一个卖矛和盾的人,夸他的盾质量好:"我的盾很坚固,什么东西都刺不穿它!"接着又夸他的矛非常锋利:"我的矛什么东西都能刺穿!"有人问他:"用你的矛刺你的盾,结果会怎么样呢?"这个人哑口无言,无法回答,这就是成语"自相矛盾"的来历。像这样自打嘴巴的现象,在科学研究中是很忌讳的,但又经常发生,很值得我们注意。

(4)简明性。科学真理应具有简明性。这是因为客观事物的运动虽然极其复杂,但客观事物的本质与运动规律则是相对简单的。科学家的任务就在于透过复杂的表象,抓住事物的本质和规律,使复杂的问题简单化,以便人们解决。

(5)有效性。任何科学真理,说到底都是人们为着解决一定的实际问题而创立的,因此,必须能够为解决当前社会实践所面临的问题发挥其应有的作用,这就是科学真理的"有效性"。马克思主义理论自19世纪中期创立以来,在全世界得到了广泛的传播,原因就是这一理论适应了当时世界性的工人运动和社会革命的需要。1970年代末以来,西方经济学理论在中国得到了迅速普及,也是因为适应了中国经济改革和对外开放实践的需要。

## 复杂形式逻辑

迄今为止,形式逻辑学所研究的实际上只是一种简单形式逻辑,其基本范式是"精确的一一对应关系",用一个公式表示:若A,则B。这种逻辑范式在历史上主要是伴随着经典自然科学的发展而形成的,对于经典自然科学来讲,这种逻辑形式完全够用,但对于现代科学来讲,这种简单形式逻辑就远远不够了。特别是对于经济学来讲,它所研究的经济现象是一种随机概率过程,并不存在精确的一一对应关系。因此,需要在经济学研究中引入"复杂形式逻辑"的概念。所谓"复杂形式逻辑",是相对于简单形式逻辑而言,适用于复杂系统复杂现象的一种逻辑形式,其基本范式为"主次概率对应关系",用一个公式表示:若A且B,或C且D,则E或F。这个公式的含义是,一般正常情况下,A作为主导因素,B作为辅助因素,会导致E,但偶尔情况下,也可能导致F;另外,在偶尔情况下,C作为主导因素,D作为辅助因素,也可以导致E或F。通俗地讲,就是多因多果,有主有次,概然对应。

# 经济学定律与常用术语解析

## 国民幸福指数

国民幸福指数又称为 GNH。是衡量人们对自身生存和发展状况的感受和体验，即人们的幸福感的一种指数。

如果说 GDP（国内生产总值）、GNP（国民生产总值）是衡量国富、民富的标准，那么我们应该还需要一个衡量人的幸福快乐的标准。在国际社会，这个刚刚出现的标准叫 GNH——Gross National Happiness（国民幸福总值），不同的人对幸福感的理解和诠释不同，比如市民某某说："幸福就是工资再高一点，晚上少加班。"而职业经理人某某认为："最幸福的事情就是我要把公司做成一个世界品牌。"而专家认为，幸福感可以理解为满意感、快乐感和价值感的有机统一。

国民幸福指数最早于 20 世纪 70 年代由南亚的不丹王国的国王提出的，他认为"政策应该关注幸福，并应以实现幸福为目标"，人生"基本的问题是如何在物质生活（包括科学技术的种种好处）和精神生活之间保持平衡"。在这种执政理念的指导下，不丹创造性地提出了由政府善治、经济增长、文化发展和环境保护四级组成的"国民幸福总值"指标。

如果说"生产总值"体现的是物质为本、生产为本的话，"幸福总值"体现的就是以人为本。世界银行主管南亚地区的副总裁、日本的西水美惠子对不丹的这一创举给予了高度评价。她说，完全受经济增长左右的政策往往使人陷入物欲的陷阱，难以自拔。几乎所有的国家都存在相同的问题，但是我们决不能悲观。因为"世界上存在着唯一一个以物质和精神的富有作为国家经济发展政策之源，并取得成功的国家，这就是不丹王国。该国所讴歌的'国民幸福总值'远远比国民生产总值重要得多。不丹在 40 年以前还处于没有货币的物物交换的经济状态之下。但是，它一直保持较高的经济增长率，现在已经超过印度等其他国家，在南亚各国中是国民平均收入最多的国家。在世界银行的排行榜中也大大超过了其他发展中国家成为第一位。尽管如此，去不丹旅游过的人都会异口同声地说，仿佛回到了自己心灵的故乡。不丹给我们地球人展示了许多高深莫测的东西。"

### 中国的国民幸福指数

类似 GNH 这样的尝试，在国际社会已经有多种，例如"绿色 GDP"、联合国人类发展指标，英国的"国内发展指数"（MDP，该指数扣除了为抵消社会和环境成本而耗费的开支，考虑了长期的环境损毁和自然资本贬值，肯定了为确保谨慎投资和贸易平衡进行的一系列经济调整，反映了收入增加 1 英镑对穷人的意义要大于富人的事实，计入了家庭劳动的价值），等等。这些指标的创设，反映出单一 GDP 指标的局限性，也昭示着人类自身的新需要。中国的 GNH "现在很多地方政府都提出了幸福指数、群众满意度等新的评价指标，总的来看虽然有点简单，但这件事做起来总比不做强"。中科院院士程国栋在 2005 年全国"两会"期间，就提出了一份《落实"以人为本"，核算"国民幸福指数"》的提案，建议国家组织有关部门研究制订一套"国民幸福指数"的评价体系。

2004 年，中国人均 GDP 为 1270 美元。1980 年以来，中国的 GDP 以年均 9.3% 的高速度增长，在东亚创造了新的经济奇迹。经济成就举世瞩目，而整体的人文发展情况却呈现出与 GDP 增长不协调的逆态势。2003 年环境污染和生态破坏造成的经济损失占当年 GDP 的 15%，反映收入分配公平性的基尼系数超过 0.4 的社会失衡临界点。

根据荷兰鹿特丹伊拉斯谟大学的范荷文教授对中国 3 次幸福指数的调查，中国 1990 年国民幸福指数为 6.64（1~10 标度），1995 年上升到 7.08，但 2001 年却下降到 6.60。数据表明，即使经济持续快速增长也并不能保证国民幸福指数的持续增加。

## 住房痛苦指数

住房痛苦指数指用来衡量住房经济困难程度的指标，其计算公式为：商品房的平均售价（平方米）÷人均月收入＝住房痛苦指数。从此计算公式可以很直观地看出，"住房痛苦指数"与商品房的平均售价成正比，与人均年收入成反比。即：中国商品房的平均售价越高，则"住房痛苦指数"值越大；中国的人均年收入越高，则"百姓住房痛苦指数"值越小。

这个数字是一个变数，既可纵向比较，也可以横向比较。我们先来作纵向的比较。

例如，在2005年，城镇居民人均年可支配收入为10493元，以此为基数，除以12，可以算出月收入为874元，2005年全国商品房的平均售价为2820元/平方米。于是，2005年的"住房痛苦指数"即为：

住房痛苦指数 = 2820（元）÷ 874（元）= 3.22

2006年5月，全国商品住宅平均销售价格为3199元/平方米，2006年上半年城镇居民人均可支配收入为5997元（以上数字均来自国家统计局公报），因其为"上半年"，所以应×2，即为11197元。以此为基数，除以12，可以算出月收入为933元。于是，2006年5月"百姓住房痛苦指数"即为：

百姓住房痛苦指数 = 3199元 ÷ 933元 = 3.43

如此看来，2006年5月"住房痛苦指数"比2005年大幅上升了0.21。它清楚地显示了这一时期的对楼市宏观调控失灵，"住房痛苦指数"支持国家采取进一步的、更有效的调控措施和金融政策。

再往前看，2004年中国的全国商品住宅平均销售价格为每平方米2758元，城镇居民人均可支配收入9422元。以此为基数，除以12，可以算出月收入为785元。于是，2004年5月"百姓住房痛苦指数"即为：

住房痛苦指数 = 2758（元）÷ 785（元）= 3.51

从以上数据看，在最近的3年中，2004年的"百姓住房痛苦指数"为峰值。2005年"百姓住房痛苦指数"比2004年下降了0.29。这表明，2005年中国政府出台的一系列的房改新政，对改善中国老百姓的住房状况是明显有效的。

这个指数存在的意义在于，我们可以量化中国政府经济宏观调控政策对房市的影响评价体系，免得不同利益集团的人从自己的私利出发随意评说，让人对中国房地产的运行状况莫衷一是，一头雾水。

当我们将"住房痛苦指数"作为一种人文指数，引入对中国房市的观察和度量时，你立即会发现，它居然是我们一直在苦苦寻找的那架金色的天平，是观察和度量中国房地产市场运行状况的"第一量具"的衡量器。

这个指数还可以分解成全国各地的"住房痛苦指数"。各地会有很大差异。它与简单的商品房价格上涨指数相比，在表达对不同城市宜居程度上更直观，更准确，有更强大的可比性。

我们再接着作横向的比较，即以中国的商品房价格与收入之比，与国际标准进行对比：

一套标准住房，2006年的标准售价为：75（平方米）×3199（元）=239925元。

239925（元）÷11197（年收入）=21.42（年）

中国城镇居民需要花上21.42年，才能买到这样一套标准住房。而且，其前提是，在这些年间通货膨胀率为零。可以肯定地说，这个前提绝无可能。

如果一个25岁（已到婚配年龄）的中国城镇居民，想要买到房子再结婚，得熬到46岁。

如果使这个数字更具有可比性，我们可将世界银行所提供的比较合理的房价收入比警戒线设定为1。

世界银行认为比较合理的房价与人均收入比是4~6倍。世界银行为房价收入比所设定的警戒线为5：1。那么，"中国住房痛苦（国际）指数"即为：21.42（年）÷5=4.28

这个数字非常直观地告诉我们，"中国住房痛苦（国际）指数"已高出世界银行为房价收入比所设定的警戒线的4.28倍。

## 中英"住房痛苦指数"比较

英国人的"住房痛苦指数"

持"中国的房价应该高，与外国不能比"的观点者，其理论依据为，中国人多地少，土地短缺。那么只拿人口密度高于中国的国家比——如英国。

英国的人口密度大大高于中国，为每平方公里247人，是中国人口密度的170%。中国平均的人口密度是每平方公里132人。这是一个并不高的，甚至是中等偏低的人口密度。因此，如果英国的"住房痛苦指数"大大高出中国的"住房痛苦指数"，是不足为怪的。

而英国2003年的房价，普通地区为200英镑/平方米（约合388美元/平方米），伦敦地区的房价要贵一些，约合400~600英镑/平方米。一处480平方米的房产售价为17万英镑，因此，英国的一般地区普通住宅售价约合3000~4000元人民币/平方米；伦敦地区约合6000~10000元人民币/平方米，或均价1000美元/平方米。

2003年英国人的人均收入为28330美元，以此换算，月收入为2362美元。如此算来：

英国人的"住房痛苦指数" =388 美元/平方米÷2362 元美元=0.16

这个数字说明，一个普通英国人的月均收入可以买到 6.22 平方米的商品房，而中国人 3 个月的月均收入还买不到 1 平方米的商品房，两者相差近 20 倍。

中国人的"住房痛苦指数"

2003 年中国城镇居民人均年可支配收入为 10493 元，除以 12，得出月均可支配收入为 874 元，全国平均房价为 2820 元/平方米。于是，2003 年中国的"百姓住房痛苦指数"即为：

中国人的"住房痛苦指数" =2820 元/平方米÷874 元=3.22

人口密度仅为英国人口密度 70%的中国，"住房痛苦指数"却高出英国人的"住房痛苦指数"整整 20 倍。

# 国民收入

国民收入指一个国家在一定时期（通常为一年）内物质资料生产部门的劳动者新创造国民收入的价值的总和，即社会总产品的价值扣除用于补偿消耗掉的生产资料价值的余额。在使用价值上，国民收入是由体现新创造价值的生产资料和消费资料所构成。创造国民收入的物质生产部门，有农业、工业、建筑业和作为生产过程在流通过程内继续的运输业、邮电业以及商业等。

它是反映整体经济活动的重要指标，因此常被使用于宏观经济学的研究中，亦是国际投资者非常关注的国际统计项目。

反映国民收入的两个主要统计数字是本地生产总值（GDP，即国内生产总值）及本地居民生产总值（GNP，即国民生产总值），前者计算一段特定时期本地进行的生产，而后者则计算本地居民的总体收入。

一个国家国民经济各个生产部门在一个时期内新创造的价值的总和。就是从一个时期内的社会总产品的价值中，减去生产上消耗掉的生产资料的价值后剩余的部分。

国民收入在生产出来以后，要进行分配。分配过程分为初次分配和再分配。初次分配是在参与直接生产过程的各方面当事人之间进行的。再分配则是在初次分配的基础上在物质生产领域和非物质生产领域之间，在国民经济各部门之间、各部分人之间进行的。在非物质生产领域从事活动的人，如国家行政人员、军人、文化和艺术工作者、教师、医务人员等，他们的收入是通过国民收入再分配形成的。国民收入再分配一般借助于税收、价格、保险费和国家预算等经济杠杆进行。通过国民收入的初次分配和再分配，形成各个阶级、各个社会集团、各部分人、各个部门、各个方面的最终收入，最后作为消费基金和积累基金分别用于消费和积累。

国民收入的初次分配是在创造国民收入的物质资料生产部门的各方面当事人之间进行的。再分配则是在初次分配的基础上在物质生产部门与非物质生产部门之间、在国民经济各部门之间、各部分人之间进行的。一般来说，国民收入再分配是借助于税收、价格、保险费、国家预算等经济杠杆进行的。国民收入经过初次分配和再分配以后，按其最终用途分为积累基金和消费基金，分别用于积累和消费。

国民收入是反映一个国家国民经济发展水平的综合指标，人均国民收入则是直接反映这个国家社会生产力发展水平和人民生活水平的综合指标。国民收入作为综合指标，它可以反映社会再生产及其最终结果；在不同的社会制度下，国民收入反映不同的社会经济关系。例如，资本主义制度下的国民收入所体现的积累与消费的关系，反映的是无产阶级与资产阶级经济利益对抗的关系；社会主义制度下的国民收入所体现的积累与消费的关系，反映的则是劳动人民长远利益与目前利益之间的经济关系。国民收入作为一个国家一定时期内新创造的价值的总和，能够比较准确地反映这个国家新增加的物质财富，因而也是反映宏观经济效益的综合指标。

## 国内生产总值

国内生产总值（简称GDP）是指在一定时期内（一个季度或一年），一个国家或地区的经济中所生产出的全部最终产品和劳务的价值，常被公认为衡量国家经济状况的最佳指标。它不但可反映一个国家的经济表现，更可以反映一国的国力与财富。一般来说，国内生产总值共有四个不同的组成部分，其中包括消费、私人投资、政府支出和净出口额。用公式表示为：GDP = CA + I + CB + X。式中：CA为消费、I为私人投资、CB为政府支出、X为净出口额。

在经济学中，常用GDP和GNI（国民总收入）共同来衡量一国或地区的经济发展综合水平通用的指标。这也是目前各个国家和地区常采用的衡量手段。GDP是宏观经济中最受关注的经济统计数字，因为它被认为是衡量国民经济发展情况最重要的一个指标。一般来说，国内生产总值有三种形态，即价值形态、收入形态和产品形态。从价值形态看，它是所有常驻单位在一定时期内生产的全部货物和服务价值与同期投入的全部非固定资产货物和服务价值的差额,即所有常驻单位的增加值之和;从收入形态看,它是所有常驻单位在一定时期内直接创造的收入之和;从产品形态看,它是货物和服务最终使用减去货物和服务进口。GDP反映的是国民经济各部门的增加值的总额。

对于这一概念的理解,应该注意以下几个问题:

第一,国内生产总值是用最终产品来计量的,即最终产品在该时期的最终出售价值。一般根据产品的实际用途,可以把产品分为中间产品和最终产品。所谓最终产品,是指在一定时期内生产的可供人们直接消费或者使用的物品和服务。这部分产品已经到达生产的最后阶段,不能再作为原料或半成品投入其他产品和劳务的生产过程中去,如消费品、资本品等。中间产品是指为了再加工或者转卖用于供别种产品生产使用的物品和劳务,如原材料、燃料等。GDP必须按当期最终产品计算,中间产品不能计入,否则会造成重复计算。

第二,国内生产总值是一个市场价值的概念。各种最终产品的市场价值是在市场上达成交换的价值,都是用货币来加以衡量的,通过市场交换体现出来。一种产品的市场价值就是用这种最终产品的单价乘以其产量获得的。

第三,国内生产总值一般仅指市场活动导致的价值。那些非生产性活动以及地下交易、黑市交易等不计入GDP中,如家务劳动、自给自足性生产、赌博和毒品的非法交易等。

第四,GDP是计算一定时期内生产的最终产品价值,因而是流量而不是存量。

第五,GDP不是实实在在流通的财富,它只是用标准的货币平均值来表示财富的多少。但是生产出来的东西能不能完全的转化成流通的财富,这个是不一定的。通过以上的分析,我们发现GDP虽然有许多的缺陷,但的确能够表示社会财富的增加,目前还找不到可替代的更好概念。对于GDP概念的缺陷,我们也并非完全一筹莫展,可以在现行GDP概念的基础上作一些修正,使GDP的概念更臻完美。我们姑且把这个概念叫做GDP的有效累积,它增加了两个要素,一个是有效,一个是累积,它的计算方法是当年的GDP总额,减去无效的GDP和消失的GDP,它比纯粹的GDP概念更能反映一个地方的富足程度与发展速度。什么叫无效的GDP?什么叫消失的GDP?现在各地都在搞工业园,省地县甚至乡镇一级也有,招商引资来的企业都在园区内跑马圈地,许多厂房建成以后并未投产就闲置起来,有的企业圈了一块地之后便任其杂草丛生,这些厂房与围墙的投资虽然也使当地产生了GDP,但周边的老百姓都非常痛心，认为这是极大的浪费。究其本质，这种方式产生的 GDP 是一种徒有其表的无效 GDP。

故事：某地遭受百年未遇的特大洪水，大量房屋被冲毁，大片庄稼被淹没，老百姓哭天喊地痛心疾首。次年，他们硬着头皮或支储蓄或举债务搞灾后重建，建筑运输等业一片繁荣，这一年的 GDP 是往年的 130%，但老百姓反倒感觉自己的生活质量比原来差了一大截。原因很简单，洪水把多年来的劳动成果毁于一旦，而劳动成果就是往年 GDP 的累积，这些 GDP 因为洪水瞬间消失。如果一边是 GDP 增加，一边是 GDP 的消失；或者是 GDP 在不断地增加，但增加的却是一些无效的 GDP，那么再高的 GDP 发展速度也并不能证明社会的财富在增加经济在发展，因为，只有保留下来并为人们所需要的 GDP 才是真正的财富。一个地方不断出现消失的 GDP 或者是无效的 GDP，只能证明该地过去做了太多的无用功或者现在的决策有问题。

令人遗憾的是，我们的生活当中这样的例子比比皆是。中国几乎所有的城市都在大兴土木，大马路、大广场、大公园层出不穷，有的学校斥资数千万修造一个大门，有的城市在几无人烟的郊区大道上通宵亮灯，这些远远超出实际需要的面子工程，难道不是无效的 GDP？很多地方的城建规划是朝令夕改，房子是拆了建，建了拆，再拆再建，屡建屡拆，每一次的拆迁过程不都是过去 GDP 的消失？如果起用了 GDP 有效累积这个概念，我们对一地的经济发展状况、财富拥有程度就能够做出更加准确的判断，一地 GDP 的总有效累积数值越大，表明这个地方越富有；当年的 GDP 有效累积越多，说明当年此地的经济发展速度越快。因此，启用这个概念就显得非常的必要与迫切。通过以上分析，我们发现一个几乎人人皆知的经济学概念里，其实蕴藏着一系列非常深刻的经济学道理，非经深入研究透彻了解，并不容易明白其中的奥妙，这正是我们喜欢经济学的理由，同时也正是经济学被大多数人所滥用所误解的原因。

## 国民生产总值

国民生产总值又称为 GNP。是指一个国家（地区）所有常住机构单位在一定时期内（年或季）收入初次分配的最终成果。一个国家常住机构单位从事生产活动所创造的增加值（国内生产总值）在初次分配过程中主要分配给这个国家的常住机构单位，但也有一部分以劳动者报酬和财产收入等形式分配给该国的非常住机构单位。同时，国外生产单位所创造的增加值也有一部分以劳动者报酬和财产收入等形式分配给该国的常住机构单位。从而产生了国民生产总值概念，它等于国内生产总值加上来自国外的劳动报酬和财产收入减去支付给国外的劳动者报酬和财产收入。

国民生产总值与社会总产值、国民收入有所区别，一是核算范围不同，社会总产值和国民收入都只计算物质生产部门的劳动成果，而国民生产总值对物质生产部门和非物质生产部门的劳动成果都进行计算。二是价值构成不同，社会总产值计算社会产品的全部价值；国民生产总值计算在生产产品和提供劳务过程中增加的价值，即增加值，不计算中间产品和中间劳务投入的价值，国民收入不计算中间产品价值，也不包括固定资产折旧价值，即只计算净产值。

国民生产总值反映一个国家的经济水平。按可比价格计算的国民生产总值，可以计算不同时期不同地区的经济发展速度（经济增长率）。

把国民生产总值作为综合经济指标的主要优点在于：第一，它只计算了最终产品的价值，而没有计算中间产品的价值，因而不包括重复计算的部分。第二，它不仅计入了物质生产部门的增加值，而且也计入了非物质生产部门的增加值，因而反映了现代产业结构的变化，反映了教育、科学技术、金融等第三产业在社会经济中的作用。

国民生产总值指标的缺陷是：第一，把一切社会活动都作为生产活动，都创造价值，因而统计的范围过宽。第二，把所有的服务增加值同时都计入了国民生产总值，也会出现重复计算。收入再分配的次数越多，重复计算的部分就越大。

GDP 与 GNP 作为国民收入核算的两个指标，反映了统计上的两种原则。

GNP 是与所谓国民原则联系在一起的。按照这一原则，凡是本国国民（包括本国公民及常驻外国但未加入外国国藉的居民）所创造的收入，不管生产要求是否在国内，都被计入本国的 GNP，而外国公司在该国公司的利润收入则不应被计入该国的 GNP。

GDP 是与所谓国土原则联系在一起的。按照这一原则，凡是在本国领土上创造的收入，不管是不是本国国民所创造的，都被计入本国的 GDP。特别是，外国公司在某一国子公司的利润都应计入该国的 GDP。而该国企业在外国子公司的利润就不应被计入。

根据以上的说明，以对外要素收入净额来表示本国生产要素在世界其他国家获得的收入减去本国付给外国生产要素在本国获得的收入，则 GNP 与 GDP 的关系式：

GNP = GDP + 对外要素收入净额

## 经济增长率

经济增长率(RGDP)是末期国民生产总值与基期国民生产总值的比较,以末期现行价格计算末期GNP,得出的增长率是名义经济增长率,以不变价格(即基期价格)计算末期GNP,得出的增长率是实际经济增长率。在量度经济增长时,一般都采用实际经济增长率,经济增长率也称经济增长速度,它是反映一定时期经济发展水平变化程度的动态指标,也是反映一个国家经济是否具有活力的基本指标。

经济增长率的大小意味着经济增长的快慢,意味着人民生活水平提高所需的时间长短,所以政府和学者都非常关注这个指标。

如果变量的值都以现价计算,则公式计算出的增长率就是名义增长率;反之如果变量的值都以不变价(以某一时期的价格为基期价格)计算,则公式计算出的增长率就是实际增长率。在量度经济增长时,一般都采用实际经济增长率。

国家可以采取扩张性的利息、税收、财政和汇率政策来增加经济增长,但是每一种政策的作用都有其局限性。而且这些政策在20世纪上半期资本主义发展中起到了很大的作用,提出这一理论的凯恩斯也被称为"资本主义的救星",但是近年来其作用越来越受到质疑。

零增长,有时候会表示为GDP与往年持平。而负增长则表示本年度的GDP低于往年,往往会被形容为"不景气"或经济衰退。零增长有时会被认为也是负增长,因为考虑到通货膨胀以及物价上涨的原因,同样数量的货币的购买力会低于往年。

经济增长并不一定代表发展。批评家们往往会质疑经济增长的实际意义,其原因是因为经济增长的衡量尺度是GDP,而GDP的增长不一定代表了生产力的发展。举例来讲,A国每生产1吨钢材需要2吨的煤,而B国同样生产1吨钢材只要1吨的煤,那么从GDP的角度讲,假设这就是两国全部的经济事件,那么A国的GDP=1吨钢材+2吨煤,而B国的GDP=1吨钢材+1吨煤。所以A国的GDP是大过B国的,但是很显然A国的生产效率是落后于B国的。

又如,假设美国高速公路上相向而来两辆汽车错身而过则对本年度GDP统计上不会有任何的影响;反之,如果两辆车发生了车祸,则需要出动警车、消防车、救护车,并且增加了清理路面的工作,保险金的赔偿以及未来新车的需求,这在 GDP 上可能会有上百万美元的增加。然而这一事件的本质是一个意外，而不是生产力的发展。

## 物价指数

物价指数亦称商品价格指数。它是反映各个时期商品价格水准变动情况的指数。物价指数是一个与某一特定日期一定组合的商品或劳务有关的价格计量。当该商品或劳务的价格发生了变化，其价格指数也随之变化。

物价指数计算的基本方法，是以计算期各种商品的价格乘以计算期各种商品的销售量，再除以基期各种商品的价格乘以基期各种商品的销售量。计算期各种商品的价格与计算期各种商品的销售量的乘积，减去基期各种商品的价格与基期各种商品销售量的乘积，表示消费者在计算期购买商品时，由于物价变动而节省或多付的金额。

在实际工作中，根据所掌握的资料情况，物价指数也可用算术平均数或调和平均数来计算。

物价指数的种类：

### 商品零售价格指数

商品零售价格指数是反映城乡商品零售价格变动趋势的一种经济指数。零售物价的调整变动直接影响到城乡居民的生活支出和国家的财政收入，影响居民购买力和市场供需平衡，影响消费与积累的比例。因此，计算零售价格指数，可以从一个侧面对上述经济活动进行观察和分析。

### 居民消费价格指数

居民消费价格指数是反映一定时期内城乡居民所购买的生活消费品价格和服务项目价格变动趋势和程度的相对数，是对城市居民消费价格指数和农村居民消费价格指数进行综合汇总计算的结果。利用居民消费价格指数，可以观察和分析消费品的零售价格和服务价格变动对城乡居民实际生活费支出的影响程度。

### 城市居民消费价格指数

城市居民消费价格指数是反映城市居民家庭所购买的生活消费品价格和服务项目价格变动趋势和程度的相对数。城市居民消费价格指数可以观察和分析消费品的零售价格和服务项目价格变动对职工货币工资的影响，作为研究职工生活和确定工资政策的依据。

### 农村居民消费价格指数

农村居民消费价格指数是反映农村居民家庭所购买的生活消费品价格和服务项目价格变动趋势和程度的相对数。农村居民消费价格指数可以观察农村消费品的零售价格和服务项目价格变动对农村居民生活消费支出的影响,直接反映农民生活水平的实际变化情况,为分析和研究农村居民生活问题提供依据。

### 农产品收购价格指数

农产品收购价格指数是反映国有商业、集体商业、个体商业、外贸部门、国家机关、社会团体等各种经济类型的商业企业和有关部门收购农产品价格的变动趋势和程度的相对数。农产品收购价格指数可以观察和研究农产品收购价格总水平的变化情况,以及对农民货币收入的影响,作为制定和检查农产品价格政策的依据。

### 农村工业品零售价格指数

农村工业品零售价格指数是反映农村市场工业品零售价格水平变动趋势和程度的相对数。通过农村工业品零售价格指数,可以观察工业品零售价格变动对农民货币支出的影响。工业品出厂价格指数是反映全部工业产品出厂价格总水平的变动趋势和程度的相对数,包括工业企业售给本企业以外所有单位的各种产品和直接售给居民用于生活消费的产品。通过工业品出厂价格指数能观察出厂价格变动对工业总产值的影响。

### 固定资产投资价格指数

固定资产投资价格指数是反映固定资产投资额价格变动趋势和程度的相对数。固定资产投资额是由建筑安装工程投资完成额,设备、工器具购置投资完成额和其他费用投资完成额三部分组成的。编制固定资产投资价格指数应首先分别编制上述三部分投资的价格指数,然后采用加权算术平均法求出固定资产投资价格总指数。

编制固定资产投资价格指数可以准确地反映固定资产投资中涉及的各类商品和取费项目价格变动趋势和变动幅度,消除按现价计算的固定资产投资指标中的价格变动因素,真实地反映固定资产投资的规模、速度、结构和效益,为国家科学地制定、检查固定资产投资计划并提高宏观调控水平,为完善国民经济核算体系提供科学的、可靠的依据。

## 失业率

失变率（Unemployment Rate）是指失业人数占总劳动力人口的比例。是资本市场的重要指标，属滞后指标范畴。失业率增加是经济疲软的信号，可导致政府放松银根，刺激经济增长；失业率下降，将形成通货膨胀，使央行收紧银根，减少货币投放。

另外，失业率数字的反面是就业数字（The Employment Data），其中最有代表性的是非农业就业数字。非农业就业数字为失业率数字中的一个项目，该项目主要统计从事农业生产以外的职位变化情形，它能反映出制造行业和服务行业的发展及其增长，数字减少便代表企业减低生产，经济步入萧条。当社会经济发展较快时，消费自然随之而增加，消费性以及服务性行业的职位也就增多。当非农业就业数字大幅增加时，理论上对汇率有利；反之则相反。因此，该数据是观察社会经济和金融发展程度和状况的一项重要指标。

通过该指标可以判断一定时期内全部劳动人口的就业情况。一直以来，失业率数字被视为一个反映整体经济状况的指标，而它又是每个月最先发表的经济数据，所以失业率指标被称为所有经济指标的"皇冠上的明珠"，它是市场上最为敏感的月度经济指标。一般情况下，失业率下降，代表整体经济健康发展，利于货币升值；失业率上升，便代表经济发展放缓衰退，不利于货币升值。若将失业率配以同期的通胀指标来分析，则可知当时经济发展是否过热，会否构成加息的压力，或是否需要通过减息以刺激经济的发展。

世界上大多数国家都采用两种失业统计方法。一种是行政登记失业率，另一种是劳动力抽样调查失业率。两种失业率都是政府决策的重要依据。

登记失业率统计的是到公共就业服务机构进行失业登记、享受失业保险待遇并求职的失业人员数量。由于各国公共就业服务和社会保险发展水平不一，登记失业率在国与国之间不能比较。而抽样调查失业率基本依据的是国际化的失业定义，可以进行国际比较。

城镇登记失业率和失业率是两种不同的概念，使用的统计方法也不同。中国公布的城镇失业率，是登记失业率，它是劳动保障部门就业服务机构对失业人员登记统计汇总的结果。应该说，城镇登记失业率，是政府制定就业政策的主要参考依据。由于中国就业服务体系和社会保障体系还不完善，到劳动保障部门就业服务机构登记求职的失业人员数量不够全面，再加上就业和失业登记办法还不健全和规范，因此，存在着实际失业率高于登记失业率的现象。

一些科研单位对城镇失业率有这样那样的推算，统计数字不尽相同，这些数据都可以作为参考，但不能作为决策依据。社科院披露的失业率是用"德尔菲法"调查出来的。这个方法实际上就是把调查的内容，向一定数量的专家、学者征求意见，然后把意见进行综合，最后形成结论。

登记失业率，不等于实际失业率。中国还没有开展劳动力抽样调查，所以没有抽样调查失业率。今后将逐步建立劳动力抽样调查制度。但采用抽样调查方法确定失业率后，城镇登记失业率还要继续使用。

## 货 币

货币是指任何一种可以执行交换媒介、价值尺度、延期支付标准和完全流动的财富储藏手段等功能的商品，都可被看作是货币；从商品中分离出来固定地充当一般等价物的商品，就是货币；货币是商品交换发展到一定阶段的产物。货币的本质就是一般等价物。

在货币发展史上，羊、铜银、黄金、银行券、纸币、电子货币等都承担过交换媒介的功能，这些交换媒介不断演化，形成了今天的货币形式。交易成本更小化在货币演化过程中起到了决定性的作用。

通常，每个国家都只使用唯一的一种货币，并由中央银行发行和控制。不过也存在例外，亦即多个国家可以使用同一种货币。例如，在欧盟国家通用的欧元，西非经济共同体使用的法郎，以及在19世纪的拉丁货币同盟，名称不同但能在联盟内部自由流通的等值货币。一个国家可以选择别国的货币作为法定流通货币，比如，巴拿马选择美元作为法定货币。不同国家的货币还可能使用相同的名字，比如，在法国和比利时使用欧元之前，它们和瑞士的货币都叫法郎。有时因为特殊原因，同一个国家内的不同自治体可能也会发行不同版本的货币，例如在英国，包括英格兰、苏格兰或甚至偏远离岛的泽西岛、根西岛都拥有各自发行的不同版本英镑，并且互相可在英国境内的其他地区交易，但唯有英格兰英镑才是国际承认的交易货币，其他版本的英镑拿出英国境外后可能会被拒绝收受。

每个基本货币单位通常还可以分成更小的辅币。最常用的比例是辅币为主币的1/100，比如，100分=1元。在法国大革命推广公制以前，欧洲历史上曾经长期采用1/20/240进制，例如在英国，1英镑等于20先令、240便士；法国的情况是 12 个但尼尔（denier）为 1 苏（Sol），20 个苏为 1 里弗尔（livre，又称锂）。1∶7、1∶14、1∶25、1∶10、1∶1000 以及其他进位制也曾被使用。

有的国家的货币没有辅币，或者虽然有辅币，但是由于币值太小而只是理论上的换算单位，而没有发行实际的货币，比如日元和韩元。

萨缪尔森在其名著《经济学》有关货币的章节中，引用了金·哈伯特的一句名言："在一万人中只有一人懂得通货问题，而我们每天都碰到它。"由此看来，货币貌似简单，实际上却极其复杂。

然而货币的本质问题是最复杂的问题，19 世纪中叶英国有一位议员格莱顿曾经说过这样一句话，就是"在研究货币本质中受到欺骗的人，比谈恋爱受欺骗的人还要多"。不论是马克思也好，西方经济学的学者们也好，关于货币的本质始终存在大量的争论。

西方经济学的货币概念五花八门，最初是以货币的职能下定义，后来又形成了作为一种经济变量或政策变量的货币定义。货币定义主要有以下几种：（1）人们普遍接受的用于支付商品劳务和清偿债务的物品。（2）充当交换媒介，价值、贮藏、价格标准和延期支付标准的物品。（3）超额供给或需求会引起对其他资产超额需求或供给资产。（4）购买力的暂栖处。（5）无需支付利息，作为公众净财富的流动资产。（6）与国民收入相关最大的流动性资产，等等。实际上，后面 4 条应属货币的职能定义。

### 中国的人民币制度

（1）我国的法定货币是人民币。它是不兑现的信用货币。以元为货币单位，主币有 7 种，元以下有十进位的辅币（纸制或铸币）6 种。

（2）人民币是我国唯一合法通货，禁止经营外汇流通。

（3）人民币的发行高度统一，集中于中国人民银行。人民币的发行保证是国家拥有的商品物质，黄金储备、外汇储备主要是作为国际支付的准备金。

（4）香港回归后，在香港特别行政区内，港币（HKD）仍是流通货币。澳门回归后，在澳门特别行政区内，澳门币（Macao Pataca）仍是流通货币。另外，台湾地区流通使用的新台币也不能忽略。从这个意义上讲，我国境内存在着 4 种货币。

## 利　率

利率又称利息率。表示一定时期内利息量与本金的比率，通常用百分比表示，按年计算则称为年利率。其计算公式是：利息率＝利息量÷本金÷时间×100%。

利率（Interest Rates），就其表现形式来说，是指一定时期内利息额同借贷资本总额的比率。利率是单位货币在单位时间内的利息水平，表明利息的多少。多年来，经济学家一直在致力于寻找一套能够完全解释利率结构和变化的理论，"古典学派"认为，利率是资本的价格，而资本的供给和需求决定利率的变化；凯恩斯则把利率看作是"使用货币的代价"。马克思认为，利率是剩余价值的一部分，是借贷资本家参与剩余价值分配的一种表现形式。利率通常由国家的中央银行控制，在美国由联邦储备委员会管理。现在，所有国家都把利率作为宏观经济调控的重要工具之一。当经济过热、通货膨胀上升时，便提高利率、收紧信贷；当过热的经济和通货膨胀得到控制时，便会把利率适当地调低。因此，利率是重要的基本经济因素之一。

利率是经济学中一个重要的金融变量，几乎所有的金融现象、金融资产均与利率有着或多或少的联系。当前，世界各国频繁运用利率杠杆实施宏观调控，利率政策已成为各国中央银行调控货币供求，进而调控经济的主要手段，利率政策在中央银行货币政策中的地位越来越重要。合理的利率，对发挥社会信用和利率的经济杠杆作用有着重要的意义，而合理利率的计算方法是我们关心的问题。利息率的高低，决定着一定数量的借贷资本在一定时期内获得利息的多少。影响利息率的因素，主要有资本的边际生产力或资本的供求关系。此外还有承诺交付货币的时间长度以及所承担风险的程度。利息率政策是西方宏观货币政策的主要措施，政府为了干预经济，可通过变动利息率的办法来间接调节通货。在萧条时期，降低利息率，扩大货币供应，刺激经济发展；在膨胀时期，提高利息率，减少货币供应，抑制经济的恶性发展。所以，利率对我们的生活有很大的影响。

现代经济中，利率作为资金的价格，不仅受到经济社会中许多因素的制约，而且，利率的变动能够对整个经济产生重大的影响。因此，现代经济学家在研究利率的决定问题时，特别重视各种变量的关系以及整个经济的平衡问题，利率决定理论也经历了古典利率理论、凯恩斯利率理论、可贷资金利率理论、IS—LM利率分析以及当代动态的利率模型的演变、发展过程。

凯恩斯认为储蓄和投资是两个相互依赖的变量，而不是两个独立的变量。在他的理论中，货币供应由中央银行控制，是没有利率弹性的外生变量。此时货币需求就取决于人们心理上的"流动性偏好"。尔后产生的可贷资金利率理论是新古典学派的利率理论,是为修正凯恩斯的"流动性偏好"利率理论而提出的。在某种程度上,可贷资金利率理论实际上可看成古典利率理论和凯恩斯理论的一种综合。

英国著名经济学家希克斯等人则认为以上理论没有考虑收入的因素,因而无法确定利率水平,于是于1937年提出了一般均衡理论基础上的IS—LM模型。从而建立了一种在储蓄和投资、货币供应和货币需求这4个因素的相互作用之下的利率与收入同时决定的理论。

根据此模型,利率的决定取决于储蓄供给、投资需要、货币供给、货币需求4个因素,导致储蓄投资、货币供求变动的因素都将影响到利率水平。这种理论的特点是一般均衡分析。该理论在比较严密的理论框架下,把古典理论的商品市场均衡和凯恩斯理论的货币市场均衡有机的统一在一起。

利率水平对外汇汇率有着非常重要的影响,利率是影响汇率最重要的因素。我们知道,汇率是两个国家的货币之间的相对价格。和其他商品的定价机制一样,它由外汇市场上的供求关系所决定。外汇是一种金融资产,人们持有它,是因为它能带来资本的收益。人们在选择是持有本国货币,还是持有某一种外国货币时,首先也是考虑持有哪一种货币能够给他带来较大的收益。而各国货币的收益率首先是由其金融市场的利率来衡量的。某种货币的利率上升,则持有该种货币的利息收益增加,吸引投资者买入该种货币,因此,对该货币有利好(行情看好)支持;如果利率下降,持有该种货币的收益便会减少,该种货币的吸引力也就减弱了。因此,可以说"利率升,货币强;利率跌,货币弱"。

就以美元为例。在一般情况下,美国利率下跌,美元的走势就疲软;美国利率上升,美元走势偏好。从美国国库券(特别是长期国库券)的价格变化动向,可以探寻出美国利率的动向,因而可以对预测美元走势有所帮助。如果投资者认为美国通货膨胀受到了控制,那么在现有国库券利息收益的吸引下,尤其是短期国库券,便会受到投资者青睐,债券价格上扬。反之,如果投资者认为通货膨胀将会加剧或恶化,那么利率就可能上升以抑制通货膨胀,债券的价格便会下跌。20世纪80年代前半期,美国在存在着大量的贸易逆差和巨额的财政赤字的情况下,美元依然坚挺,就是美国实行高利率政策,促使大量资本从日本和西欧流入美国的结果。美元的走势,受利率因素的影响很大。

## 利率的种类

各种利率是按不同的划分法和角度来分类的,以此更清楚的表明不同种类利率的特征。按计算利率的期限单位可划分为：年利率、月利率与日利率；按利率的决定方式可划分为：官方利率、公定利率与市场利率；按借贷期内利率是否浮动可划分为：固定利率与浮动利率；按利率的地位可划分为：基准利率与一般利率；按信用行为的期限长短可划分为：长期利率和短期利率；按利率的真实水平可划分为：名义利率与实际利率；按借贷主体不同划分为：中央银行利率（包括再贴现、再贷款利率等）、商业银行利率（包括存款利率、贷款利率、贴现率等）、非银行利率（包括债券利率、企业利率、金融利率等）；按是否具备优惠性质可划分为：一般利率和优惠利率；按利率的计算公式不同可划分为：单利与复利。

利率的各种分类之间是相互交叉的。例如，3年期的居民储蓄存款利率为4.95%，这一利率既是年利率，又是固定利率、差别利率、长期利率与名义利率。各种利率之间以及内部都有相应的联系，彼此间保持相对结构，共同构成一个有机整体，从而形成一国的利率体系。

## 汇 率

汇率亦称"外汇行市或汇价"，是国际贸易中最重要的调节杠杆。一国货币兑换另一国货币的比率，是以一种货币表示另一种货币的价格。由于世界各国货币的名称不同，币值不一，所以一国货币对其他国家的货币要规定一个兑换率，即汇率。

例如，一件价值100元人民币的商品，如果美元对人民币汇率为8.25，则这件商品在国际市场上的价格就是12.12美元。如果美元汇率涨到8.50，也就是说美元升值，人民币贬值，用更少的美元可买此商品，这件商品在国际市场上的价格就是11.76美元。所以该商品在国际市场上的价格会变低。商品的价格降低，竞争力变高，便宜好卖。反之，如果美元汇率跌到8.00，也就是说美元贬值，人民币升值，则这件商品在国际市场上的价格就是12.5美元，卖的就少了。

简要地说，就是用一个单位的一种货币兑换等值的另一种货币。

各国货币之所以可以进行对比，能够形成相互之间的比价关系，原因在于它们都代表着一定的价值量，这是汇率的决定基础。在金本位制度下，黄金为本位货币。两个实行金本位制度的国家的货币单位可以根据它们各自的含金量多少来确定它们之间的比价，即汇率。如在实行金币本位制度时，英国规定1英镑的重量为123.27447格令，成色为22开金，即含金量113.0016格令纯金；美国规定1美元的重量为25.8格令，成色为千分之九百，即含金量23.22格令纯金。根据两种货币的含金量对比，1英镑=4.8665美元，汇率就以此为基础上下波动。在纸币制度下，各国发行纸币作为金属货币的代表，并且参照过去的做法，以法令规定纸币的含金量，称为金平价，金平价的对比是两国汇率的决定基础。但是纸币不能兑换成黄金，因此，纸币的法定含金量往往形同虚设。所以在实行官方汇率的国家，由国家货币当局（财政部、中央银行或外汇管理当局）规定汇率，一切外汇交易都必须按照这一汇率进行。在实行市场汇率的国家，汇率随外汇市场上货币的供求关系变化而变化。汇率对国际收支，国民收入等具有影响。

## 汇率的作用

### 汇率与进出口

一般来说，本币汇率下降，即本币对外的币值贬低，能起到促进出口、抑制进口的作用；若本币汇率上升，即本币对外的比值上升，则有利于进口，不利于出口。

### 汇率与物价

从进口消费品和原材料来看，汇率的下降要引起进口商品在国内的价格上涨。至于它对物价总指数影响的程度则取决于进口商品和原材料在国民生产总值中所占的比重。反之，本币升值，其他条件不变，进口商品的价格有可能降低，从而可以起抑制物价总水平的作用。

### 汇率与资本流出入

短期资本流动常常受到汇率的较大影响。当存在本币对外贬值的趋势下，本国投资者和外国投资者就不愿意持有以本币计值的各种金融资产，并会将其转兑成外汇，发生资本外流现象。同时，由于纷纷转兑外汇，加剧外汇供过于求，会促使本币汇率进一步下跌。反之，当存在本币对外升值的趋势下，本国投资者和外国投资者就力求持有的以本币计值的各种金融资产，并引发资本内流。同时，由于外汇纷纷转兑本币，外汇供求紧张，会促使本币汇率进一步上升。

## 汇率的种类

### 按国际货币制度的演变划分

按国际货币制度的演变划分，有固定汇率和浮动汇率。

（1）固定汇率。是指由政府制定和公布，并只能在一定幅度内波动的汇率。

(2) 浮动汇率。是指由市场供求关系决定的汇率。其涨落基本自由，一国货币市场原则上没有维持汇率水平的义务，但必要时可进行干预。

**按制订汇率的方法划分**

按制订汇率的方法划分，有基本汇率和套算汇率。

(1) 基本汇率。各国在制定汇率时必须选择某一国货币作为主要对比对象，这种货币称之为关键货币。根据本国货币与关键货币实际价值的对比，制订出对它的汇率，这个汇率就是基本汇率。一般美元是国际支付中使用较多的货币，各国都把美元当做制定汇率的主要货币，常把对美元的汇率作为基本汇率。

(2) 套算汇率。是指各国按照对美元的基本汇率套算出的直接反映其他货币之间价值比率的汇率。

**按银行买卖外汇的角度划分**

按银行买卖外汇的角度划分，有买入汇率、卖出汇率、中间汇率和现钞汇率。

(1) 买入汇率。也称买入价，即银行向同业或客户买入外汇时所使用的汇率。采用直接标价法时，外币折合本币数较少的那个汇率是买入价，采用间接标价法时则相反。

(2) 卖出汇率。也称卖出价，即银行向同业或客户卖出外汇时所使用的汇率。采用直接标价法时，外币折合本币数较多的那个汇率是卖出价，采用间接标价法时则相反。买入卖出之间有个差价，这个差价是银行买卖外汇的收益，一般为1%~5%。银行同业之间买卖外汇时使用的买入汇率和卖出汇率也称同业买卖汇率，实际上就是外汇市场买卖价。

(3) 中间汇率。是买入价与卖出价的平均数。西方报刊报导汇率消息时常用中间汇率，套算汇率也用有关货币的中间汇率套算得出。

(4) 现钞汇率。一般国家都规定，不允许外国货币在本国流通，只有将外币兑换成本国货币，才能够购买本国的商品和劳务，因此产生了买卖外汇现钞的兑换率，即现钞汇率。按理现钞汇率应与外汇汇率相同，但因需要把外币现钞运到各发行国去，由于运送外币现钞要花费一定的运费和保险费，因此，银行在收兑外币现钞时的汇率通常要低于外汇买入汇率；而银行卖出外币现钞时使用的汇率则高于其他外汇卖出汇率。

**按银行外汇付汇方式划分**

按银行外汇付汇方式划分，有电汇汇率、信汇汇率和票汇汇率。

（1）电汇汇率。是经营外汇业务的本国银行在卖出外汇后，即以电报委托其国外分支机构或代理行付款给收款人所使用的一种汇率。由于电汇付款快，银行无法占用客户资金头寸，同时，国际间的电报费用较高，所以电汇汇率较一般汇率高。但是电汇调拨资金速度快，有利于加速国际资金周转，因此电汇在外汇交易中占有绝大的比重。

（2）信汇汇率。是银行开具付款委托书，用信函方式通过邮局寄给付款地银行转付收款人所使用的一种汇率。由于付款委托书的邮递需要一定的时间，银行在这段时间内可以占用客户的资金，因此，信汇汇率比电汇汇率低。

（3）票汇汇率。是指银行在卖出外汇时，开立一张由其国外分支机构或代理行付款的汇票交给汇款人，由其自带或寄往国外取款所使用的汇率。由于票汇从卖出外汇到支付外汇有一段间隔时间，银行可以在这段时间内占用客户的头寸，所以票汇汇率一般比电汇汇率低。票汇有短期票汇和长期票汇之分，其汇率也不同。由于银行能更长时间运用客户资金，所以长期票汇汇率较短期票汇汇率低。

### 按外汇交易交割期限划分

按外汇交易交割期限划分，有即期汇率和远期汇率。

（1）即期汇率。也叫现汇汇率，是指买卖外汇双方成交当天或两天以内进行交割的汇率。

（2）远期汇率。是在未来一定时期进行交割，而事先由买卖双方签订合同、达成协议的汇率。到了交割日期，由协议双方按预订的汇率、金额进行钱汇两清。远期外汇买卖是一种预约性交易，是由于外汇购买者对外汇资金需要的时间不同，以及为了避免外汇汇率变动风险而引起的。远期外汇的汇率与即期汇率相比是有差额的。这种差额叫远期差价，有升水、贴水、平价三种情况，升水是表示远期汇率比即期汇率贵，贴水则表示远期汇率比即期汇率便宜，平价表示两者相等。

### 按对外汇管理的宽严区分

按对外汇管理的宽严区分，有官方汇率和市场汇率。

（1）官方汇率。是指国家机构（财政部、中央银行或外汇管理当局）公布的汇率。官方汇率又可分为单一汇率和多重汇率。多重汇率是一国政府对本国货币规定的一种以上的对外汇率，是外汇管制的一种特殊形式。其目的在于奖励出口限制进口，限制资本的流入或流出，以改善国际收支状况。

（2）市场汇率。是指在自由外汇市场上买卖外汇的实际汇率。在外汇管较松的国家,官方宣布的汇率往往只起中心汇率作用,实际外汇交易则按市场汇率进行。

**按银行营业时间划分**

按银行营业时间划分,有开盘汇率和收盘汇率。

(1)开盘汇率。又叫开盘价,是外汇银行在一个营业日刚开始营业时进行外汇买卖使用的汇率。

(2)收盘汇率。又称收盘价,是外汇银行在一个营业日的外汇交易终了时使用的汇率。

# 国际收支

国际货币基金组织对国际收支的定义为:国际收支是一种统计报表,系统的记载了在一定时期内经济主体与世界其他地方的交易。大部分交易在居民与非居民之间进行。

狭义的国际收支指一国在一定时期(常为1年)内对外收入和支出的总额。广义的国际收支不仅包括外汇收支,还包括一定时期的经济交易。

(1)国际收支是一个流量概念。

(2)国际收支所反映的内容是经济交易,包括:商品和劳务的买卖、物物交换、金融资产之间的交换、无偿的单向商品和劳务的转移、无偿的单向金融资产的转移。

(3)记载的经济交易是居民与非居民之间发生的。

判断国际收支是否平衡,通常的做法是将国际收支平衡表记录的国际经济交易,按照交易主体和交易目的的不同划分为自主性交易和调节性交易。按交易主体和交易动机来识别国际收支是否平衡,为我们提供了一种思维方式和基本框架,在理论上是正确的,但在实践中却存在着一定的技术性困难。实践中,国际收支是否平衡的观察,通常是在自主性交易和调节性交易对比的基本框架下,具体对国际收支的几个主要差额进行比较分析。

国际收支失衡主要有:周期性失衡;结构性失衡;货币性失衡及收入性失衡。

国际收支失衡调节的必要性:持续的巨额国际收支逆差,会耗费大量的国际储备,导致国内通货紧缩和生产下降;会削弱该国货币和国家信用的国际地位;如果逆差主要是由资本流出引起的,则会造成本国的资金短缺,利率上升,从而使该国消费和生产下降；如果逆差主要是由进口大于出口引起的，则会导致本国开工不足，失业增加，国民收入下降。持续的巨额国际收支顺差，会导致本币汇率上升，抑制出口，削弱本国商品的国际竞争力；会使国际储备大量增加，国内货币供应量增加，引发通货膨胀；如果顺差主要是由出口大于进口引起的，会减少国内生产资源，影响本国经济发展；容易造成与主要贸易伙伴国之间的摩擦，不利于国际经济关系的正常发展。

国际收支不平衡是绝对的、经常的，而平衡则是相对的、偶然的。

（1）周期性失衡，由于各国所处的阶段不同而造成的不平衡。经济周期一般包括4个阶段，危机——萧条——复苏——繁荣。当一国处于繁荣阶段，而贸易伙伴国处于衰退阶段，易造成本国的贸易收支赤字。

（2）结构性失衡，由于国际市场对本国的出口和进口的需求条件发生变化，本国贸易结构无法进行调整所导致的国际收支不平衡。

（3）货币性失衡，由于一国的价格水平、成本、汇率、利率等货币性因素而造成的国际收支不平衡。

（4）收入性失衡，由于一国国民收入相对快速增长，导致进口增长超过出口增长而引起的国际收支失衡。

##  国际收支调节的政策

### 外汇缓冲政策

指一国利用官方储备的变动或临时向外筹措资金来抵消超额外汇供给或需求，这种方法可以融通一次性或季节性的国际收支赤字。该政策受到储备规模的影响，只适于规模较小的短期的国际收支赤字。

### 财政货币政策

出现赤字时，可以采取紧缩性的财政政策。该政策可以降低商品和劳务的支出，从而降低进口；调整国内商品与国外商品的价格比，促进出口；提高国内利率，改善资本账户的状况。其局限性：改善国际收支往往以牺牲国内经济为代价。

### 汇率政策

利用汇率变动消除国际收支赤字，主要取决于以下条件：

（1）进出口需求弹性之和是否符合马歇尔—勒纳条件。

（2）本国是否有剩余的生产能力可以利用，以便增加出口商品的生产能力。

(3) 贬值带来的本国贸易商品和非贸易商品的相对价格优势能否维持一段时间，汇率贬值引起的通货膨胀能否为社会接受。

(4) 直接管制，包括外汇管制和贸易政策管制，管制是否引起贸易伙伴国的报复。

## 金融市场

金融市场又称为资金市场，包括货币市场和资本市场，是资金融通市场。所谓资金融通，是指在经济运行过程中，资金供求双方运用各种金融工具调节资金盈余的活动，是所有金融交易活动的总称。在金融市场上交易的是各种金融工具，如股票、债券、储蓄存单等。资金融通简称为融资，一般分为直接融资和间接融资两种。直接融资是资金供求双方直接进行资金融通的活动，也就是资金需求者直接通过金融市场向社会上有资金盈余的机构和个人筹资；与此对应，间接融资则是指通过银行所进行的资金融通活动，也就是资金需求者采取向银行等金融中介机构申请贷款的方式筹资。金融市场对经济活动的各个方面都有着直接的深刻影响，如个人财富、企业的经营、经济运行的效率，都直接取决于金融市场的活动。

金融市场的构成十分复杂，它是由许多不同的市场组成的一个庞大体系。但是，一般根据金融市场上交易工具的期限，把金融市场分为货币市场和资本市场两大类。货币市场是融通短期资金的市场，资本市场是融通长期资金的市场。货币市场和资本市场又可以进一步分为若干不同的子市场。货币市场包括金融同业拆借市场、回购协议市场、商业票据市场、银行承兑汇票市场、短期政府债券市场、大面额可转让存单市场等。资本市场包括中长期信贷市场和证券市场。中长期信贷市场是金融机构与工商企业之间的贷款市场；证券市场是通过证券的发行与交易进行融资的市场，包括债券市场、股票市场、基金市场、保险市场、融资租赁市场等。

远在金融市场形成以前，信用工具便已产生。它是商业信用发展的产物。但是由于商业信用的局限性，这些信用工具只能存在于商品买卖双方，并不具有广泛的流动性。随着商品经济的进一步发展，在商业信用的基础上，又产生了银行信用和金融市场。银行信用和金融市场的产生和发展反过来又促进了商业信用的发展，使信用工具成为金融市场上的交易工具，激发了信用工具潜在的重要性。在现代金融市场上，信用工具虽然仍是主要的交易工具，但具有广泛流动性的还有反映股权或所有权关系的股票以及其他金融衍生商品，它们都是市场金融交易的工具，因而统称为金融工具。

金融市场的形态有两种：一种是有形市场，即交易者集中在有固定地点和交易设施的场所内进行交易的市场，证券交易所就是典型的有形市场；另一种是无形市场，即交易者分散在不同地点（机构）或采用电讯手段进行交易的市场，如场外交易市场和全球外汇市场就属于无形市场。

金融市场对于一国的经济发展具有多方面的功能：

（1）融通资金的"媒介器"。通过金融市场使资金供应者和需求者在更大范围内自主地进行资金融通，把多渠道的小额货币资金聚集成大额资金来源。

（2）资金供求的"调节器"。中央银行可以通过公开市场业务，调剂货币供应量，有利于国家控制信贷规模，并有利于使用市场利率由资金供求关系决定，促进利率作用的发挥。

（3）经济发展的"润滑剂"。金融市场有利于促进地区间的资金协作，有利于开展资金融通方面的竞争，提高资金使用效益。

金融市场最基本的功能是满足社会再生产过程中的投资需求，促进资本的集中与转换。

主要有以下3个功能：

（1）融通资金功能；

（2）宏观调控功能；

（3）优化资源配置功能。

一个完备的金融市场，应包括以下3个基本要素：

（1）资金供应者和资金需求者。包括政府、金融机构、企业事业单位、居民、外商等，既能向金融市场提供资金，也能从金融市场筹措资金。这是金融市场得以形成和发展的一项基本因素。

（2）信用工具。这是借贷资本在金融市场上交易的对象。如各种债券、股票、票据、可转让存单、借款合同、抵押契约等，是金融市场上实现投资、融资活动必须依赖的标的。

（3）信用中介。这是指一些充当资金供求双方的中介人，起着联系、媒介和代客买卖作用的机构，如银行、投资公司、证券交易所、证券商和经纪人等。

（4）价格。金融市场的价格指它所代表的价值，即规定的货币资金及其所代表的利率或收益率的总和。

在市场经济条件下，各类市场在资源配置中发挥着基础性作用，这些市场共同组合成一个完整、统一且互相联系的有机体系。市场体系分为产品市场（如消费品市场、生产资料市场、旅游服务市场等）和为这些产品提供生产条件的要素市场（如劳动力市场、土地市场、资金市场等）。

金融市场是统一市场体系的一个重要组成部分，属于要素市场。它与消费品市场、生产资料市场、劳动力市场、技术市场、信息市场、房地产市场、旅游服务市场等各类市场相互联系，相互依存，共同形成统一市场的有机整体。在整个市场体系中，金融市场是最基本的组成部分之一，是联系其他市场的纽带。因为在现代市场经济中，无论是消费资料、生产资料的买卖，还是技术和劳动力的流动等，各种市场的交易活动都要通过货币的流通和资金的运动来实现，都离不开金融市场的密切配合。从这个意义上说，金融市场的发展对整个市场体系的发展起着举足轻重的制约作用，市场体系中其他各市场的发展则为金融市场的发展提供了条件和可能。

## 国际金融市场

国际金融市场指从事各种国际金融业务活动的场所。包括居民与非居民之间或非居民与非居民之间的国际金融业务活动。

在国际领域中，国际金融市场显得十分重要，商品与劳务的国际性转移，资本的国际性转移、黄金输出入、外汇的买卖以至于国际货币体系运转等各方面的国际经济交往都离不开国际金融市场。国际金融市场上新的融资手段、投资机会和投资方式层出不穷，金融活动也凌驾于传统的实质经济之上，成为推动世界经济发展的主导因素。

### 传统国际金融市场的发展

（1）"一战"前。英国工业革命最早（19世纪30年代完成工业革命），经济较早较快地得到发展，对外扩张从海外殖民地掠夺了大量巨额利润，资金实力雄厚，英镑逐渐成为世界主要结算货币，成为货币霸主，伦敦率先发展为国际金融中心。

（2）"二战"期间。英国参与了战争，经济力量大为削弱，加之许多殖民地国家独立和世界的殖民者的争夺瓜分；而美国发了战争财，实力猛增，美元逐步取代英镑；瑞士作为中立国，经济、货币都较稳定，逐渐形成了纽约、苏黎世、伦敦三大国际金融中心。

（3）"二战"后。各国经济恢复和快速发展，形成了法兰克福、卢森堡、日本、亚太地区等国际金融中心，特别是日本的迅速崛起，东京成为继伦敦、纽约之后的第三大国际金融中心。

## 市场作用

（1）大规模的国际资金的运用、调拨，合理高效地进行配置调节。生产和资本国际化。

（2）调节各国国际收支。①汇率自动调节；②国际储备动用；③金融市场上借贷筹措资金，维护一国国际收支。

（3）畅通国际融资渠道，能使一些国家顺利地获得经济发展所需资金。联邦德国和日本的兴起就依赖欧洲货币市场；亚洲货币市场对亚太地区经济发展起到积极作用。

（4）银行业务国际化。跨国银行，各国银行通过市场有机地联系在一起，在国际间建立了良好的信用关系。

资金余缺的调配，极大地推动了第三世界经济发展，从而使整个世界焕然一新。当然，国际金融市场的发展也会产生消极影响，游资的冲击，危机传播，投机存在为各国经济发展带来了诸多问题。

## 国际金融市场的风险

国际金融市场的风险主要由国际金融投资者主观预期、投资交易成本、投资者的投机行为和一个国家本身的金融市场状况等因素引起，这些因素的变化内在地使国际金融市场失去均衡，导致国际金融资本流动变化无常，如果资本流出流入国家没有防范能力，就极易产生金融风险。

国际金融市场的活动一般由外汇交易商和金融投资者充当主体。无论是套利保值还是投机，都是以汇率和利率的预期为基础。"外汇交易商制定买卖外汇的决策奠基于他们的汇率预期，而汇率预期又取决于他们对汇率趋势相关的政治、经济的掌握。"各交易商和投资者对未来汇率或利率的预期是一个博弈的过程，对汇率和利率预期的差异直接导致国际资本流动的大幅波动。

按现代经济学的观点，预期均衡是指合理预期和预测。即是对所有现在可得的、与变量的未来发展趋势有关的信息所作出的预期和预测。只要市场参与者都能根据自己现在所能得到的、与变量的未来发展趋势有关的信息来进行预测，那么最终结果必然是与从市场角度得到的信息一致，达到预期均衡。所以，只要投资者或投机商发现市场的实际情况与他们的合理预期有差异,他们就会改变其定价策略,利用市场差价获利。各投资者主观预期的差异可以内生地扩大或缩小资本流动的波动性。

国际金融投机主体经常以各种基金的合法身份出现,其资金具体表现为国际游资(HOTMONEY),投机行为的主要目的是利用非正常的投机手段,获得正常投资收益以外的资本利益。当投机基金非常庞大,达到对特定的汇市形成和汇率趋势基本控制的程度时,投机行为就会给金融市场产生直接冲击,导致一国金融市场风险的产生。

投机行为的基本特征是,市场参与者在预测到经济政策或诸如汇率和利率等经济变量不能维持时,突然进行大幅度的资产重组,"投机性冲击是在市场预测经济政策不一致时所作出的理性反应","不一定要将投机性冲击视为市场的反常行为,相反,它被看作是竞争性市场在预测到经济政策的不连续性后的典型反应"。

在投机活动的形成过程中,存在下列因果关系:基本经济因素的错位程度、收支失衡的频率和严重性引起资本流量的增加,资本流量的增加引起投机活动量的增加。伴随着资本流量的增长,外汇需求规模扩大,不稳定性出现增强,发生动荡的事件的可能性也会增加。如果外汇具有作为一种理想资产的特征的话,那么,随着外汇价格越来越大的波动,从中投机的机会也将增加,只要投机主体存在,就会引起投机活动量的增加。

投机活动量对国际金融市场产生三个效应:第一,投机活动量的上升直接导致外汇需求规模和不稳定性的上升,金融动荡增加;第二,投机活动量的增加造成汇率没有稳定点或者基本走势不能独立于投机影响的状态;第三,金融机构在外汇交易活动中的投机行为大大增加。与传统银行业务获利性减少相联系,投机活动量的增加使金融机构的外汇业务重点越来越倾向于货币投机,随此重心的转移,外汇市场的任何波动更有可能引起投机性的买进和卖出,使金融市场的波动更加复杂化。

# 外 汇

外汇是以外币表示的用于国际结算的支付凭证。国际货币基金组织对外汇的解释为:外汇是货币行政当局(中央银行、货币机构、外汇平准基金和财政部)以银行存款、财政部库券、长短期政府证券等形式所保有的在国际收支逆差时可以使用的债权。包括：外国货币、外币存款、外币有价证券（政府公债、国库券、公司债券、股票等）、外币支付凭证（票据、银行存款凭证、邮政储蓄凭证等）。

外汇的概念具有双重含义，即有动态和静态之分。

外汇的静态概念，又有狭义和广义之分。

狭义的外汇指的是以外国货币表示的，为各国普遍接受的，可用于国际间债权债务结算的各种支付手段。它必须具备三个特点：可支付性（必须以外国货币表示的资产）、可获得性（必须是在国外能够得到补偿的债权）和可兑换性（必须是可以自由兑换为其他支付手段的外币资产）。

广义的外汇指的是一国拥有的一切以外币表示的资产。国际货币基金组织（IMF）对外汇的定义是："外汇是货币行政当局（中央银行、货币管理机构、外汇平准基金及财政部）以银行存款、财政部库券、长短期政府证券等形式保有的在国际收支逆差时可以使用的债权。"中国于1997年修正颁布的《外汇管理条例》规定："外汇，是指下列以外币表示的可以用作国际清偿的支付手段和资产：（1）国外货币，包括铸币、钞票等；（2）外币支付凭证，包括票据、银行存款凭证、邮政储蓄凭证等；（3）外币有价证券，包括政府公债、国库券、公司债券、股票、息票等；（4）特别提款权、欧洲货币单位；（5）其他外汇资产。"

外汇的动态概念，是指货币在各国间的流动，以及把一个国家的货币兑换成另一个国家的货币，借以清偿国际间债权、债务关系的一种专门性的经营活动。它是国际间汇兑的简称。

## 外汇的种类

（1）按照外汇进行兑换时的受限制程度，可分为自由兑换外汇、有限自由兑换外汇和记账外汇。

自由兑换外汇，就是在国际结算中用得最多、在国际金融市场上可以自由买卖、在国际金融中可以用于偿清债权债务、并可以自由兑换其他国家货币的外汇。例如美元、港币、加拿大元等。

有限自由兑换外汇，则是指未经货币发行国批准，不能自由兑换成其他货币或对第三国进行支付的外汇。国际货币基金组织规定凡对国际性经常往来的付款和资金转移有一定限制的货币均属于有限自由兑换货币。世界上有一大半的国家货币属于有限自由兑换货币，包括人民币。

记账外汇，又称清算外汇或双边外汇，是指记账在双方指定银行账户上的外汇，不能兑换成其他货币，也不能对第三国进行支付。

（2）根据外汇的来源与用途不同，可以分为贸易外汇、非贸易外汇和金融外汇。

贸易外汇，也称实物贸易外汇，是指来源于或用于进出口贸易的外汇，即由于国际间的商品流通所形成的一种国际支付手段。

非贸易外汇是指贸易外汇以外的一切外汇，即一切非来源于或用于进出口贸易的外汇，如劳务外汇、侨汇和捐赠外汇等。

金融外汇与贸易外汇、非贸易外汇不同，是属于一种金融资产外汇，例如银行同业间买卖的外汇，既非来源于有形贸易或无形贸易，也非用于有形贸易，而是为了各种货币头寸的管理和摆布。资本在国家之间的转移，也要以货币形态出现，或是间接投资，或是直接投资，都形成在国家之间流动的金融资产，特别是国际游资数量之大，交易之频繁，影响之深刻，不能不引起有关方面的特别关注。

贸易外汇、非贸易外汇和金融外汇在本质上都是外汇，它们之间并不存在不可逾越的鸿沟，而是经常互相转化。

（3）根据外汇汇率的市场走势不同，外汇又可分为硬外汇和软外汇。外汇就其特征意义来说，总是指某种具体货币，如美元外汇是指以美元作为国际支付手段的外汇；英镑外汇是指以英镑作为国际支付手段的外汇；日元外汇是指以日元作为国际支付手段的外汇，等等。在国际外汇市场上，由于多方面的原因，各种货币的币值总是经常变化的，汇率也总是经常变动的，因此根据币值和汇率走势我们又可将各种货币归类为硬货币和软货币，或叫强势货币和弱势货币。硬币是指币值坚挺，购买能力较强，汇价呈上涨趋势的自由兑换货币。由于各国国内外经济、政治情况千变万化，各种货币所处硬币、软币的状态也不是一成不变的，经常是昨天的硬币变成了今天的软币，昨天的软币变成了今天的硬币。

## 各国外汇英文简称

美元（USD）、欧元（EUR）、日元（JPY）、英镑（GBP）、瑞士法郎（CHF）、法国法郎（FRF）、意大利里拉（ITL）、荷兰盾（NLG）、比利时法郎（BEC）、丹麦克郎（DKK）、瑞典克郎（SEK）、奥地利先令（ATS）、加拿大元（CAD）、澳大利亚元（AUD）、新西兰元（NZD）、新加坡元（SIN）、马来西亚林吉特（MYR）等。

## 美　元

美元的发行权属于美国财政部，办理具体发行的是美国联邦储备银行。目前流通的纸币面额有 100、50、20、10、5、2、1 元等 7 种，另有 1 元等于 100 分（Cents）。美国目前流通的钞票是 1928、1934、1935、1950、1953、1963、1966、1969、1974、1977、1981、1985、1996 等各年版。钞票尺寸不分面额均为 15.6×6.6 厘米。每张钞票正面印有券类名称、美国国名、美国国库印记、财政部官员的签名。美钞正面人像是美国历史上的知名人物，背面是图画。另有 500 元和 500 元以上面额，背面画面上没有图画，流通量极有限。1963 年起以后的各版，背面画面的上方或下方又加印一句"IN GOD WE TRUST（我们信仰上帝）"。1996 年美国开始发行一种具有新型防伪特征的纸币，第一次发行的为 100 元券。美国钞票图样中的中心字母或阿拉伯数字分别代表美国 12 家联邦储备银行的名称。全球外汇交易中，美元的交易额占 86%，美元是目前国际外汇市场上最主要的外汇，主要表现为：

（1）各国中央银行的外汇储备包括黄金与各种货币，但其中最主要的储备资产仍然是美元。

（2）全球的主要贸易品几乎都以美元计价。

（3）大多数的国际贸易是以美元进行交易。

（4）绝大多数的国际性债务工具是以美元计价。

（5）在国际间旅行时，美元往往是最普遍被接受的货币。

（6）几乎每一种货币都是以美元表示价值。

（7）当国际间发生危机事件，资金希望寻求避风港时，美元通常是第一个被考虑的对象。

（8）美元区的情况决定世界范围利率的发展。

## 欧　元

欧元源于 1989 年提出的道尔斯计划。1991 年 12 月 11 日，自马斯特里赫特条约启动欧元机制以来，到 1999 年初，大多数欧盟国家都把它们的货币以固定的兑换比例同欧元联结起来。根据马斯特里赫特条约，欧洲单一货币叫做"ECU"。1995 年 12 月，欧洲委员会决定将欧洲单一货币改名为欧元。2002 年 1 月 1 日起，欧洲各参与国所有收入、支出包括工薪收入、税收等都要以欧元计算。2002 年 3 月 1 日，"欧元"正式流通后，欧洲货币的旧名称消失。

欧元纸币由各参与国中央银行责成的欧洲中央银行负责发行。欧元硬币由各个参与国政府负责发行。不同发行机构之间保持互相协调。欧盟政治家推动欧元的潜在意图就是要结束"美元的专制统治"。1996年12月,设在德国法兰克福的欧洲货币局宣布1999年欧盟统一货币——欧元设计图案是经公开征选而评出的,奥地利纸币设计家罗伯特·卡利纳的方案中标。在该方案中,欧元共分7种面值,即5、10、20、50、100、200和500欧元,面值越大,纸币面积越大。最小面值的欧元纸币为5欧元,最大面值的欧元纸币为500欧元。每种纸币正面图案的主要组成部分是门和窗,象征着欧盟推崇合作和坦诚精神。纸币的反面是各类桥梁,包括很早以前的小桥和现代先进的吊桥,象征着欧洲与其他国家之间的联系纽带。各种门、窗、桥梁等图案分别体现了欧洲各时期的建筑风格,面值从小到大依次为古典派、浪漫派、哥特式、文艺复兴式,巴洛克和洛可可式、铁式和玻璃式、现代建筑风格,颜色依次为灰色、红色、蓝色、橘色、绿色、黄褐色、淡紫色。同时,还有13颗五角星紧紧环绕欧盟旗帜。欧元硬币由8种面额组成,包括1、2、5、10、20、50欧分,以及1、2欧元。

欧盟有15个成员国,总人口超过3.7亿,国内生产总值1997年为80970亿美元,人均国内生产总值超过20000美元,在世界国际贸易中占20.9%的份额,包括外汇储备、黄金储备、在国际货币基金组织的特别提款权和储备头寸在内的国际储备约4800亿美元,均高于美国和日本的相应数字。欧盟经济的强大实力将支撑欧元的地位在世界范围内不断上升。欧元将在世界贸易中广泛使用,国际范围内以欧元为中心进行资产重组将引发金融市场的大幅调整,资产组合将发生变化。各国的外汇储备中,欧元的数量将增加。当然由于惯性因素的作用,这样变化将是渐进的。欧元区总共包括15个国家,分别是:奥地利、比利时、德国、希腊、法国、芬兰、爱尔兰、意大利、卢森堡、荷兰、葡萄牙、西班牙、斯洛文尼亚、塞浦路斯、马耳他。

日 元

日元由日本银行发行。日本发行的纸币面额有10000、5000、1000、500、100、50、10、5、1元等,另有500、100、50、10、5、1元铸币。日本钞票正面文字全部使用汉字(由左至右顺序排列),中间上方均有"日本银行券"字样,各种钞票均无发行日期。发行单位负责人是使用印章的形式,即票面印有红色"总裁之印"和"发券局长"图章各一个。

英 镑

英镑为英国的本位货币单位,由英格兰银行发行。1971年2月15日,英格兰银行实行新的货币进位制,辅币单位改为新便士(New Penny),1英镑等于100新便士。目前,流通中的纸币面额有5、10、20和50英镑,另有1、2、5、

10、50 新便士及 1 英镑的铸币。

英国于 1821 年正式采用金本位制,英镑成为英国的标准货币单位,每 1 英镑含 7.32238 纯金。1914 年第一次世界大战爆发,英国废除金本位制,金币停止流通,英国停止兑换黄金,英镑演化成不能兑现的纸币。但因外汇管制的需要,英国于 1946 年 12 月 18 日仍规定英镑含金量为 3.58134 克。1947 年 7 月 15 日,英国宣布英镑实行自由兑换,由于外汇储备迅速流失,于同年 8 月份又恢复外汇管制。1971 年 8 月 15 日美元实行浮动汇率后,英镑开始以不变的含金量为基础确定对美元的比价。同年 12 月 18 日美元正式贬值后,英镑兑换美元的新的官方汇率升值为 1 英镑兑换 2.6057 美元,实际汇率在 1 英镑兑换 2.5471 美元至 2.6643 美元的限度内浮动,波幅为 4.5% 左右。1973 年 3 月 9 日,西欧 8 国组成联合浮动集团,英国未参加,继续单独浮动。1990 年 10 月 8 日,英镑加入欧洲货币体系,其对货币体系内各种货币汇率的波动幅度为 6%。1992 年 9 月 16 日,英国宣布英镑暂时脱离欧洲货币体系。

澳大利亚元

澳大利亚元又称澳元,是澳大利亚的法定货币,由澳大利亚储备银行负责发行。目前澳大利亚流通的有 5、10、20、50、100 澳元面额的纸币,另有 1、2、5、10、20、50 分铸币。1 澳元等于 100 分。所有硬币的正面图案均为英女皇伊丽莎白二世头像。新版澳大利亚元是塑料钞票,经过近 30 年的研制才投入使用,它是以聚酯材料代替纸张,耐磨,不易折磨,不怕揉洗,使用周期长而手感强烈,具有良好的防伪特性。

加拿大元

加拿大元由加拿大银行(Bank of Canada)发行。加拿大纸币有 1、2、5、10、20、50、100、1000 元等 8 种面额。另有 1 元和 1、5、10、25、50 分铸币。1 元等于 100 分。1935 年加拿大发行了印有英王乔治五世像的第一批钞票;1937 年发行了印有英王乔治六世像的钞票;1954 年发行了印有伊丽莎白二世头像的钞票;1970 年 8 月以来又陆续发行了印有英王乔治六世像的 1937 年版钞票;1970 年 8 月以来又陆续发行了新钞。新旧版本钞票均可流通。硬币正面均铸有英女王伊丽莎白二世头像,背面铸有加拿大的英文"CANDA"字样。加拿大居民主要是英、法移民的后裔,分英语区和法语区,因此钞票上均使用英语和法语两种文字。

新加坡元

新加坡元由新加坡货币局发行。目前新加坡流通的货币有:10000、1000、

500、50、20、10、5、1元等面额的纸币，1元及50、20、10、5、1分铸币。1元等于100分。新加坡纸币中20、25、500、10000元券各有一种版式；1、5、10、50元券各有两种版式；100、1000元券各有三种版式。一种版式以"胡姬花"为票面主要图案；另一种版式以鸟类为票面主要图案；第三种版式钞票为1984年以来发行的面额为100、1000元券钞票，票面主要图案是各种不同的轮船。在各种面额钞票的正背面显著位置上均印有"SINGAPORE"字样，正面还印有"立狮扶星月盾牌"图。新旧版钞票混合流通使用。新加坡铸币中的5、10、20、50分这4种各有两个样式。

瑞士法郎

瑞士法郎的发行机构是瑞士国家银行，辅币进位是1瑞士法郎等于100生丁，纸币面额有10、20、50、100、500、1000瑞士法郎，铸币有1、2、5瑞士法郎和1、5、10、20、50生丁等。由于瑞士奉行中立和不结盟政策，所以瑞士被认为最安全的地方，瑞士法郎也被称为传统避险货币，加之瑞士政府对金融、外汇采取的保护政策，使大量的外汇涌入瑞士，瑞士法郎也成为稳健而颇受欢迎的国际结算和外汇交易货币。

## 外汇管理

外汇管理亦称为外汇管制，是指对外汇的收支、买卖、借贷、转移以及国际间结算、外汇汇率和外汇市场所实施的一种限制性的政策措施。

目前，我国外汇管理体制基本上属于部分外汇管制，即对经常项目的外汇交易不实行或基本不实行外汇管制，但对资本项目的外汇交易进行一定的限制。我国外汇体制改革的目标是：在经常项目下可兑换的基础上，创造条件，逐步放开，推进资本项目下可兑换，从而实施人民币的完全可兑换。

经常项目可兑换：指对属于经常项目下的各类交易，包括进出货物、支付运输费、保险费、劳务服务、出境旅游、投资利润、借债利息、股息、红利等，在向银行购汇或从外汇账户上支付时不受限制。

1997年，国务院通过立法形式，明确了我国实行人民币经常项目可兑换，其中增加规定，国家对经常性国际支付和转移不予限制。

## 外汇交易市场

外汇交易市场是全球最大的金融产品市场，到2007年9月日均交易量达到3.2万亿美元，相当于美国证券市场的30倍，中国股票市场日均交易量的600

倍。日常所说的外汇交易是指同时买入一对货币组合中的一种货币而卖出另一种货币的外汇交易方式。国际市场上各种货币相互间的汇率波动频繁，且以货币对形式交易，比如欧元/美元或美元/日元。

外汇交易市场的主要优势在于其透明度较高，由于交易量巨大，主力资金（如政府外汇储备、跨国财团资金汇兑、外汇投机商的资金操作等）对市场汇率变化的影响能力非常有限。另一方面，对汇率波动的基本面分析来看，能够起到较大影响的通常是由各国政府公布的重要数据（如 GDP、央行利率），高级政府官员的讲话，或者国际组织（如欧洲央行）发布的消息。

外汇交易市场没有具体地点，没有中心交易所，所有的交易都是在银行之间通过网络进行的。世界上的任何金融机构、政府或个人每天 24 小时随时都可参与交易。

## 主要外汇交易方式

在中国适合中小投资者参与的外汇交易方式主要有两种：外汇实盘交易及外汇保证金交易。

### 外汇实盘交易

外汇实盘交易又称外汇现货交易。在中国，个人外汇交易又称外汇宝，是指个人委托银行，参照国际外汇市场实时汇率，把一种外币买卖成另一种外币的交易行为。由于投资者必须持有足额的要卖出外币，才能进行交易，较国际上流行的外汇保证金交易缺少保证金交易的卖空机制和融资杠杆机制，因此也被称为实盘交易。自从 1993 年 12 月上海工商银行开始代理个人外汇买卖业务以来，随着我国居民个人外汇存款的大幅增长，新交易方式的引进和投资环境的变化，个人外汇买卖业务迅速发展，目前已成为我国除股票以外最大的投资市场。

截至目前，工、农、中、建、交、招商、光大等多家银行都开展了个人外汇买卖业务，国内的投资者，凭手中的外汇，到上述任何一家银行办理开户手续，存入资金，即可通过互联网、电话或柜台方式进行外汇买卖。

### 外汇保证金交易

外汇保证金交易又称虚盘交易，就是投资者用自有资金作为担保，从银行或经纪商处提供的融资放大来进行外汇交易，也就是放大投资者的交易资金。融资的比例大小，一般由银行或者经纪商决定，融资的比例越大，客户需要付出的资金相对就越少。

## 外汇汇率

外汇交易是以一种外币兑换另一种外币。报价即为汇率，通常用两种货币之间的兑换比例来表示，例如：USD/JPY、GBP/JPY。汇率是第一种货币（作为基础货币）以第二种货币（作为计价货币）来表示价格。例如：USD/JPY 的汇率为 120.10 即表示 1 美元兑换 120.10 日元。一种货币不能单独成为汇价。汇率标价的最小单位称为点。GBP/JPY 的汇率从 243.50 变成 243.51，即汇率上升了一个点。

汇率是国际贸易中最重要的调节杠杆。因为一个国家生产的商品都是按本国货币来计算成本的，要拿到国际市场上竞争，其商品成本一定会与汇率相关。汇率的高低也就直接影响该商品在国际市场上的成本和价格，直接影响商品的国际竞争力。

正是由于汇率的波动会给进出口贸易带来如此大范围的波动，因此很多国家和地区都实行相对稳定的货币汇率政策。中国大陆的进出口额高速稳步增长，在很大程度上得益于稳定的人民币汇率政策。

## 买入汇率、卖出汇率与中间汇率

外汇买卖一般均集中在商业银行等金融机构。它们买卖外汇的目的是为了追求利润，方法就是贱买贵卖，赚取买卖差价，商业银行等机构买进外币时所依据的汇率叫"买入汇率"（Buying Rate），也称"买价"；卖出外币时所依据汇率叫"卖出汇率"（Selling Rate），也称"卖价"，买入汇率与卖出汇率相差的幅度一般在千分之一至千分之五，各国不尽相同，两者之间的差额，即商业银行买卖外汇的利润。买入汇率与卖出汇率相加，除以 2，则为中间汇率（Medial Rate）。

## 全球主要外汇市场

外汇市场是指由银行等金融机构、自营交易商、大型跨国企业参与的，通过中介机构或电讯系统联结的，以各种货币为买卖对象的交易市场。它可以是有形的——如外汇交易所，也可以是无形的——如通过电讯系统交易的银行间外汇交易。据国际清算银行最新统计显示，国际外汇市场每日平均交易额约为 2 万亿美元。

目前，世界上大约有 30 多个主要的外汇市场，它们遍布于世界各大洲的不同国家和地区。根据传统的地域划分，可分为亚洲、欧洲、北美洲等三大部分，其中，最重要的有欧洲的伦敦、法兰克福、苏黎世和巴黎，美洲的纽约和洛杉矶，澳洲的悉尼，亚洲的东京、新加坡和香港。著名的金融交易指数有纳斯达克（Ntional Association of Securities Dealers Automated Quotations），道-琼斯（Dow Jones Indexes），香港恒生指数（Hang Seng Index），日经指数（Nikkei Stock Index）等交易指数地点，外汇刚刚进入中国大陆市场不久，所以市场前景非常广阔，就拿全球日交易量来说，每日约为36000亿美元。

每个市场都有其固定和特有的特点，但所有市场都有共性。各市场被距离和时间所隔，它们敏感地相互影响又各自独立。一个中心每天营业结束后，就把订单传递到别的中心，有时就为下一市场的开盘定下了基调。这些外汇市场以其所在的城市为中心，辐射周边的其他国家和地区。由于所处的时区不同，各外汇市场在营业时间上此开彼关，相跟着挂牌营业，它们相互之间通过先进的通信设备和计算机网络连成一体，市场的参与者可以在世界各地进行交易，外汇资金流动顺畅，市场间的汇率差异极小，形成了全球一体化运作、全天候运行的统一的国际外汇市场。

## 外汇的作用

（1）外汇作为国际结算的支付手段，是国际间经济交流不可缺少的工具，对促进国际经济贸易发展和政治文化交流发挥了重要作用。债务关系发生在不同国家之间，由于货币制度不同，一国货币不能在其他国家内流通，除了运送国际间共同确认的清偿手段——黄金以外，不同国家间的购买力是不可能转移的。随着银行外汇业务的发展，国际间大量利用代表外汇的各种信用工具（如汇票），使不同国家间的货币购买力的转移成为可能。

（2）促进国际贸易和资本流动的发展。外汇是国际间经济往来的产物。没有外汇，就不能加速资金的国际间周转和运用，国际经济、贸易和金融往来就要受到阻碍。以外汇清偿国际间债权、债务关系，不仅可以节省运送现钞的费用与避免运送风险，而且可以避免资金积压，加速资金周转，从而促进国际间商品交换和资本流动的发展。

（3）便利国际间资金供需的调剂。例如，发展中国家为加快建设步伐，需要有选择地利用国际金融市场上的长短期信贷资金，发达国家的剩余资金也有寻找出路的必要。因此，外汇可以发挥调剂国家之间资金余缺的作用。

用于平衡国际收支、稳定汇率、偿还对外债务的外汇积累。

## 基　金

假设你有一笔钱想投资债券、股票等这类证券进行增值，但一无精力二无专业知识，而且你钱也不算多，就想到与其他10个人合伙出资，雇一个投资高手，操作大家合出的资产进行投资增值。但这里，如果10多个投资人都与投资高手随时交涉，那事还不乱套，于是你们就推举其中一个最懂行的牵头办这事。定期从大伙合出的资产中按一定比例提成，由他代为付给高手劳务费报酬，当然，他自己牵头出力张罗大大小小的事，包括挨家跑腿，有关风险的事向高手随时提醒着点，定期向大伙公布投资盈亏情况等，不可白忙，提成中的钱也有他的劳务费。上面这些事就叫作合伙投资。

将这种合伙投资的模式放大100倍、1000倍，就是基金。

这种民间私下合伙投资的活动如果在出资人间建立了完备的契约合同，就是私募基金（该基金在我国还未得到国家金融行业监管有关法规的认可）。

如果这种合伙投资的活动经过国家证券行业管理部门（中国证券监督管理委员会）的审批，允许这项活动的牵头操作人向社会公开募集吸收投资者加入合伙出资，这就是发行公募基金，也就是大家现在常见的基金。

基金是一种间接的证券投资方式。基金管理公司通过发行基金单位，集中投资者的资金，由基金托管人（即具有资格的银行）托管，由基金管理人管理和运用资金，从事股票、债券等金融工具投资，然后共担投资风险、分享收益。

基金管理公司是什么角色？基金管理公司就是这种合伙投资的牵头操作人，不过它是个公司法人，资格要经过中国证监会审批。基金公司与其他基金投资者一样也是合伙出资人之一，另一方面由于它牵头操作，要从大家合伙出的资产中按一定的比例每年提取劳务费（称基金管理费），替投资者代雇代管理负责操盘的投资高手（就是基金经理），还有帮高手收集信息搞研究打下手的人，定期公布基金的资产和收益情况。当然基金公司这些活动是证监会批准的。

为了大家合伙出的资产的安全，不被基金公司这个牵头操作人偷着挪用，中国证监会规定，基金的资产不能放在基金公司手里，基金公司和基金经理只管交易操作，不能碰钱，记账管钱的事要找一个擅长此事又信用高的人负责，这个角色当然非银行莫属。于是这些出资（就是基金资产）就放在银行，而建成一个专门账户，由银行管账记账，称为基金托管。当然银行的劳务费（称基金托管费)也得从大家合伙的资产中按比例抽一点按年支付。所以,基金资产相对来说只有因那些高手操作不好而被亏损的风险,基本没有被偷挪走的风险。从法律角度说,即使基金管理公司倒闭甚至托管银行出事了,向它们追债的人都无权碰大家基金专户的资产,因此基金资产的安全是很有保障的。

如果这种公募基金在规定的一段时间内募集投资结束后宣告成立(国家规定至少要达到1000个投资人和2亿元规模才能成立),就停止不再吸收其他的投资者了,并约定大伙谁也不能中途撤资退出,但以后到某年某月为止大家就算账散伙分包袱,中途你想变现,只能自己找其他人卖出去,这就是封闭式基金。如果这种公募基金在宣告成立后,仍然欢迎其他投资者随时出资入伙,同时也允许大家随时部分或全部地撤出自己的资金和应得的收益,这就是开放式基金。不管是封闭式基金还是开放式基金,如果为了方便大家买卖转让,就找到交易所(证券市场)这个场所将基金挂牌出来,按市场价在投资者间自由交易,就是上市的基金。

每个基金规定每年分红次数在招募基金时候有说明,没有固定的分红或拆分规定。

分红是基金公司必须要卖掉一些股票,来给基金持有人分红,这样就可能会把手中涨得正好的股票卖掉,会影响资金的运作。

拆分是把原来净值高的变成净值为1元,这样对基金公司来说不需要卖出股票来取得现金,对持有人来说相当于原来的1份变成了很多份。经常分红的基金有些人会喜欢,但是对基金公司来说操作难度加大,盈利水平受到影响。

新基金规定的封闭期最长为3个月,但是可以提前。

## 基金种类

开放式基金与封闭式基金

(1)开放式基金

开放式基金(LOF),英文全称是"Listed Open—Ended Fund"或"Open—End Funds",汉语称为"上市型开放式基金",在国外又称共同基金。也就是上市型开放式基金发行结束后,投资者既可以在指定网点申购与赎回基金份额,也可以在交易所买卖该基金。不过投资者如果是在指定网点申购的基金份额,想要上网抛出,须办理一定的转托管手续;同样,如果是在交易所网上买进的基金份额,想要在指定网点赎回,也要办理一定的转托管手续。

开放式基金是一种发行额可变,基金份额(单位)总数可随时增减,投资者可按基金的报价在基金管理人指定的营业场所申购或赎回的基金。与封闭式基金相比，开放式基金具有发行数量没有限制、买卖价格以资产净值为准、在柜台上买卖和风险相对较小等特点，特别适合于中小投资者进行投资。

世界基金发展史就是从封闭式基金走向开放式基金的历史。以基金市场最为成熟的美国为例，在1990年9月，美国开放式基金共有3000家，资产总值1万亿美元；而封闭式基金仅有250家，资产总值600亿美元。到1996年，美国开放式基金的资产为35392亿美元，封闭式基金资产仅为1285亿美元，两者之比达到27.54∶1；而在1940年，两者之比仅为0.73∶1。在日本，1990年以前封闭式基金占绝大多数，开放式基金处于从属地位；但90年代后情况发生了根本性变化，开放式基金资产达到封闭式基金资产的两倍左右。

在中国香港、泰国、中国台湾、新加坡、菲律宾等亚洲发展投资基金较早的国家和地区，发展之初也是以封闭式基金为主，逐渐过渡到目前两类基金形态并存的阶段。从世界范围看，1990年世界开放式投资基金净资产余额为23554亿美元，到1995年已跃升至53407亿美元。

开放式基金已经逐渐成为世界投资基金的主流。世界各国投资基金起步时大都为封闭型的。这是由于在投资基金发展初期，买卖封闭式基金的手续费远比赎回开放式基金的份额的手续费低。从基金管理的角度看，由于没有请求赎回受益凭证的压力，可以充分利用投资者的资金，来实施其投资战略以求利益的最大化。

（2）封闭式基金

封闭式基金属于信托基金，是指基金规模在发行前已确定、在发行完毕后的规定期限内固定不变并在证券市场上交易的投资基金。

由于封闭式基金在证券交易所的交易采取竞价的方式，因此交易价格受到市场供求关系的影响而并不必然反映基金的净资产值，即相对其净资产值，封闭式基金的交易价格有溢价、折价现象。国外封闭式基金的实践显示其交易价格往往存在先溢价后折价的价格波动规律。从我国封闭式基金的运行情况看，无论基本面状况如何变化，我国封闭式基金的交易价格走势也始终未能脱离先溢价、后折价的价格波动规律。

对冲基金

对冲基金的英文名称为 Hedge Fund，意为"风险对冲过基金"，起源于20世纪50年代初的美国，当时的操作宗旨是利用期货、期权等金融衍生产品以及对相关联的不同股票进行实买空卖、风险对冲操作技巧，一定程度上可规避和化解投资风险。1949年世界上诞生了第一个有限合作制琼斯对冲基金，虽然对冲基金20世纪50年代已经出现，但是它接下来30年间并未引起人们太多关注。直到20世纪80年代随着金融自由化发展，对冲基金才有了更广阔投资机会，从此进入了快速发展阶段。20世纪90年代世界通货膨胀威胁逐渐减少，同时金融工具日趋成熟和多样化，对冲基金进入了蓬勃发展阶段。据英国《经济学人》统计，从1990年到2000年3000多个新对冲基金在美国和英国出现。2002年后，对冲基金收益率有所下降但对冲基金规模依然不小，据英国《金融时报》2005年10月22日报道，截至目前全球对冲基金总资产额已经达到1.1万亿美元。

QDII基金

QDII是Qualified Domestic Institutional Investor（合格的境内机构投资者）的首字缩写。它是在一国境内设立，经该国有关部门批准从事境外证券市场的股票、债券等有价证券业务的证券投资基金。和QFII（Qualified Foreign Institutional Investors）一样，它也是在货币没有实现完全可自由兑换、资本项目尚未开放的情况下，有限度地允许境内投资者投资境外证券市场的一项过渡性的制度安排。

指数基金

指数基金是一种按照证券价格指数编制原理构建投资组合进行证券投资的一种基金。从理论上来讲，指数基金的运作方法简单，只要根据每一种证券在指数中所占的比例购买相应比例的证券，长期持有就可。对于一种纯粹的被动管理式指数基金，基金周转率及交易费用都比较低，管理费也趋于最小。这种基金不会对某些特定的证券或行业投入过量资金。它一般会保持全额投资而不进行市场投机。当然，不是所有的指数基金都严格符合这些特点，不同具有指数性质的基金也会采取不同的投资策略。目前指数基金有兴和、普丰、天元三只指数基金，就是有指数基金特点的"优化指数型基金"。

ETF是Exchange Traded Fund的英文缩写，中译为"交易型开放式指数基金"，又称交易所交易基金。ETF是一种在交易所上市交易的开放式证券投资基金产品，交易手续与股票完全相同。ETF管理的资产是一揽子股票组合，这一组合中的股票种类与某一特定指数，如上证50指数，包含的成分股票相同，每只股票的数量与该指数的成分股构成比例一致，ETF交易价格取决于它拥有的一揽子股票的价值，即"单位基金资产净值"。ETF的投资组合通常完全复制标的指数，其净值表现与盯住的特定指数高度一致。比如上证50ETF的净值表现就与上证 50 指数的涨跌高度一致。

上证 50ETF（510050），投资于上海交易所市值前 50 名的股票。

上证红利 ETF（510880），投资于上海交易所分红最多的 50 支股票。

上证 180ETF（510180），投资于上海交易所流通性好，最具代表性的 180 只股票，如果你要和股市同步，建议买上证 180ETF。

深证 100ETF（159901），投资于深圳交易所流通性好，最具代表性的 100 只股票。

深证中小板 ETF（159902），投资于深圳交易所中小板。

认股权证基金

认股权证基金（Warrant Funds）：此类型基金主要投资于认股权证，基于认股权证有高杠杆、高风险的产品特性，此类型基金的波动幅度亦较股票型基金为大。

公司型基金

公司型基金又叫做共同基金，指基金本身为一家股份有限公司，公司通过发行股票或受益凭证的方式来筹集资金。投资者购买了该家公司的股票，就成为该公司的股东，凭股票领取股息或红利、分享投资所获得的收益。

公司型基金的特点如下：

（1）共同基金，形态为股份公司，但又不同于一般的股份公司，其业务集中于从事证券投资信托。

（2）共同基金的资金为公司法人的资本，即股份。

（3）共同基金的结构同一般的股份公司一样，设有董事会和股东大会。基金资产由公司拥有，投资者则是这家公司的股东，也是该公司资产的最终持有人。股东按其所拥有的股份大小在股东大会上行使权利。

（4）依据公司章程，董事会对基金资产负有安全增值之责任。为管理方便，共同基金往往设定基金经理人和托管人。基金经理人负责基金资产的投资管理，托管人负责对基金经理人的投资活动进行监督。托管人可以（非必须）在银行开设户头，以自己的名义为基金资产注册。为明确双方的权利和义务，共同基金公司与托管人之间有契约关系，托管人的职责列明在他与共同基金公司签订的"托管人协议"上。如果共同基金出了问题，投资者有权直接向共同基金公司索取。

契约型基金

契约型基金又称为单位信托基金，指专门的投资机构（银行和企业）共同出资组建一家基金管理公司，基金管理公司作为委托人通过与受托人签订"信托契约"的形式发行受益凭证——"基金单位持有证"来募集社会上的闲散资金。

契约型基金的特点如下：

单位信托是由一项名为信托契约的文件而组建的一家经理公司，在组织结构上，它不设董事会，基金经理公司自己作为委托公司设立基金，自行或再聘请经理人代为管理基金的经营和操作，并通常指定一家证券公司或承销公司代为办理受益凭证——基金单位持有证的发行、买卖、转让、交易、利润分配、收益及本益偿还支付。

受托人接受基金经理公司的委托，并且以信托人或信托公司的名义为基金注册和开户。基金户头完全独立于基金保管公司的账户，纵使基金保管公司因经营不善而倒闭，其债权方都不能动用基金的资产。其职责是负责管理、保管处置信托财产、监督基金经理人的投资工作、确保基金经理人遵守公开说明书所列明的投资规定，使他们采取的投资组合符合信托契约的要求。在单位信托基金出现问题时，信托人对投资者负索偿责任。

### 平衡型基金

平衡型基金是指以既要获得当期收入，又追求基金资产长期增值为投资目标，把资金分散投资于股票和债券，以保证资金的安全性和盈利性的基金。即分散投资于股票和债券的共同基金。通常当基金经理人看跌后市时，会增加抗跌性较强的债券投资比例；当基金经理人看好后市时，则会增加较具资本利得获利机会的股票投资比例。

平衡型基金是既追求长期资本增值，又追求当期收入的基金。这类基金主要投资于债券、优先股和部分普通股，这些有价证券在投资组合中有比较稳定的组合比例，一般是把资产总额的25%～50%用于优先股和债券，其余的用于普通股投资。其风险和收益状况介于成长型基金和收入型基金之间。

平衡型基金的种类：

平衡型基金可以粗略分为两种。一种是股债平衡型基金，即基金经理会根据行情变化及时调整股债配置比例。当基金经理看好股市的时候，增加股票的仓位，而当其认为股票市场有可能出现调整时，会相应增加债券配置。

另一种平衡型基金在股债平衡的同时，比较强调到点分红，更多地考虑落袋为安，也是规避风险的方法之一。以上投摩根双息平衡基金为例，该基金契约规定，当已实现收益超过银行一年定期存款利率（税前）1.5倍时，必须分红。偏好分红的投资者可考虑此类基金。

平衡型基金的优势：在 2003、2004、2005 年这三个波动较大的年份中，天相资讯的数据显示，A 股市场中平衡型基金的平均回报率不低于股票型基金，甚至高于股票型基金的回报。另外，今年以来 A 股市场几次行情调整显示，平衡型基金的波动相对于股票型基金为小。

从海外长期市场表现看，晨星统计数据显示，在亚洲各类共同基金中，平衡型基金在过去 10 年间的总回报远超过了包括股票基金在内的其他类型的基金，这证明了平衡型基金在波动行情中的平稳投资能力。因此，对于风险承受能力较低的投资者而言，可将平衡型基金作为波动市场中重点关注的基金品种。

如何选择平衡型基金？

选择一只好的平衡型基金，先要选择值得信赖的基金公司。

可通过比较各基金公司旗下基金的业绩水平、基金经理的稳定性、投研团队的实力，以及权威机构提供的评级结果来综合判断。知名评鉴机构评出的明星基金公司及五星基金产品都是比较好的参考。

保险基金

保险基金指为了补偿意外灾害事故造成的经济损失，或因人身伤亡、丧失工作能力等引起的经济需要而建立的专用基金。在现代社会里，保险基金一般有四种形式：

（1）集中的国家财政后备基金。该基金是国家预算中设置的一种货币资金，专门用于应付意外支出和国民经济计划中的特殊需要，如特大自然灾害的救济、外敌入侵、国民经济计划的失误等。

（2）专业保险组织的保险基金，即由保险公司和其他保险组织通过收取保险费的办法来筹集保险基金，用于补偿保险单位和个人遭受灾害事故的损失或到期给付保险金。

（3）社会保障基金。社会保障作为国家的一项社会政策，旨在为公民提供一系列基本生活保障。公民在年老、患病、失业、灾难和丧失劳动能力等情况下，有从国家和社会获得物质帮助的权力。社会保障一般包括社会保险、社会福利和社会救济。

（4）自保基金，即由经济单位自己筹集保险基金，自行补偿灾害事故损失。国外有专业自保公司自行筹集资金，补偿母公司及其子公司的损失；我国有"安全生产保证基金"，通过该基金的设置，实行行业自保，如中国石油化工总公司设置的"安全生产保证基金"即属此种形式。

信托基金

信托基金也叫投资基金，是一种"利益共享、风险共担"的集合投资方式：指通过契约或公司的形式，借助发行基金券（如收益凭证、基金单位和基金股份等）的方式，将社会上不确定的多数投资者不等额的资金集中起来，形成一定规模的信托资产，交由专门的投资机构按资产组合原理进行分散投资，获得的收益由投资者按出资比例分享，并承担相应风险的一种集合投资信托制度。

信托基金的特点：

（1）集合投资；

（2）专家管理、专家操作；

（3）组合投资、分散风险；

（4）资产经营与资产保管相分离；

（5）利益共享、风险共担；

（6）以纯粹的投资为目的；

（7）流动性强。

投资基金

一般基金主要投资大盘蓝筹股，而计算上证指数时，大盘蓝筹股也占了很大的权重，所以基金的下跌、上涨与股市上证指数的下跌、上涨一般是同涨同跌的关系。

但是具体到不同的基金又有所不同，有的基金涨跌和上证指数紧密相关，而有的基金涨跌和上证指数相关度较低，甚至有的基金在大盘跌时还能上涨，这就要看基金具体持有什么股票了。

投资基金起源于英国，却盛行于美国。第一次世界大战后，美国取代英国成为世界经济的新霸主，一跃从资本输入国变为主要的资本输出国。随着美国经济运行的大幅增长，日益复杂化的经济活动使得一些投资者越来越难于判断经济动向。为了有效促进国外贸易和对外投资，美国开始引入投资信托基金制度。1926年，波士顿的马萨诸塞金融服务公司设立了"马萨诸塞州投资信托公司"，成为美国第一个具有现代面貌的共同基金。在此后的几年中，基金在美国经历了第一个辉煌时期。到20年代末期，所有的封闭式基金总资产已达28亿美元，开放型基金的总资产只有1.4亿美元，但后者无论在数量上还是在资产总值上的增长率都高于封闭型基金。20年代每年的基金资产总值都有20%以上的增长，1927年的成长率更超过100%。

然而，就在美国投资者沉浸在"永远繁荣"的乐观心理中时，1929年全球股市的大崩盘，使刚刚兴起的美国基金业遭受了沉重的打击。随着全球经济的萧条，大部分投资公司倒闭，残余的也难以为继。但比较而言，封闭式基金的损失要大于开放式基金。此次金融危机使得美国投资基金的总资产下降了50%左右。此后的整个30年代中，证券业都处于低潮状态。面对大萧条带来的资金短缺和工业生产率低下，人们投资信心丧失，再加上第二次世界大战的爆发，投资基金业一度裹足不前。

危机过后，美国政府为保护投资者利益，1933年制定了《证券法》、1934年制定了《证券交易法》，1940年又专门针对投资基金制定了《投资公司法》和《投资顾问法》。《投资公司法》详细规范了投资基金组成及管理的法律要件，为投资者提供了完整的法律保护，为日后投资基金的快速发展，奠定了良好的法律基础。

第二次世界大战后，美国经济恢复强劲增长势头，投资者的信心很快恢复起来。投资基金在严谨的法律保护下，特别是开放式基金再度活跃，基金规模逐年上升。进入70年代以后，美国的投资基金又产生了爆发性增长。在1974年至1987年的13年中，投资基金的规模，从640亿美元增加到7000亿美元。与此同时，美国基金业也突破了半个多世纪内仅投资于普通股和公司债券的局限，于1971年推出货币市场基金和联储基金；1977年开始出现市政债券基金和长期债券基金；1979年首次出现免税货币基金；1986年推出国际债券基金。到1987年底，美国共有2000多种不同的基金，为将近2500万人所持有。由于投资基金种类多，各种基金的投资重点分散，所以在1987年股市崩溃时期，美国投资基金的资产总数不仅没有减少，而且在数目上有所增加。

20世纪90年代初，美国股票市场新注入的资金中约有80%来自基金，1992年时这一比例达到96%。从1988年到1992年，美国股票总额中投资基金持有的比例由5%急剧上升到35%。到1993年，在纽约证券交易所，个人投资仅占股票市值的20%，而基金则占55%。截至1997年年底，全球约有7.5万亿美元的基金资产，其中美国基金的资产规模约4万亿美元，已超过美国商业银行的储蓄存款总额。从1990年到1996年，投资基金增长速度为218%。在此期间，越来越多的拥有巨额资本的机构投资者，包括银行信托部、信托公司、保险公司、养老基金，以及各种财团或基金会等，开始大量投资于投资基金。目前，美国已成为世界上基金业最发达的国家。

**证券投资基金**

证券投资基金是一种利益共享、风险共担的投资于证券的集合投资理财方式，即通过发行基金单位，集中投资者的资金，由基金托管人托管（一般是信誉卓著的银行），由基金管理人（即基金管理公司）管理和运用资金，从事股票、债券等金融工具的投资。基金投资人享受证券投资的收益，也承担因投资亏损而产生的风险。我国基金暂时都是契约型基金，是一种信托投资方式。

证券投资基金是一种间接的证券投资方式。根据不同标准，可以将证券投资基金划分为不同的种类：

根据基金单位是否可增加或赎回，可分为开放式基金和封闭式基金。开放式基金不上市交易，一般通过银行申购和赎回，基金规模不固定；封闭式基金有固定的存续期，期间基金规模固定，一般在证券交易场所上市交易，投资者通过二级市场买卖基金单位。

证券投资基金在美国被称为"共同基金"，在英国和中国香港特别行政区被称为"单位信托基金"，在日本和中国台湾地区则称"证券投资信托基金"，等等。

股票基金

股票基金是以股票为投资对象的投资基金，是投资基金的主要种类。股票基金的主要功能是将大众投资者的小额投资集中为大额资金。投资于不同的股票组合，是股票市场的主要机构投资者。

股票基金的分类：

（1）股票基金按投资的对象可分为优先股基金和普通股基金，优先股基金可获取稳定收益，风险较小，收益分配主要是股利；普通股基金是目前数量最大的一种基金，该基金以追求资本利得和长期资本增值为目的，风险较优先股基金大。

（2）按基金投资分散化程度，可将股票基金分为一般普通股基金和专门化基金，前者是指将基金资产分散投资于各类普通股票上，后者是指将基金资产投资于某些特殊行业股票上，风险较大，但可能具有较好的潜在收益。

（3）按基金投资的目的还可将股票基金分为资本增值型基金、成长型基金及收入型基金。资本增值型基金投资的主要目的是追求资本快速增长，以此带来资本增值，该类基金风险高、收益也高。成长型基金投资于那些具有成长潜力并能带来收入的普通股票上，具有一定的风险。股票收入型基金投资于具有稳定发展前景的公司所发行的股票，追求稳定的股利分配和资本利得，这类基金风险小，收入也不高。

股票基金的特点：

（1）与其他基金相比，股票基金的投资对象具有多样性，投资目的也具有多样性。

（2）与投资者直接投资于股票市场相比，股票基金具有分散风险、费用较低等特点。对一般投资者而言，个人资本毕竟是有限的，难以通过分散投资种类而降低投资风险。但若投资于股票基金，投资者不仅可以分享各类股票的收益，而且可以通过投资于股票基金而将风险分散于各类股票上，大大降低了投资风险。此外，投资者投资了股票基金，还可以享受基金大额投资在成本上的相对优势，降低投资成本，提高投资效益，获得规模效益的好处。

（3）从资产流动性来看，股票基金具有流动性强、变现性高的特点。股票基金的投资对象是流动性极好的股票，基金资产质量高、变现容易。

（4）对投资者来说，股票基金经营稳定、收益可观。一般来说，股票基金的风险比股票投资的风险低，因而收益较稳定。不仅如此，封闭式股票基金上市后，投资者还可以通过在交易所交易获得买卖差价。基金期满后，投资者享有分配剩余资产的权利。

（5）股票基金还具有在国际市场上融资的功能和特点。就股票市场而言，其资本的国际化程度较外汇市场和债券市场低。一般来说，各国的股票基本上在本国市场上交易，股票投资者也只能投资于本国上市的股票或在当地上市的少数外国公司的股票。在国外，股票基金则突破了这一限制，投资者可以通过购买股票基金，投资于其他国家或地区的股票市场，从而对证券市场的国际化具有积极的推动作用。从海外股票市场的现状来看，股票基金投资对象有很大一部分是外国公司股票。

**债券基金**

债券基金，是以债券为主要投资标的的共同基金，除了债券之外，尚可投资于金融债券、债券附买回、定存、短期票券等，绝大多数以开放式基金型态发行，并采取不分配收益方式，合法节税。目前国内大部分债券基金属性偏向于收益型债券基金，以获取稳定的利息为主，因此，收益普遍呈现稳定成长。

交易指南：

债券基金的买卖方式与股票基金大致类似，但是费用上有所差别。一般来说，债券基金不收取认购或申购的费用，而赎回费率也较低，如某债券基金规定，持有期限在30日内，收取0.1%的赎回费；持有期限超过30日，就免收赎回费。

债券基金优点：

（1）低风险，低收益。由于债券收益稳定、风险也较小，相对于股票基金，债券基金风险低但回报率也不高。

（2）费用较低。由于债券投资管理不如股票投资管理复杂，因此债券基金的管理费也相对较低。

（3）收益稳定。投资于债券定期都有利息回报，到期还承诺还本付息，因此债券基金的收益较为稳定。

（4）注重当期收益。债券基金主要追求当期较为固定的收入，相对于股票基金而言缺乏增值的潜力，较适合于不愿过多冒险，谋求当期稳定收益的投资者。

相对于直接投资于债券，投资者投资于债券基金主要有以下优点：

（1）风险较低。债券基金通过集中投资者的资金对不同的债券进行组合投资，能有效降低单个投资者直接投资于某种债券可能面临的风险。

（2）专家经营。随着债券种类日益多样化，一般投资者要进行债券投资不但要仔细研究发债实体，还要判断利率走势等宏观经济指标，往往力不从心，而投资于债券基金则可以分享专家经营的成果。

（3）流动性强。投资者如果投资于非流通债券。只有到期才能兑现，而通过债券基金间接投资于债券，则可以获取很高的流动性，随时可将持有的债券基金转让或赎回。

债券基金投资策略：

（1）确定你的投资有正确的理由。

如果投资债券基金的目的是为了增加组合的稳定性，或者获得比现金更高的收益，这样的策略是行得通的。如果你认为投资债券基金是不会亏损的，那就需要再考虑一下。债券基金也有风险，尤其是在升息的环境中。当利率上行的时候，债券的价格会下跌，这样投资债券基金可能会出现负的回报。尤其在国内，多数债券基金持有不少可转债，有的还投资少量股票，股价尤其是可转债价格的波动会加大基金回报的不确定性。

（2）了解你的债券基金持有些什么。

为了避免投资失误，在购买前需要了解你的债券基金都持有些什么。对于普通债券而言，两个基本要素是利率敏感程度与信用素质。债券价格的涨跌与利率的升降成反向关系。利率上升的时候，债券价格便下滑。要知道债券价格变化从而债券基金的资产净值对于利率变动的敏感程度如何，可以用久期作为指标来衡量。久期越长，债券基金的资产净值对利息的变动越敏感。

（3）了解债券基金的信用。

债券基金的信用取决于其所投资债券的信用等级。投资人可以通过基金招募说明书了解对所投资债券信用等级有哪些限制；通过基金投资组合报告了解对持有债券的信用等级。

对于国内的组合类债券基金，投资人还需要了解其所投资的可转债以及股票的比例。基金持有比较多的可转债，可以提高收益能力，但也放大了风险。因为可转债的价格受正股联动影响，波动要大于普通债券。尤其是集中持有大量转债的基金，其回报率受股市和可转债市场的影响可能远大于债市。

（4）震荡市中的避险工具。

2007年股市的震荡加剧。投资者在选择股票型基金的时候，将承受较大的波动风险。在这种市场格局下，流动性好、风险低且回报率高于储蓄利率的债券基金，可降低投资者的风险。目前市场中债券基金的资产中80%以上都是由国债、金融债和高信用等级的企业债组成的，基本不存在信用风险。在控制好利率风险之后，债券基金净值下跌的风险很小，收益非常稳定。因此它是较好的替代银行存款的理财品种，迎合了我国居民理财的稳健收益低风险需求。

当然，债券基金并非纯粹投资债券，因此它并不保本，同样有亏损的风险。只是它的投资风险远远低于股票基金。

### 货币市场基金

货币市场基金是指投资于货币市场上短期有价证券的一种基金。该基金资产主要投资于短期货币工具如国库券、商业票据、银行定期存单、政府短期债券、企业债券等短期有价证券。

货币市场基金最早创设于1972年的美国。到1986年底为止，美国共有400多个货币市场基金，总资产超过2900亿美元。在美国，货币市场基金按风险大小可划分为：①国库券货币市场基金，主要投资于国库券、由政府担保的有价证券等。这些证券到期时间一般不到1年，平均到期期限为120天。②多样化货币市场基金，就是通常所说的货币市场基金，通常投资于商业票据、国库券、美国政府代理机构发行的证券、可转让存单、银行承兑票据等各种有价证券，其到期时间同前述基金类似。③免税货币基金，主要用于短期融资的高质量的市政证券，也包括市政中期债券和市政长期债券。免税货币基金的优点是可以减免税收，但通常比一般的货币市场基金的收益率低（大约低30%~40%），税率不高时投资者选择该基金并不划算。

货币市场基金与传统的基金比较具有以下特点：①货币市场基金与其他投资于股票的基金最主要的不同在于基金单位的资产净值是固定不变的，通常是每个基金单位1元。投资该基金后，投资者可利用收益再投资，投资收益就不断累积，增加投资者所拥有的基金份额。比如某投资者以100元投资于某货币市场基金，可拥有100个基金单位，1年后，若投资报酬是8%，那么该投资者就多8个基金单位，总共108个基金单位，价值108元。②衡量货币市场基金表现好坏的标准是收益率，这与其他基金以净资产价值增值获利不同。③流动性好、资本安全性高。这些特点主要源于货币市场是一个低风险、流动性高的市场。同时，投资者可以不受到期日限制，随时可根据需要转让基金单位。④风险性低。货币市场工具的到期日通常很短，货币市场基金投资组合的平均期限一般为4~6个月，因此风险较低，其价格通常只受市场利率的影响。⑤投资成本低。货币市场基金通常不收取赎回费用，并且其管理费用也较低，货币市场基金的年管理费用大约为基金资产净值的0.25%~1%，比传统的基金年管理费率1%~2.5%低。⑥货币市场基金均为开放式基金。货币市场基金通常被视为无风险或低风险投资工具，适合资本短期投资生息以备不时之需，特别是在利率高、通货膨胀率高、证券流动性下降，可信度降低时，可使本金免遭损失。

### 其他种类

基金还有专门投资于房地产的房地产基金，专门投资于期货、期权的期货和期权基金，专门投资于黄金市场的黄金基金，专门投资于实业的产业基金，等等。

## 股　票

股票是股份公司（包括有限公司和无限公司）在筹集资本时向出资人发行的股份凭证。代表着其持有者（即股东）对股份公司的所有权。这种所有权是一种综合权利，如参加股东大会、投票表决、参与公司的重大决策、收取股息或分享红利等。同一类别的每一份股票所代表的公司所有权是相等的。每个股东所拥有的公司所有权份额的大小，取决于其持有的股票数量占公司总股本的比重。股票一般可以通过买卖方式有偿转让，股东能通过股票转让收回其投资，但不能要求公司返还其出资。股东与公司之间的关系不是债权债务关系。股东是公司的所有者，以其出资额为限对公司负有限责任，承担风险，分享收益。

股票产生至今已有将近400年的历史，它伴随着股份公司的出现而出现。随着企业经营规模扩大与资本需求不足，要求以一种方式来让公司获得大量的资本金。于是产生了以股份公司形态出现的，股东共同出资经营的企业组织。股份公司的变化和发展产生了股票形态的融资活动；股票融资的发展产生了股票交易的需求；股票的交易需求促成了股票市场的形成和发展；而股票市场的发展最终又促进了股票融资活动和股份公司的完善和发展。股票最早出现于资本主义国家。世界上最早的股份有限公司制度诞生于1602年在荷兰成立的东印度公司。股份公司这种企业组织形态出现以后，很快为资本主义国家广泛利用，成为资本主义国家企业组织的重要形式之一。伴随着股份公司的诞生和发展，以股票形式集资入股的方式也得到发展，并且产生了买卖交易转让股票的需求。这样，就带动了股票市场的出现和形成，并促使股票市场完善和发展。在1611年东印度公司的股东们在阿姆斯特丹股票交易所就进行着股票交易，并且后来有了专门的经纪人撮合交易。阿姆斯特丹股票交易所形成了世界上第一个股票市场。目前，股份有限公司已经成为最基本的企业组织形式之一；股票已经成为大企业筹资的重要渠道和方式，亦是投资者投资的基本选择方式；股票市场（包括股票的发行和交易）与债券市场成为证券市场的重要基本内容。

## 股票特点

### 不可偿还性

股票是一种无偿还期限的有价证券，投资者认购了股票后，就不能再要求退股，只能到二级市场卖给第三者。股票的转让只意味着公司股东的改变，并不减少公司资本。从期限上看，只要公司存在，它所发行的股票就存在，股票的期限等于公司存续的期限。

### 参与性

股东有权出席股东大会，选举公司董事会，参与公司重大决策。股票持有者的投资意志和享有的经济利益，通常是通过行使股东参与权来实现的。股东参与公司决策的权利大小，取决于其所持有的股份的多少。从实践中看，只要股东持有的股票数量达到左右决策结果所需的实际多数时，就能掌握公司的决策控制权。

### 收益性

股东凭其持有的股票，有权从公司领取股息或红利，获取投资的收益。股息或红利的大小，主要取决于公司的盈利水平和公司的盈利分配政策。股票的收益性，还表现在股票投资者可以获得价差收入或实现资产保值增值。通过低价买入和高价卖出股票，投资者可以赚取价差利润。以美国可口可乐公司股票为例。如果在1984年底投资1000美元买入该公司股票，到1994年7月便能以11654美元的市场价格卖出，赚取10倍多的利润。在通货膨胀时，股票价格会随着公司原有资产重置价格上升而上涨，从而避免了资产贬值。股票通常被视为在高通货膨胀期间可优先选择的投资对象。

### 流通性

股票的流通性是指股票在不同投资者之间的可交易性。流通性通常以可流通的股票数量、股票成交量以及股价对交易量的敏感程度来衡量。可流通股数越多，成交量越大，价格对成交量越不敏感（价格不会随着成交量一同变化），股票的流通性就越好，反之就越差。股票的流通，使投资者可以在市场上卖出所持有的股票，取得现金。通过股票的流通和股价的变动，可以看出人们对于相关行业和上市公司的发展前景和盈利潜力的判断。那些在流通市场上吸引大量投资者、股价不断上涨的行业和公司，可以通过增发股票，不断吸收大量资本进入生产经营活动，收到了优化资源配置的效果。

### 价格波动性和风险性

股票在交易市场上作为交易对象，同商品一样，有自己的市场行情和市场价格。由于股票价格要受到诸如公司经营状况、供求关系、银行利率、大众心理等多种因素的影响，其波动有很大的不确定性。正是这种不确定性，有可能使股票投资者遭受损失。价格波动的不确定性越大，投资风险也越大。因此，股票是一种高风险的金融产品。例如，称雄于世界计算机产业的国际商用机器公司，当其业绩不凡时，每股价格曾高达170美元，但在其地位遭到挑战，出现经营失策而招致亏损时，股价又下跌到40美元。如果不合时机地在高价位买进该股，就会导致严重损失。

## 涨跌停板制度

涨跌停板制度源于国外早期证券市场，是证券市场中为了防止交易价格的暴涨暴跌，抑制过度投机现象，对每只证券当天价格的涨跌幅度予以适当限制的一种交易制度，即规定交易价格在一个交易日中的最大波动幅度为前一交易日收盘价上下百分之几，超过后停止交易。我国证券市场现行的涨跌停板制度是1996年12月13日发布，1996年12月26日开始实施的。制度规定，除上市首日之外，股票（含A、B股）、基金类证券在一个交易日内的交易价格相对上一交易日收市价格的涨跌幅度不得超过10%，ST股涨跌幅度不得超过5%，超过涨跌限价的委托为无效委托。我国的涨跌停板制度与国外制度的主要区别在于股价达到涨跌停板后，不是完全停止交易，在涨跌停价位或之内价格的交易仍可继续进行，直到当日收市为止。在国外发达股票市场，当股票市场发生巨大波动时，个别股票的涨跌停板限制才启动。

## 股票交易市场

### 一级市场

一级市场（Primary Market）也称为发行市场（Issuance Market），它是指公司直接或通过中介机构向投资者出售新发行的股票。所谓新发行的股票包括初次发行和再发行的股票，前者是公司第一次向投资者出售的原始股，后者是在原始股的基础上增加新的份额。

**一级市场的运作过程**

咨询与管理：

（1）发行方式的选择。股票发行的方式一般可分成公募（Public Placement）和私募（Private Placement）两类。

（2）选定作为承销商的投资银行。

（3）准备招股说明书。

（4）发行定价。

认购与销售的具体方式：

（1）包销。

（2）代销。

（3）备用包销。

### 二级市场

二级市场（Secondary Market）也称交易市场，是投资者之间买卖已发行股票的场所。这一市场为股票创造流动性，即能够迅速脱手换取现值。

二级市场通常可分为有组织的证券交易所和场外交易市场，但也出现了具有混合特型的第三市场（The Third Market）和第四市场（The Fourth Market）。

### 第三市场

第三市场是指原来在证交所上市的股票移到场外进行交易而形成的市场，换言之，第三市场交易是既在证交所上市又在场外市场交易的股票，以区别于一般含义的柜台交易。

### 第四市场

第四市场指大机构（和富有的个人）绕开通常的经纪人，彼此之间利用电子通信网络直接进行的证券交易。

### 证券交易所

证券交易所（Stock Exchange）是由证券管理部门批准的，为证券的集中交易提供固定场所和有关设施，并制定各项规则以形成公正合理的价格和有条不紊的秩序的正式组织。

### 场外交易市场

场外交易是相对于证券交易所交易而言的，凡是在证券交易所之外的股票交易活动都可称作场外交易。由于这种交易起先主要是在各证券商的柜台上进行的，因而也称为柜台交易（OTC，Over—The—Counter）。

场外交易市场与证交所相比，没有固定的集中的场所，而是分散于各地，规模有大有小，由自营商（Dealers）来组织交易。

场外交易市场无法实行公开竞价，其价格是通过商议达成的。

场外交易比证交所上市所受的管制少，灵活方便。

### 二板市场

二板市场（The Second Board）的规范名称为"第二交易系统"，亦称创业板（Growth Enterprise Market），主要是一些小型高科技公司的上市场所，是与现有主板（The Main Board）相对应的一个概念。

二板市场的特征如下：

（1）前瞻性市场；

（2）上市标准低；

（3）市场监管更加严格；

（4）推行做市商（Market Maker）制度；

（5）实行电子化交易。

## 股票分类

A股、B股、H股是按英文字母作为代称的股票分类。A股是以人民币计价,面对中国公民发行且在境内上市的股票;B股是以美元、港元计价,面向境外投资者发行,但在中国境内上市的股票;H股是以港元计价在香港发行并上市的境内企业的股票。此外,中国企业在美国、新加坡、日本等地上市的股票,分别称为N股、S股和T股。另外,值得一提的是,沪市挂牌B股以美元计价,而深市B股以港元计价,故两市股价差异较大,如果将美元、港元以人民币进行换算,便知两地股价大体一致。以字母代称进行股票分类,不甚规范,根据中国证监会要求,股票简称必须统一、规范。可以相信,随着我国股市的进一步发展,A股、B股、H股等称谓将成为历史。

香港股市有所谓"红筹股"、"蓝筹股"之分。红筹股是指最大控股权直接或间接隶属于中国内地有关部门或企业,并在香港联合交易所上市的公司所发行的股份。即在港上市的中资企业。人们形容中国是红色中国,而她的国旗又是五星红旗,因此把中国相联系的上市公司发行的股票称为红筹股;美国人打牌下赌注,蓝色筹码为最高,红色筹码为中等,白色筹码为最低,后来人们就把股票市场上最有实力、最活跃的股票称为蓝筹股。蓝筹股几乎成了绩优股的代名词。随着内地企业陆续赴港上市,现也有人将红筹股做了更严谨的定义,即必须是某公司在港注册,接受香港法律约束的中资企业才称为红筹股,而公司在内地注册,只是借用香港资本市场筹资的企业,另称为"H股"。但一般仍以红筹股广泛地作为在港上市的中资企业的代名。

所谓成长股,是指发行股票时规模并不大,但公司的业务蒸蒸日上,管理良好,利润丰厚,产品在市场上有竞争力的公司的股票。

所谓热门股是指交易量大、交易周转率高、股价涨跌幅度也较大的股票。热门股的形成往往有其特定的经济、政治、社会原因。

所谓绩优股是指那些业绩优良,但增长速度较慢的公司的股票。这类公司有实力抵抗经济衰退,但这类公司并不能给投资者带来振奋人心的利润。

所谓周期股是指经营业绩随着经济周期的涨缩而变动的公司的股票。航空工业、汽车工业、钢铁及化学工业股票都属于此类。

所谓再生股是指经营发生困难甚至破产,经过整顿后重新获得投资者认可的企业股票。

所谓防守性股。这些普通股股票同股价循环股正好相反,它们在面临不确定性和商业衰退时收益和红利却要比社会平均的高,具有相对的稳定性。

所谓表现股(亦称概念股)。是指能迎合某一时代潮流但未必能适应另一时代潮流的公司所发行的,股价呈巨幅起伏的股票。

所谓投机性股。是指那些价格很不稳定或公司前景很不确定的普通股。主要是那些雄心很大，开发性或冒险性的公司的股票，热门的新发行股以及一些面值较低的石油与矿业公司发行的普通股票。

## 股东权利

**普通股**

普通股是指在公司的经营管理和盈利及财产的分配上享有普通权利的股份，代表满足所有债权偿付要求及优先股东的收益权与求偿权要求后对企业盈利和剩余财产的索取权。普通股构成公司资本的基础，是股票的一种基本形式。目前，在上海和深圳证券交易所上中交易的股票都是普通股。

普通股股东按其所持有股份比例享有以下基本权利：

（1）公司决策参与权。普通股股东有权参与股东大会，并有建议权、表决权和选举权，也可以委托他人代表其行使其股东权利。

（2）利润分配权。普通股股东有权从公司利润分配中得到股息。普通股的股息是不固定的，由公司赢利状况及其分配政策决定。普通股股东必须在优先股股东取得固定股息之后才有权享受股息分配权。

（3）优先认股权。如果公司需要扩张而增发普通股股票时，现有普通股股东有权按其持股比例，以低于市价的某一特定价格优先购买一定数量的新发行股票，从而保持其对企业所有权的原有比例。

（4）剩余资产分配权。当公司破产或清算时，若公司的资产在偿还欠债后还有剩余，其剩余部分按先优先股股东、后普通股股东的顺序进行分配。

**优先股**

优先股是相对于普通股而言的。优先股在利润分红及剩余财产分配的权利方面优先于普通股。

（1）优先分配权。在公司分配利润时，拥有优先股票的股东比持有普通股票的股东，分配在先，但是享受固定金额的股利，即优先股的股利是相对固定的。

（2）优先求偿权。若公司清算，分配剩余财产时，优先股在普通股之前分配。当公司决定连续几年不分配股利时，优先股股东可以进入股东大会来表达他们的意见，保护自己的权利。

**后配股**

后配股是在利益或利息分红及剩余财产分配时比普通股处于劣势的股票，一般是在普通股分配之后，对剩余利益进行再分配。如果公司的赢利巨大，后配股的发行数量又很有限，则购买后配股的股东可以取得很高的收益。发行后配股，一般所筹措的资金不能立即产生收益，投资者的范围又受限制，因此利用率不高。后配股一般在下列情况下发行：

（1）公司为筹措扩充设备资金而发行新股票时，为了不减少对旧股的分红，在新设备正式投用前，将新股票作后配股发行。

（2）企业兼并时，为调整合并比例，向被兼并企业的股东交付一部分后配股。

（3）在有政府投资的公司里，私人持有的股票股息达到一定水平之前，把政府持有的股票作为后配股。

**垃圾股**

经营亏损或违规的公司的股票。

**绩优股**

公司经营很好，业绩很好，每股收益0.5元以上。

## 交易费用

**印花税**

印花税是根据国家税法规定，在股票（包括A股和B股）成交后对买卖双方投资者按照规定的税率分别征收的税金。印花税的缴纳是由证券经营机构在同投资者交割中代为扣收，然后在证券经营机构同证券交易所或登记结算机构的清算交割中集中结算，最后由登记结算机构统一向征税机关缴纳。其收费标准是按A股成交金额的4‰计收，基金、债券等均无此项费用。

**佣　金**

佣金是指投资者在委托买卖证券成交之后按成交金额的一定比例支付给券商的费用，此项费用一般由券商的经纪佣金、证券交易所交易经手费及管理机构的监管费等构成。

佣金的收费标准为：

（1）上海证券交易所，A股的佣金为成交金额的3‰，起点为5元；债券的佣金为成交金额的2‰（上限，可浮动），起点为5元；基金的佣金为成交金额的3‰，起点为5元；证券投资基金的佣金为成交金额的2.5‰，起点为5元；回购业务的佣金标准为：3天、7天、14天、28天和28天以上回购品种，分别按成交额 0.15‰、0.25‰、0.5‰、1‰和 1.5‰以下浮动；

（2）深圳证券交易所，A 股的佣金为成交金额的 3‰，起点为 5 元；债券的佣金为成交金额的 2‰（上限），起点为 5 元；基金的佣金为成交金额的 3‰，起点为 5 元；证券投资基金的佣金为成交金额的 2.5‰，起点为 5 元；回购业务的佣金标准为：炒股软件 3 天、4 天、7 天、14 天、28 天、63 天、91 天、182 天、273 天回购品种，分别按成交金额 0.1‰、0.12‰、0.2‰、0.4‰、0.8‰、1‰、1.2‰、1.4‰、1.4‰以下浮动。

过户费

过户费是指投资者委托买卖的股票、基金成交后买卖双方为变更股权登记所支付的费用。这笔收入属于证券登记清算机构的收入，由证券经营机构在同投资者清算交割时代为扣收。过户费的收费标准为：上海证券交易所 A 股、基金交易的过户费为成交票面金额的 1‰，起点为 1 元，其中 0.5‰由证券经营机构交登记公司；深圳证券交易所免收 A 股、基金、债券的交易过户费。

其他费用

其他费用是指投资者在委托买卖证券时，向证券营业部缴纳的委托费（通信费）、撤单费、查询费、开户费、磁卡费，以及电话委托、自助委托的刷卡费、超时费等。这些费用主要用于通信、设备、单证制作等方面的开支，其中委托费在一般情况下，投资者在上海、深圳本地买卖沪、深证券交易所的证券时，向证券营业部缴纳 1 元委托费，异地缴纳 5 元委托费。其他费用由券商根据需要酌情收取，一般没有明确的收费标准，只要其收费得到当地物价部门批准即可，目前有相当多的证券经营机构出于竞争的考虑而减免部分或全部此类费用。

## 基本名词

散户：就是买卖股票数量较少的小额投资者。

作手：在股市中炒作哄抬，用不正当方法把股票炒高后卖掉，然后再设法压低行情，低价补回；或趁低价买进，炒作哄抬后，高价卖出。这种人被称为作手。

吃货：作手在低价时暗中买进股票，叫做吃货。

出货：作手在高价时，不动声色地卖出股票，称为出货。

掼压：用不正当手段压低股价的行为叫掼压。

坐轿子：目光锐利或事先得到信息的投资人，在大户暗中买进或卖出时，或在利多或利空消息公布前，先期买进或卖出股票，待散户大量跟进或跟出，造成股价大幅度上涨或下跌时,再卖出或买回,坐享厚利,这就叫"坐轿子"。

抬轿子:利多或利空消息公布后,认为股价将大幅度变动,跟着抢进抢出,获利有限,甚至常被套牢的人,就是给别人抬轿子。

热门股:是指交易量大、流通性强、价格变动幅度大的股票。

冷门股:是指交易量小,流通性差甚至没有交易,价格变动小的股票。

领导股:是指对股票市场整个行情变化趋势具有领导作用的股票。领导股必为热门股。

投资股:指发行公司经营稳定,获利能力强,股息高的股票。

投机股:指股价因人为因素造成涨跌幅度很大的股票。

高息股:指发行公司派发较多股息的股票。

无息股:指发行公司多年来派发股息的股票。

成长股:指新添的有前途的产业中,利润增长率较高的企业股票。成长股的股价呈不断上涨趋势。

浮动股:指在市场上不断流通的股票。

稳定股:指长期被股东持有的股票。

行情牌:一些大银行和经纪公司、证券交易所设置的大型电子屏幕,可随时向客户提供股票行情。

盈亏临界点:交易所股票交易量的基数点,超过这一点就会实现赢利,反之则亏损。

填息:除息前,股票市场价格大约等于没有宣布除息前的市场价格加将分派的股息。因而在宣布除息后股价将上涨。除息完成后,股价往往会下降到低于除息前的股价。二者之差约等于股息。如果除息完成后,股价上涨接近或超过除息前的股价,二者的差额被弥补,就叫填息。

票面价值:指公司最初所定股票票面值。

僵牢:指股市上经常会出现股价徘徊缓滞的局面,在一定时期内既上不去,也下不来,上海投资者们称此为僵牢。

配股:公司发行新股时,按股东所有人参份数,以特价(低于市价)分配给股东认购。

要价、报价:股票交易中卖方愿出售股票的最低价格。

法定资本:例如一家公司的法定资本是2000万元,但开业时只需1000万元便足够,持股人缴足1000万元便是缴足资本。

可进行按金交易股:指可以利用按金买卖的股票。

包括股息：买卖股票时包括股息在内。

不包括股息：买卖股票时不包括股息在内。

包括红股：买卖股票时包括公司发放红股在内。

不包括红股：买卖股票时不包括红股。

包括附加股：可享有公司分发的附加股。

不包括附加股：不连附加股在内。

包括一切权益：包括股息、红股或附加股等各种权益在内。

不包括一切权益：即不享有各种权益。

股票净值：股票上市后，形成了实际成交价格，这就是通常所说的股票价格，即股价。股价大半都和票面价格大有差别，一般所谓股票净值是指已发行的股票所含的内在价值，从会计学观点来看，股票净值等于公司资产减去负债的剩余盈余，再除以该公司所发行的股票总数。

股票周转率：一年中股票交易的股数占交易所上市股票股数、个人和机构发行总股数的百分比。

委比：是衡量某一时段买卖盘相对强度的指标。它的计算公式为委比＝（委买手数－委卖手数）/（委买手数＋委卖手数）×100%。委比的取值范围从－100%至＋100%。若"委比"为正值，说明场内买盘较强，且数值越大，买盘就越强劲。反之，若"委比"为负值，则说明市道较弱。委差某品种当前买量之和减去卖量之和。反映买卖双方的力量对比。正数为买方较强，负数为抛压较重。

量比：是一个衡量相对成交量的指标，它是开市后每分钟的平均成交量与过去5个交易日每分钟平均成交量之比。其公式为：量比＝现成交总手/（过去5日平均每分钟成交量×当日累计开市时间（分））当量比大于1时，说明当日每分钟的平均成交量要大于过去5日的平均数值，交易比过去5日火爆；而当量比小于1时，说明现在的成交比不上过去5日的平均水平。

开盘价：上午9∶15～9∶25为集合竞价时间，在集合竞价期间内，交易所的自动撮合系统只储存而不撮合，当申报竞价时间一结束，撮合系统将根据集合竞价原则，产生该股票的当日开盘价。按上海证券交易所规定，如开市后半小时内某证券无成交，则以前一天的收盘价为当日开盘价。有时某证券连续几天无成交，则由证券交易所根据客户对该证券买卖委托的价格走势，提出指导价格，促使其成交后作为开盘价。首日上市买卖的证券经上市前一日柜台转让平均价或平均发售价为开盘价。

收盘价：收盘价是指某种证券在证券交易所一天交易活动结束前最后一笔交易的成交价格。如当日没有成交，则采用最近一次的成交价格作为收盘价，因为收盘价是当日行情的标准，又是下一个交易日开盘价的依据，可据以预测未来证券市场行情；所以投资者对行情分析时，一般采用收盘价作为计算依据。

盘档：是指投资者不积极买卖，多采取观望态度，使当天股价的变动幅度很小，这种情况称为盘档。

整理：整理是指股价经过一段急剧上涨或下跌后，开始小幅度波动，进入稳定变动阶段，这种现象称为整理，整理是下一次大变动的准备阶段。

盘坚：股价缓慢上涨，称为盘坚。

盘软：股价缓慢下跌，称为盘软。

回档：回档是指股价上升过程中，因上涨过速而暂时回跌的现象。

成交笔数：成交笔数是指当天各种股票交易的次数。

成交额：成交额是指当天每种股票成交的价格总额。

最后喊进价：最后喊进价是指当天收盘后，买者欲买进的价格。

最后喊出价：最后喊出价是指当天收盘后，卖者的要价。

报价：是证券市场上交易者在某一时间内对某种证券报出的最高进价或最低出价，报价代表了买卖双方所愿意出的最高价格；进价为买者愿买进某种证券所出的价格，出价为卖者愿卖出的价格。报价的次序习惯上是报进价格在先，报出价格在后。在证券交易所中，报价有四种：一是口喊，二是手势表示，三是申报纪录表上填明，四是输入电子计算机显示屏。

最高价：最高价是指当日所成交的价格中的最高价位。有时最高价只有一笔，有时也不止一笔。

最低价：最低价是指当日所成交的价格中的最低价位。有时最低价只有一笔，有时不止一笔。

筹码：筹码是投资人手中持有一定数量的股票。

股市泡沫：指股票交易市场中的股票价格超过其内在的投资价值的现象。一般来说，在股票交易市场上的股票泡沫是一直存在的。现在一般是指股市中的股票价格过度超过其内在的投资价值的现象。表现为一个连续过程中，股价急剧上升，其上升使人产生价格将进一步上升的预期，并由此而吸引来大量的以仅以买卖价差为获利手段的投资者，最终使股票价格大幅度脱离其净值。泡沫的大小并无绝对参考方式，历史上所有的股市泡沫都是事后才被确认的，股市进入泡沫阶段并不意味着它马上就会下跌或者暴跌,而是意味着此时投资于股市风险更大而回报率更小。

# 股权收购

股权收购是指以目标公司股东的全部或部分股权为收购标的的收购。控股式收购的结果是A公司持有足以控制其他公司绝对优势的股份,并不影响B公司的继续存在,其组织形式仍然保持不变,法律上仍是具有独立法人资格。B公司持有的商品条码,仍由B公司持有,而不因公司股东或股东股份数量持有情况的变化而发生任何改变。商品条码持有人未发生变化,其使用权当然也未发生转移。

### 股权收购的目的

**指购买目标公司股份的一种投资方式**

它通过购买目标公司股东的股份,或者收购目标公司发行在外的股份;或向目标公司的股东发行收购方的股份,换取其持有的目标公司股份(又称吸收合并)两种方式进行。前一种方式的收购使资金流入目标公司的股东账户;而后一种方式的收购不产生现金流(还可合理避税)。当收购方购买目标公司一定比例的股权,从而获得经营控制权,称之为接受该企业。而来取得经营控制权的收购称之为投资。股权收购的目的是为了获得目标公司控制权而投资的目的则可能是看准了此项投资未来有较高的回报率,也可能是为了加强双方的合作关系或为了进入某个产业领域作准备,还有可能是为了获得目标公司的无形资产(商誉、人才、销售网络)。

**收购股权是购买目标公司的股份**

收购者成为被收购公司的股东,可以行使股东的相应的权利,但须承担法律、法规所规定的责任。有鉴于此,在这种股份买卖协议签订以前,收购者必须对该公司债务调查清楚,收购后若有未列举的债务,可要求补偿。具体的操作方法是:收购者应要求将部分收购价款以定期存单形式放在律师事务所,以备收购后新增的债务补偿之用。在收购股权的买卖中,负债问题有时确实很难把握,因为有些结果有待于未来不确定事件发生或发生后,才能证实,称之为"或有负债"。主要是因租税争讼、侵权行为等可能造成的损失,以及对他人的债务提供担保而可能造成损失的赔偿。或有负债发生的可能性有多大,在整个收购过程中是很难估算的。此外，债权问题有时也很难把握，能否回收，可能发生多少坏账，无法判断。因此，收购股权的风险大，而在收购资产的买卖中不会发生或有负债，收购中只要重视每项资产的清点，使其与契约上所列相符。收购资产当事双方在买卖完成后没有续存的法律责任，收购公司无须承担被收购公司的债务（除整体收购）。一般地说，企业资产出售的是全部资产或部分资产，如果被收购企业将其全部的资产出售，该企业就无法经营，只能被迫解散。

资产收购和股权收购的差异分析

（1）主体和客体不同。

股权收购的主体是收购公司和目标公司的股东，客体是目标公司的股权。而资产收购的主体是收购公司和目标公司，客体是目标公司的资产。

（2）负债风险差异。

股权收购后，收购公司成为目标公司控股股东，收购公司仅在出资范围内承担责任，目标公司的原有债务仍然由目标公司承担，但因为目标公司的原有债务对今后股东的收益有着巨大的影响，因此在股权收购之前，收购公司必须调查清楚目标公司的债务状况。对于目标公司的或有债务在收购时往往难以预料，因此，股权收购存在一定的负债风险。

而在资产收购中，资产的债权债务状况一般比较清晰，除了一些法定责任，如环境保护、职工安置外，基本不存在或有负债的问题。因此，收购公司只要关注资产本身的债权债务情况就基本可以控制收购风险。

（3）税收差异。

在股权收购中，纳税义务人是收购公司和目标公司股东，而与目标公司无关。除了合同印花税，根据《关于企业股权投资业务若干所得税问题的通知》的规定，目标公司股东可能因股权转让所得缴纳所得税。

资产收购中，纳税义务人是收购公司和目标公司本身。根据目标资产的不同，纳税义务人需要缴纳不同的税种，主要有增值税、营业税、所得税、契税和印花税等。

（4）政府审批差异。

股权收购因目标企业性质的不同，政府监管的宽严程度区别很大。对于不涉及国有股权、上市公司股权收购的，审批部门只有负责外经贸的部门及其地方授权部门，审批要点主要是外商投资是否符合我国利用外资的政策、是否可以享受或继续享受外商投资企业有关优惠待遇。对于涉及国有股权的，审批部门还包括负责国有股权管理的部门及其地方授权部门，审批要点是股权转让价格是否公平、国有资产是否流失。对于涉及上市公司股权的,审批部门还包括中国证券监督管理委员会,审批要点是上市公司是否仍符合上市条件、是否损害其他股东利益、是否履行信息披露义务等。

对于资产收购,因目标企业性质的不同,政府监管的宽严程度也有一定的区别。对于目标企业是外商投资企业的,我国尚无明确法律法规规定外商投资企业资产转让需要审批机关的审批,但是因为外商投资企业设立时,项目建议书和可行性研究报告需要经过审批,而项目建议书和可行性研究报告中对经营规模和范围都有明确的说明。若外商投资企业资产转让后,其经营范围或内容有所改变是否需要审批呢?《关于外商投资企业境内投资的暂行规定》第13条明确规定,"外商投资企业以其固定资产投资而改变原经营规模或内容的,投资前应向原审批机关申请并征得原审批机关的同意"。

因为该暂行规定仅适用于外商投资企业投资的情形,而不能直接适用于外商投资企业资产转让的情形,因此可以认为就现有规定来看,外商投资企业资产转让是不需要审批的。此外,若转让的资产属于曾享受过进口设备减免税优惠待遇并仍在海关监管年限内的机器设备,根据《对外商投资企业进出口货物监管和征免税办法》的规定必须首先得到海关的许可并且补缴关税后才能转让。对于目标企业是国有企业的,资产收购价格一般应经过审计和政府核准。对于上市公司重大资产变动的,还应按照《关于上市公司重大购买、出售、置换资产若干问题的通知》的规定报证监会批准。

值得注意的是,我国至今尚无一部统一的《反垄断法》对公司收购行为予以规制。仅在不久前开始实施的《利用外资改组国有企业暂行规定》第9条中,原则性规定国务院经济贸易主管部门有权"对可能导致市场垄断、妨碍公平竞争的,在审核前组织听证"。但是,因为《利用外资改组国有企业暂行规定》仅适用于外资收购国有企业的情形,对于其他企业的收购行为,政府并无明确的法律依据进行反垄断审查。

(5)第三方权益影响差异。

股权收购中,影响最大的是目标公司的其他股东。根据《公司法》,对于股权转让必须有过半数的股东同意并且其他股东有优先受让权。此外,根据我国《合资企业法》的规定,"合营一方向第三者转让其全部或者部分股权的,须经合营他方同意",因此股权收购可能会受制于目标公司其他股东。

资产收购中,影响最大的是对该资产享有某种权利的人,如担保人、抵押权人、商标权人、专利权人、租赁权人。对于这些财产的转让,必须得到相关权利人的同意，或者必须履行对相关权利人的义务。

此外，在股权收购和资产收购中，都可能因收购相对方（目标公司股东或目标公司）的债权人认为转让价格大大低于公允价格，而依据《合同法》中规定的撤销权，主张转让合同无效，导致收购失败。因此，债权人的同意对公司收购行为非常重要。

## 股权转让

股权转让是指公司股东依法将自己的股份让渡给他人，使他人成为公司股东的民事法律行为。股权转让是股东行使股权经常而普遍的方式，我国《公司法》规定股东有权通过法定方式转让其全部出资或者部分出资。

股权自由转让制度，是现代公司制度最为成功的表现之一。近年来，随着我国市场经济体制的建立，国有企业改革及公司法的实施，股权转让成为企业募集资本、产权流动重组、资源优化配置的重要形式，由此引发的纠纷在公司诉讼中最为常见，其中股权转让合同的效力是该类案件审理的难点所在。

股权转让协议是当事人以转让股权为目的而达成的关于出让方交付股权并收取价金，受让方支付价金得到股权的意思表示。股权转让是一种物权变动行为，股权转让后，股东基于股东地位而对公司所发生的权利义务关系全部同时移转于受让人，受让人因此成为公司的股东，取得股东权。根据《合同法》第44条第一款的规定，股权转让合同自成立时生效。

但股权转让合同的生效并不当然等同于股权转让生效。股权转让合同的生效是指对合同当事人产生法律约束力的问题，股权转让的生效是指股权何时发生转移，即受让方何时取得股东身份的问题。所以，必须关注股权转让协议签订后的适当履行问题。

### 股权转让种类

由于股权转让是股东（转让方）与他人（受让方）双方当事人意思表示一致而发生的股权转移。由于股权转让必须是转让方、受让方的意思一致才能发生，故股权转让应为契约行为，须以协议的形式加以表现。

持份转让与股份转让

持份转让，是指持有份额的转让，在中国是指有限责任公司的出资份额的转让。股份转让，根据股份载体的不同，又可分为一般股份转让和股票转让。

一般股份转让是指以非股票的形式的股份转让，实际包括已缴纳资本然而并未出具股票的股份转让，也包括那些虽然认购但仍未缴付股款因而还不能出具股票的股份转让。股票转让，是指以股票为载体的股份转让。股票转让还可进一步细分为记名股票转让与非记名股票的转让、有纸化股票的转让和无纸化股票的转让等。

### 书面股权转让与非书面股权转让

股权转让多是以书面形式来进行。有的国家的法规还明文规定，股权转让必须以书面形式、甚至以特别的书面形式（公证）来进行。但以非书面的股权转让亦经常发生，尤其以股票为表现形式的股权转让，通过非书面的形式更能有效快速地进行。

### 即时股权转让与预约股权转让

即时股权转让，是指随股权转让协议生效或者受让款的支付即进行的股权转让。而那些附有特定期限或特定条件的股权转让，为预约股权转让。中国《公司法》第174条规定："发起人持有的本公司的股份，自公司成立之日起3年内不得转让，公司董事、监事、经理应当向公司申报所持有的本公司的股份，并在任职期限内不得转让。"为规避此项法律规定，发起人与他人签署于附期间的公司设立3年之后的股权转让协议，以及董事、监事、经理与他人签署以不再任职为附条件的股权转让协议，即属于预期股权转让。

### 公司参与的股权转让与公司非参与的股权转让

公司参与的股权转让，表明股权转让事宜已获得公司的认可，因而可以视为股东资格的名义更换但已实质获得了公司的认同，这是公司参与股权转让最为积极的意义。但同时还应注意到，中国诸多公司参与的股权转让现象中，未经股权转让各方邀请或者未经股权享有人授权公司代理的情形时有发生。

### 有偿股权转让与无偿股权转让

有偿股权转让无疑应属于股权转让的主流形态。但无偿的股权转让同样是股东行使股权处分的一种方式。股东完全可以通过赠与的方式转让其股权。股东的继承人也可以通过继承的方式取得股东的股权。在实践中，要注意的是，如果股东单方以赠与的方式转让其股权的，受赠人可以根据自己的意思作出接受或放弃的意思表示，受赠人接受股权赠与，股权发生转让；受赠人放弃股权赠与，股权未发生转让。

## 股权转让限制

股权转让以自由为原则,以限制为例外,这是世界范围内公司法律有关股权转让的总体规则。但是,无论股权转让何等的自由,对其例外的限制皆不同程度地存在,正是这种限制的存在,使得人们对股权转让协议的效力审查很难把握。具体地说,对股权转让的限制可以分为以下3种情形。

### 依法律的股权转让限制

依法律的股权转让限制,即各国法律对股权转让明文设置的条件限制。这也是股权转让限制中最主要、最为复杂的一种,中国法律规定,依法律的股权转让限制主要表现为封闭性限制,股权转让场所的限制,发起人持股时间的限制,董事、监事、经理任职条件的限制,特殊股份转让的限制,取得自己股份的限制。

(1) 封闭性限制。

中国《公司法》第35条规定:"股东之间可以相互转让其全部出资或者部分出资。股东向股东以外的人转让其出资时,必须经全体股东过半数同意;不同意转让的股东应当购买该转让的出资,如果不购买该转让的出资,视为同意转让。"

(2) 股权转让场所的限制。

针对股份有限公司股份的转让,中国《公司法》第144条规定:"股东转让其股份,必须在依法设立的证券交易所进行。"第146条规定:"无记名股票的转让,由股东在依法设立的证券交易所将该股票交付给受让方即发生转让的效力。"此类转让场所的限制规定,在各国立法上也极为少见。这也许与行政管理中的管理论占主导的思想有关,但将行政管理的模式生搬硬套为股权转让的限制是公司法律制度中的缺陷。

(3) 发起人持股时间的限制。

中国《公司法》第147条第1款规定:"发起人持有的本公司股份,自公司成立之日起3年内不得转让。"对发起人股权转让的限制,使发起人与其他股东的权利不相等,与社会主义市场经济各类市场主体平等行使权利的要求不相称。

(4) 董事、监事、经理任职条件的限制。

中国《公司法》第147条第2款规定:"公司董事、监事、经理应当向公司申报所持有的本公司的股份,并在任职期间内不得转让。"其目的是杜绝公司负责人利用职务便利获取公司的内部信息,从事不公平的内幕股权交易,从而损害其他非任董事、监事、经理的股东的合法权益。

（5）特殊股份转让的限制。

中国《公司法》第148条规定："国家授权投资的机构可以依法转让其持有的股份，也可以购买其他股东持有的股份。转让或者购买股份的审批权限、管理办法，由法律、行政法规另行规定。"1997年7月，对外贸易经济合作部、国家工商行政管理总局联合发布《关于外商投资企业投资者股权变更的若干规定》第20条规定："股权转让协议和修改企业原合同、章程协议自核发变更外商投资企业批准证书之日起生效。协议生效后，企业投资者按照修改后的企业合同、章程规定享有有关权利并承担有关义务。"

（6）取得自己股份的限制。

中国《公司法》第149条第1款规定："公司不得收购本公司的股票，但为减少公司资本而注销股份或者与持有本公司股票的其他公司合并时除外。"公司依照法律规定收购本公司的股票后，必须在10日内注销该部分股票，依照法律、行政法规办理变更登记，并且公告。同时，第149条第3款还规定："公司不得接受本公司的股票作为抵押权的标的。"这里的"抵押权的标的"应当更为准确地表述为"质押权的标的"。因为根据中国《担保法》第75条的规定："依法可以转让的股份、股票"应是权利质押中质押权的标的。如果公司接受本公司的股票质押，则质押人与质押权人同归于一人。

*依章程的股权转让限制*

依章程的股权转让限制，是指通过公司章程对股权转让设置的条件，依章程的股权转让限制，多是依照法律的许可来进行。在中国公司法律中却没有此类限制性规定。

*依合同的股权转让限制*

依合同的股权转让限制，是指依照合同的约定对股权转让作价的限制。此类合同应包括公司与股东、股东与股东以及股东与第三人之间的合同等。如部分股东之间就股权优先受让权所作的相互约定、公司与部分股东之间所作的特定条件下回购股权的约定，皆是依合同的股权转让限制的具体体现。

## 股权转让问题

*未出资的公司股东的股权转让*

未出资实际上是虚假出资，即"取得股份而无给付"或"无代价而取得股份"。未出资的公司股东的股权转让是否有效，不能一概而论。除非未出资的公司股东在股权转让时隐瞒未出资的事实真相，受让人因此受到欺诈，否则不应认定未出资的公司股东的股权转让无效；未出资的公司股东的股权转让双方只要明知未出资的公司的股权存在的事实，而受让人又自愿承担未出资的公司股东的股权的出资补足责任，这并不损害他人利益，反而更有利于公司资本的充实。

### 引发一人公司的股权转让

中国《公司法》第20条第1款规定："有限责任公司由2人以上50人以下股东共同出资设立。"第75条规定："设立股份有限公司，应当由5人以上为发起人，其中须有过半数的发起人在中国境内有住所。国有企业改建为股份有限公司的，发起人可以少于5人，但应当采取募集设立方式。"由此可知，中国法律不承认设立一人公司（国有独资与外商独资公司除外），但对设立公司后的一人公司的却未作明确规定。

### 转让股权中的部分权能为内容的股权转让

以转让股权中的部分权能（如盈余财产分配权等）为内容的股权转让是否有效？本文认为，股权内容包括自益权和共益权两种性质的权利。自益权是指股东为自身利益而可单独主张的权利，主要包括公司盈余分配请求权、剩余财产分配请求权、股份转让过户请求权等财产权利；共益权是指股东为公司利益兼为自己的利益而行使的权利，主要包括股东会议出席权和表决权、知情权、查阅权、诉讼权等参与性权利。自益权必须基于股东大会或董事会决议才可能具体化。尽管自益权是一种财产权，但是盈余分配请求权、剩余财产分配请求权等只有通过股东大会或董事会通过后才能行使，是一种预期的权利，它不能独立于股东之外而独立存在，必须依附于股东，当然，也不能与股份相分离而转让。

### 未办理有关变更登记手续的股权转让

中国《公司法》第36条规定："股东依法转让出资后，由公司将受让人的姓名或者名称、住所以及受让的出资额记载于股东名册。"第145条第2款规定："记名股票的转让，由公司将受让人的姓名或者名称及住所记载于股东名册。"《公司登记管理条例》第5条规定："有限责任公司变更股东的，应当自股东发生变动之日起30日内申请变更登记，并应当提交新股东的法人资格证明或者自然人的身份证明。"简单地说，有限责任公司和记名股票的股东转让股权后，应办理公司变更登记和工商变更登记。股权作为一种准确权性质的权能，其归属的变动涉及多种主体的利益，股权的取得、消灭和变更也必须经过登记。所以，公司变更登记是股权转让的法定要件。根据中国《合同法》第44条第2款的规定："法律、行政法规规定应当办理批准、登记等手续生效的，依照其规定。"只要股权转让的行为未经过变更登记，都应当认定股权转让行为不发生法律效力；同理，根据中国《公司法》第36条的规定，《公司登记管理条例》的规定，股权转让还应当向工商行政管理机关申请变更登记，股东转让出资未经过公司变更登记的行为，也应当认定股权转让行为不发生法律效力。

### 执行程序中优先购买权的行使

根据最高人民法院《关于人民法院执行工作若干问题的规定（试行）》第54条规定："对被执行人在有限责任公司中被冻结的投资权益或股权，人民法院可以依照《中华人民共和国公司法》第35条、第36条的规定，征得全体股东过半数的同意后，予以拍卖、变卖或以其他方式转让。不同意转让的股东，应当购买该转让的投资权益或股权。不购买的，视为同意转让，不影响执行。"这一规定承认有限责任公司股权转让时股东的优先购买权，但由于规定的程序不够明确，造成实践中产生了一个矛盾。

### 对股权转让不征收营业税

根据财政部、国家税务总局的规定，对股权转让不征收营业税。另外，以无形资产、不动产投资入股，与接受投资方利润分配，共同承担投资风险的行为，不征收营业税。对于营业额的计算，金融企业（包括银行和非银行金融机构）从事股票、债券买卖业务的，以股票、债券的卖出价减去收入价后的余额为营业额，买入价依照财务会计制度规定，以股票、债券的购入价减去股票、债券的持有期间取得的股票、债券红利收入的余额确定。

### 对股权转让合同的公证

股权转让合同是否办理公证，应依当事人的意思决定，但根据《中华人民共和国公证暂行条例》第2条的规定："公证是国家公证机关根据当事人的申请，依法证明法律行为、有法律意义的文书和事实的真实性、合法性，以保护公共财产、保护公民身份上、财产上的权利和合法权益。"因此，为了保护国家和当事人的合法权益，股权转让合同的双方当事人应当向公证机构申请办理公证。办理公证时，股权转让方和受让方应当提供下列材料：①公司的《法人执照》、法定代表人资格证明书、法定代理人身份证明。如果法定代理人不能亲自办理的，还需提供授权委托书，受托人的身份证明等；②如果股权转让方、受让方是有限责任公司,还需提交本公司同意转让或受让股权的股东会决议(股东会决议应由各股东代表签名并加盖公章),如果转让方是个人,需提交其身份证明;③如转让方或受让方是外商或港、澳、台商,所提供的材料为董事会决议、授权委托书、商业登记证,如果是香港的当事人还须经中华人民共和国司法部委托的公证人办理公证,如果是其他国家和地区的当事人应到当地办理公证,并经中华人民共和国驻该国大使馆或领馆认证;④涉及国有资产的,还需提供有资产评估机构出具的《资产评估报告》,有关部门的批准文件等。

# 证券

证券是多种经济权益凭证的统称,用来证明持券人有权按其券面所载内容取得应有权益的书面证明。按其性质不同可将证券分为证据证券、凭证证券和有价证券。人们通常所说的证券即有价证券。

有价证券是一种具有一定票面金额,证明持券人或证券指定的特定主体拥有所有权或债权的凭证。钞票、邮票、印花税票、股票、债券、国库券、商业本票、承兑汇票、银行定期存单等,都是有价证券。但一般市场上说的证券交易,应该特指证券法所规范的有价证券,钞票、邮票、印花税票等,就不在这个范围了。证券交易被限缩在证券法所说的有价证券范围之内。

### 证券的本质

证券的本质是种交易合同,合同的主要内容一般有:合同双方交易的标的物,标的物的数量和质量,交易标的价格,交易标的物的时间和地点等。当然这些内容如果应用到不同具体的证券中,其中规定的内容有所不同。比如,远期合约与期货合约规定的内容就不一样。

### 证券市场的作用

(1)它是联系资金供应者与资金需求者的桥梁。证券市场所提供的经常性和统一性的市场,使证券发行者、证券购买者、证券转让者和中介机构得以在这个市场上联系起来,使证券的发行与流通便利地进行。

(2)证券市场是企业筹集社会资金的另一渠道。银行储蓄存款,保险业吸收保险费等,都是吸收社会闲散资金的渠道。但是,一般的企业不能经营存款业、保险业和金融信托业务,它们吸收资金的渠道,除证券市场外,只能通过银行、保险公司和金融信托企业获得。证券市场为一般企业提供了向大众直接筹集资金的重要渠道，公司可以通过发行股票或公司债券的方式，把一部分社会资金吸收到生产领域。

（3）为政府提供公开市场操作的调节杠杆。证券市场上证券交易可以用许多指标来衡量，其中一项指标是证券收益与证券价格之比，称为证券收益率。这个指标的高与低，对整个金融市场的其他因素的变化都有相当大的影响。因此，政府可以在证券市场上通过买卖政府债券的方式来影响证券市场上的证券利率，这如同中央银行调整再贴现利率来影响商业银行的贴现率一样，这便成为政府间接调节金融业的杠杆。

（4）证券市场是社会资金重新配置的调节机构。证券投资者对证券的收益十分敏感，而证券收益率在很大程度上决定于企业的经济效益。经济效益高的企业的证券拥有较多的投资者，这种证券在市场上买卖也很活跃。相反，经济效益差的企业的证券投资者越来越少，市场上的交易也不旺盛。所以，社会上部分资金会自动地流向经济效益好的企业，远离效益差的企业。这种流动使社会资金得到重新配置。另一方面，证券市场与其他金融市场互相联系，当社会上银根松动，游资便自动流向证券市场。证券市场交易活跃，必然把社会的游资更多地吸引去，使公司发行证券的成本降低，企业界筹资便利。相反，社会上银根紧缩时，证券市场的资金就流向银行，企业发行证券的成本提高，投资规模相对缩减。证券市场的供求关系的变化也可以形成这种自发的调节。在不同国家的金融市场上的供求关系不同，造成市场价格不同时，资金还将在不同国家的金融市场之间流动。

（5）证券市场是观察经济状况的重要指标。在证券市场上市的公司，虽然在公司总数上不占多数，却在公司资财上占相当大的比重，这说明上市公司都是大公司。大公司在各生产领域都是重要的企业，它们的发展状况往往影响这一行业的发展状况。证券市场上的指数统计，正是选择这些有代表性的大公司的股票交易状况，可以在一定程度上反映社会经济变化情况。股市上各种不同类别的指数还可以反映社会上资金的余缺、具体行业和企业的发展情况。我们也应该看到，证券市场也有消极的作用，它也为证券投机提供了场所。证券市场上的投机，会造成市场上的混乱，进而影响其他金融市场的秩序，甚至还可能加剧社会矛盾。

# 债 券

债券是国家政府、金融机构、企业等机构直接向社会借债筹措资金时,向投资者发行,并且承诺按规定利率支付利息并按约定条件偿还本金的债权债务凭证。由此,债券包含了以下四层含义:

(1) 债券的发行人(政府、金融机构、企业等机构)是资金的借入者;

(2) 购买债券的投资者是资金的借出者;

(3) 发行人(借入者)需要在一定时期还本付息;

(4) 债券是债的证明书,具有法律效力。债券购买者与发行者之间是一种债权债务关系,债券发行人即债务人,投资者(或债券持有人)即债权人。

## 债券的基本要素

票面价值:包括币种,票面金额。

还本期限:指债券从发行之日起至偿清本息之日止的时间。

债券利率:债券利息与债券票面价值的比率,通常年利率用百分比表示。

发行人名称:指明债券的债务主体,为债权人到期追回本金和利息提供依据。

上述四个要素是债券票面的基本要素,但在发行时并不一定全部在票面印制出来。例如,在很多情况下,债券发行者是以公告或条例形式向社会公布债券的期限和利率。此外,一些债券还包含有其他要素,如还本付息方式。

## 债券的特征

债券作为一种债权债务凭证,与其他有价证券一样,也是一种虚拟资本,而非真实资本,它是经济运行中实际运用的真实资本的证书。

债券作为一种重要的融资手段和金融工具具有如下特征:

(1) 偿还性。债券一般都规定有偿还期限,发行人必须按约定条件偿还本金并支付利息。

(2) 流通性。债券一般都可以在流通市场上自由转让。

(3) 安全性。与股票相比,债券通常规定有固定的利率。与企业绩效没有直接联系,收益比较稳定,风险较小。此外,在企业破产时,债券持有者享有优先于股票持有者对企业剩余资产的索取权。

（4）收益性。债券的收益性主要表现在两个方面，一是投资债券可以给投资者定期或不定期地带来利息收入；二是投资者可以利用债券价格的变动，买卖债券赚取差额。

## 债券的种类

**按发行主体划分**

按发行主体划分，债券可以分为政府债券、金融债券、公司（企业）债券。

（1）政府债券

政府债券是政府为筹集资金而发行的债券。主要包括国债、地方政府债券等，其中最主要的是国债。国债因其信誉好、利率优、风险小而又被称为"金边债券"。

（2）金融债券

金融债券是由银行和非银行金融机构发行的债券。在我国目前金融债券主要由国家开发银行、中国进出口银行和中国农业发展银行等政策性银行发行。

（3）公司（企业）债券

公司（企业）债券是企业依照法定程序发行，约定在一定期限内还本付息的债券。公司债券的发行主体是股份公司，但也可以是非股份公司的企业发行债券，所以，一般归类时，公司债券和企业发行的债券合在一起，可直接成为公司（企业）债券。

**按是否有财产担保划分**

按是否有财产担保，债券可以分为抵押债券和信用债券。

（1）抵押债券是以企业财产作为担保的债券，按抵押品的不同又可以分为一般抵押债券、不动产抵押债券、动产抵押债券和证券信托抵押债券。以不动产如房屋等作为担保品，称为不动产抵押债券；以动产如适销商品等作为提供品的，称为动产抵押债券；以有价证券如股票及其他债券作为担保品的，称为证券信托债券。一旦债券发行人违约，信托人就可将担保品变卖处置，以保证债权人的优先求偿权。

（2）信用债券是不以任何公司财产作为担保，完全凭信用发行的债券。政府债券属于此类债券。这种债券由于其发行人的绝对信用而具有坚实的可靠性。除此之外，一些公司也可发行这种债券，即公司信用债券。与抵押债券相比，信用债券的持有人承担的风险较大，因而往往要求较高的利率。为了保护投资人的利益，发行这种债券的公司往往受到种种限制，只有那些信誉卓著的大公司才有资格发行。除此以外在债券契约中都要加入保护性条款，如不能将资产抵押其他债权人、不能兼并其他企业、未经债权人同意不能出售资产、不能发行其他长期债券等。

**按债券形态分类**

债券按其形态可分为实物债券、凭证式国债、记账式债券。

（1）实物债券（无记名债券）

实物债券是一种具有标准格式实物券面的债券。它与无实物票券相对应，简单地说就是债券是纸质的而非电脑里的数字。在其券面上，一般印制了债券面额、债券利率、债券期限、债券发行人全称、还本付息方式等各种债券票面要素。其不记名，不挂失，可上市流通。实物债券是一般意义上的债券，很多国家通过法律或者法规对实物债券的格式予以明确规定。实物债券由于其发行成本较高，将会被逐步取消。

（2）凭证式国债

凭证式国债是指国家采取不印刷实物券，而用填制"国库券收款凭证"的方式发行的国债。我国从1994年开始发行凭证式国债。凭证式国债具有类似储蓄、又优于储蓄的特点，通常被称为"储蓄式国债"，是以储蓄为目的的个人投资者理想的投资方式。从购买之日起计息，可记名、可挂失，但不能上市流通。与储蓄类似，但利息比储蓄高。

（3）记账式债券

记账式债券指没有实物形态的票券，以电脑记账方式记录债权，通过证券交易所的交易系统发行和交易。我国近年来通过沪、深交易所的交易系统发行和交易的记账式国债就是这方面的实例。如果投资者进行记账式债券的买卖，就必须在证券交易所设立账户。所以，记账式国债又称无纸化国债。

记账式国债购买后可以随时在证券市场上转让，流动性较强，就像买卖股票一样，当然，中途转让除可获得应得的利息外（市场定价已经考虑到），还可以获得一定的价差收益（不排除损失的可能），这种国债有付息债券与0息债券两种。付息债券按票面发行，每年付息一次或多次，0息债券折价发行，到期按票面金额兑付。中间不再计息。

由于记账式国债发行和交易均无纸化，所以交易效率高，成本低，是未来债券发展的趋势。

记账式国债与凭证式国债的区别如下：

（1）在发行方式上，记账式国债通过电脑记账、无纸化发行，而凭证式国债是通过纸质记账凭证发生。

（2）在流通转让方面，记账式国债可自由买卖，流通转让也较方便、快捷。凭证式国债只能提前兑取，不可流通转让，提前兑取还要支付手续费。

（3）在还本付息方面，记账式国债每年付息，可当日通过电脑系统自动到账，凭证式国债是到期后一次性支付利息，客户需到银行办理。

（4）在收益性上，记账式国债要略好于凭证式国债，通常记账式国债的票面利率要略高于相同期限的凭证式国债。

### 按是否能转换为公司股票划分

按是否能转换为公司股票，债券可以分为可转换债券和不可转换债券。

（1）可转换债券是指在特定时期内可以按某一固定的比例转换成普通股的债券，它具有债务与权益双重属性，属于一种混合性筹资方式。由于可转换债券赋予债券持有人将来成为公司股东的权利，因此其利率通常低于不可转换债券。若将来转换成功，在转换前发行企业达到了低成本筹资的目的，转换后又可节省股票的发行成本。根据《公司法》的规定，发行可转换债券应由国务院证券管理部门批准，发行公司应同时具备发行公司债券和发行股票的条件。

（2）不可转换债券是指不能转换为普通股的债券，又称为普通债券。由于其没有赋予债券持有人将来成为公司股东的权利，所以其利率一般高于可转换债券。

### 按付息的方式划分

按付息的方式划分，债券可以划分为零息债券、定息债券和浮息债券。

（1）零息债券，也叫贴现债券，是指债券券面上不附有息票，在票面上不规定利率，发行时按规定的折扣率，以低于债券面值的价格发行，到期按面值支付本息的债券。从利息支付方式来看，贴现国债以低于面额的价格发行，可以看作是利息预付，因而又可称为利息预付债券、贴水债券。是期限比较短的折现债券。

（2）定息债券，即固定利率债券，是将利率印在票面上并按其向债券持有人支付利息的债券。该利率不随市场利率的变化而调整，因而固定利率债券可以较好地抵制通货紧缩风险。

（3）浮息债券，即浮动利率债券，它的息票率是随市场利率变动而调整的利率。因为浮动利率债券的利率同当前市场利率挂钩，而当前市场利率又考虑到了通货膨胀率的影响，所以浮动利率债券可以较好地抵制通货膨胀风险。其利率通常根据市场基准利率加上一定的利差来确定。浮动利率债券往往是中长期债券。

### 按是否能够提前偿还划分

按是否能够提前偿还，债券可以分为可赎回债券和不可赎回债券。

（1）可赎回债券是指在债券到期前，发行人可以以事先约定的赎回价格收回的债券。公司发行可赎回债券主要是考虑到公司未来的投资机会和回避利率风险等问题，以增加公司资本结构调整的灵活性。发行可赎回债券最关键的问题是赎回期限和赎回价格的制定。

（2）不可赎回债券是指不能在债券到期前收回的债券。

### 按偿还方式不同划分

按偿还方式不同，债券可以分为一次到期债券和分期到期债券。

（1）一次到期债券是发行公司于债券到期日一次偿还全部债券本金的债券；

（2）分期到期债券是指在债券发行的当时就规定有不同到期日的债券，即分批偿还本金的债券。分期到期债券可以减轻发行公司集中还本的财务负担。

### 按计息方式分类

按计息方式分类，债券可以分为单利债券、复利债券、累进利率债券。

（1）单利债券指在计息时，不论期限长短，仅按本金计息，所生利息不再加入本金计算下期利息的债券。

（2）复利债券与单利债券相对应，指计算利息时，按一定期限将所生利息加入本金再计算利息，逐期滚算的债券。

（3）累进利率债券指年利率以利率逐年累进方法计息的债券。累进利率债券的利率随着时间的推移，后期利率比前期利率更高，呈累进状态。

## 债券与债券基金

债券基金是一种以债券为投资对象的证券投资基金，它通过集中众多投资者的资金，对债券进行组合投资，寻求较为稳定的收益。随着债券市场的发展，债券基金也发展成为证券投资基金的重要种类，其规模仅次于股票基金。

### 债券的发行

根据《公司法》的规定，我国债券发行的主体，主要是公司制企业和国有企业。企业发行债券的条件是：

（1）股份有限公司的净资产额不低于人民币3000万元，有限责任公司的净资产额不低于人民币 6000 万元。

（2）累计债券总额不超过净资产的 40%。

（3）最近 3 年平均可分配利润足以支付公司债券 1 年的利息。

（4）筹资的资金投向符合国家的产业政策。

（5）债券利息率不得超过国务院限定的利率水平。

（6）其他条件。

债券的发行价格，是指债券原始投资者购入债券时应支付的市场价格，它与债券的面值可能一致也可能不一致。理论上，债券发行价格是债券的面值和要支付的年利息按发行当时的市场利率折现所得到的现值。

由此可见，票面利率和市场利率的关系影响到债券的发行价格。当债券票面利率等于市场利率时，债券发行价格等于面值；当债券票面利率低于市场利率时，企业仍以面值发行就不能吸引投资者，故一般要折价发行；反之，当债券票面利率高于市场利率时，企业仍以面值发行就会增加发行成本，故一般要溢价发行。在实务中，根据上述公式计算的发行价格一般是确定实际发行价格的基础，还要结合发行公司自身的信誉情况。

### 债券的交易

债券的交易有现货交易，回购交易和期货交易。

（1）现货交易，又叫现金现货交易，是债券买卖双方对债券的买卖价格均表示满意，在成交后立即办理交割，或在很短的时间内办理交割的一种交易方式。例如，投资者可直接通过证券账户在深交所全国各证券经营网点买卖已经上市的债券品种。

（2）回购交易，是指债券持有一方出券方和购券方在达成一笔交易的同时，规定出券方必须在未来某一约定时间以双方约定的价格再从购券方那里购回原先售出的那笔债券，并以商定的利率（价格）支付利息。

目前深、沪证券交易所均有债券回购交易，但只允许机构法人开户交易，个人投资者不能参与。

（3）期货交易，是一批交易双方成交以后，交割和清算按照期货合约中规定的价格在未来某一特定时间进行的交易。目前深、沪证券交易所均不开通债券期货交易。

### 债券筹资的特点

债券筹资的优点：

（1）资本成本低。债券的利息可以税前列支，具有抵税作用；另外债券投资人比股票投资人的投资风险低，因此其要求的报酬率也较低。故公司债券的资本成本要低于普通股。

（2）具有财务杠杆作用。债券的利息是固定的费用，债券持有人除获取利息外，不能参与公司净利润的分配，因而具有财务杠杆作用，在息税前利润增加的情况下会使股东的收益以更快的速度增加。

（3）所筹集资金属于长期资金。发行债券所筹集的资金一般属于长期资金，可供企业在1年以上的时间内使用，这为企业安排投资项目提供了有力的资金支持。

（4）债券筹资的范围广、金额大。债券筹资的对象十分广泛，它既可以向各类银行或非银行金融机构筹资，也可以向其他法人单位、个人筹资，因此筹资比较容易并可筹集较大金额的资金。

债券筹资的缺点：

（1）财务风险大。债券有固定的到期日和固定的利息支出，当企业资金周转出现困难时，易使企业陷入财务困境，甚至破产清算。因此筹资企业在发行债券来筹资时，必须考虑利用债券筹资方式所筹集的资金进行的投资项目的未来收益的稳定性和增长性的问题。

（2）限制性条款多，资金使用缺乏灵活性。因为债权人没有参与企业管理的权利，为了保障债权人债权的安全，通常会在债券合同中包括各种限制性条款。这些限制性条款会影响企业资金使用的灵活性。

### 债券的收益率计算

人们投资债券时，最关心的就是债券收益有多少。为了精确衡量债券收益，一般使用债券收益率这个指标。债券收益率是债券收益与其投入本金的比率，通常用年率表示。债券收益不同于债券利息。债券利息仅指债券票面利率与债券面值的乘积。但由于人们在债券持有期内，还可以在债券市场进行买卖，赚取价差，因此，债券收益除利息收入外，还包括买卖盈亏差价。

决定债券收益率的主要因素，有债券的票面利率、期限、面值和购买价格。最基本的债券收益率计算公式为：

债券收益率：（到期本息和 - 发行价格）/（发行价格 × 偿还期限）×100%

由于债券持有人可能在债券偿还期内转让债券，因此，债券的收益率还可以分为债券出售者的收益率、债券购买者的收益率和债券持有期间的收益率。各自的计算公式如下：

债券出售者的受益率 =（卖出价格 - 发行价格 + 持有期间的利息）/（发行

价格×持有年限）×100%

债券购买者的收益率 =（到期本息和 – 买入价格）/（买入价格×剩余期限）×100%

债券持有期间的收益率 =（卖出价格 – 买入价格 + 持有期间的利息）/（买入价格×持有年限）×100%

如，某人于1995年1月1日以102元的价格购买了一张面值为100元、利率为10%、每年1月1日支付一次利息的1991年发行5年期国库券，并持有到1996年1月1日到期，则

债券购买者的收益率 =（100 + 100×10% – 102）/（102×1）×100% = 7.8%

债券出售者的收益率 =（102 – 100 + 100×10%×4）/（100×4）×100% = 10.5%

再如，某人于1993年1月1日以120元的价格购买了面值为100元、利率为10%、每年1月1日支付一次利息的1992年发行的10年期国库券，并持有到1998年1月1日以140元的价格卖出，则

债券持有期间的收益率 =（140 – 120 + 100×10%×5）/（120×5）×100% = 11.7%

以上计算公式没有考虑把获得的利息进行再投资的因素。把所获利息的再投资收益计入债券收益，据此计算出来的收益率，即为复利收益率。

### 特殊类型债券

特殊类型债券，如可转换债券。根据债券的可流通与否还可以分为可流通债券和不可流通债券，或者上市债券和非上市债券，等等。

债券的划分方法很多，随便一张债券可以归于许多种类。如：国债998，它可归于国债，它还是附息债券、长期债券、上市债券。最后，它还可以归于无担保债券和公募债券。其他的债券也是如此。

上市债券。发行结束后可在深、沪证券交易所，即二级市场上上市流通转让的债券为上市债券，包括上市国债、上市企业债券和上市可转换债券等。

上市债券的流通性好，变现容易，适合于需随时变现的闲置资金的投资需要。

国债。国债也叫国债券，是中央政府根据信用原则，以承担还本付息责任为前提而筹措资金的债务凭证。

我国历史上发行的国债主要品种有：国库券和国家债券。其中，国库券自

1981年后基本上每年都发行。主要对企业、个人等发行；国家债券曾经发行包括国家重点建设债券、国家建设债券、财政债券、特种债券、保值债券、基本建设债券，这些债券大多对银行、非银行金融机构、企业、基金等定向发行，部分也对个人投资者发行。

向个人发行的国库券利率基本上根据银行利率制定，一般比银行同期存款利率高1～2个百分点。在通货膨胀率较高时，国库券也采用保值办法。

企业债券。企业债券是公司依照法定程序发行、约定在一定期限还本付息的有价证券。通常泛指企业发行的债券，我国一部分发债的企业不是股份公司，一般把这类债券叫企业债。

根据深、沪证券交易所关于上市企业债券的规定，企业债券发行的主体可以是股份公司，也可以是有限责任公司。申请上市的企业债券必须符合以下条件：

（1）经国务院授权的部门批准并公开发行；股份有限公司的净资产额不低于人民币三千万元，有限责任公司的净资产额不低于人民币六千万元；

（2）累计发行在外的债券总面额不超过企业净资产额的百分之四十；

（3）最近三年平均可分配利润足以支付债券一年的利息；

（4）筹集资金的投向符合国家产业政策及发行审批机关批准的用途；

（5）债券的期限为一年以上；

（6）债券的利率不得超过国务院限定的利率水平；

（7）债券的实际发行额不少于人民币五千万元；

（8）债券的信用等级不低于A级；

（9）债券有担保人担保，其担保条件符合法律、法规规定；资信为AAA级且债券发行时主管机关同意豁免担保的债券除外。

（10）公司申请其债券上市时仍符合法定的债券发行条件；交易所认可的其他条件。

可转换债券。目前在深、沪证券交易所上市的可转换债券是指能够转换成股票的企业债券，兼有股票和普通债券双重特征。一个重要特征就是有转股价格。在约定的期限后，投资者可以随时将所持的可转券按股价转换成股票。可转换债券的利率是年均利息对票面金额的比率，一般要比普通企业债券的利率低，通常发行时以票面价发行。转换价格是转换发行的股票每一股所要求的公司债券票面金额。

可转换债券有这些特点：一是可以期待价值有所增加。二是作为债券，其价格有下限支撑，不会像股票那样大幅下跌。

## 期 货

期货的英文名称为 Futures，是由"未来"一词演化而来，其含义是：交易双方不必在买卖发生的初期就交收实货，而是共同约定在未来的某一时候交收实货，因此中国人就称其为"期货"。

期货与现货相对。期货是现在进行买卖，但是在将来进行交收或交割的标的物，这个标的物可以是某种商品，例如黄金、原油、农产品，也可以是金融工具，还可以是金融指标。交收期货的日子可以是一星期之后，一个月之后，三个月之后，甚至一年之后。买卖期货的合同或者协议叫做期货合约。买卖期货的场所叫做期货市场。投资者可以对期货进行投资或投机。对期货的不恰当投机行为，例如无货沽空，可以导致金融市场的动荡。

### 基本术语

期货合约：是由期货交易所统一制定的、规定在将来某一特定的时间和地点交割一定数量和质量标的物的标准化合约。

保证金：是指期货交易者按照规定标准交纳的资金，用于结算和保证履约。

结算：是指根据期货交易所公布的结算价格对交易双方的交易盈亏状况进行的资金清算。

交割：是指期货合约到期时，根据期货交易所的规则和程序，交易双方通过该期货合约所载商品所有权的转移，了结到期未平仓合约的过程。

开仓：开始买入或卖出期货合约的交易行为称为"开仓"或"建立交易部位"。

平仓：是指期货交易者买入或者卖出与其所持期货合约的品种、数量及交割月份相同但交易方向相反的期货合约，了结期货交易的行为。

持仓量：是指期货交易者所持有的未平仓合约的数量。

仓单：是指交割仓库开出并经期货交易所认定的标准化提货凭证。

撮合成交：是指期货交易所的计算机交易系统对交易双方的交易指令进行配对的过程。包括做市商方式和竞价方式。

涨跌停板：是指期货合约在一个交易日中的交易价格不得高于或者低于规定的涨跌幅度，超出该涨跌幅度的报价将被视为无效，不能成交。

强行平仓制度：是指当客户的交易保证金不足并且未在规定时间内补足，客户持仓超出规定的持仓限额，因客户违规受到处罚的，根据交易所的紧急措施应予强行平仓的，其他应予强行平仓的情况发生时，期货经纪公司为了防止风险进一步扩大，实行强行平仓的制度。

头寸：一种市场约定。期货合约买方处于多头（买空）部位，期货合约卖方处于空头（卖空）部位。

套利：投机者或对冲者都可以使用的一种交易技术，即在某市场买进现货或期货商品，同时在另一个市场卖出相同或类似的商品，并希望两个交易会产生价差而获利。

开仓、持仓和平仓：期货交易中的买、卖行为，只要是新建头寸都叫开仓。交易者手中持有的头寸，称为持仓。平仓是指交易者了结持仓的交易行为，了结的方式是针对持仓方向作相反的对冲买卖。

由于开仓和平仓的含义不同，交易者在买卖期货合约时必须指明是开仓还是平仓。

例：某一投资者在12月30日买进3月沪深300指数期货10手（张），成交价格为1450点，这时，他就有了10手多头持仓。到次年1月10日，该投资者见期货价格上涨到1500点，于是按此价格卖出平仓5手3月股指期货，成交之后，该投资者实际持仓还剩5手多单。如果当日该投资者在报单时报的是卖出开仓5手3月股指期货，成交之后，该投资者的实际持仓就应该是15手，10手多头持仓和5手空头持仓。

爆仓：是指投资者账户权益为负数。表明投资者不仅赔光了全部保证金而且还倒欠期货经纪公司债务。由于期货交易实行逐日清算制度和强制平仓制度，一般情况下爆仓是不会发生的。但在一些特殊情况下，如在行情发生跳空变化时，持仓较重且方向相反的账户就有可能发生爆仓。

发生爆仓时，投资者必须及时将亏空补足，否则会面临法律追索。为避免这种情况的发生，需要特别控制好仓位，切忌像股票交易那样满仓操作。并且对行情进行及时跟踪，不能像股票交易那样一买了之。

多头和空头：期货交易实行双向交易机制，既有买方又有卖方。在期货交易中，买方称为多头，卖方称为空头。虽然股票市场交易中也将买方称为多头，卖方称为空头。但股票交易中的卖方必须是持有股票的人，没有股票的人是不能卖的。

结算价格：是指某一期货合约当日成交价格按成交量的加权平均价。当日无成交的，以上一交易日的结算价作为当日结算价。结算价是进行当日未平仓合约盈亏结算和制订下一交易日涨跌停板额的依据。

成交量：是指某一期货合约在当日交易期间所有成交合约的双边数量。

持仓量：是指期货交易者所持有的未平仓合约的双边数量。

总持仓量：是市场上所有投资者在该期货合约上总的"未平仓合约"数量。在交易所发布的行情信息中，专门有"总持仓"一栏。

总持仓量的变化，反映投资者对该合约的交易兴趣，是投资者参与该合约交易的一个重要指标。如果总持仓量在持续增长，表明交易双方都在开仓，投资者对该合约的兴趣在增长，场外资金在不断涌入该合约交易中；相反，当总持仓量不断减少，表明交易双方都在平仓出局，交易者对该合约的兴趣在退潮。还有一种情况是当交易量增长时，总持仓量却变化不大，这表明市场以换手交易为主。

换手交易：有"多头换手"和"空头换手"，当原来持有多头的交易者卖出平仓，但新的多头又开仓买进时称为"多头换手"；而"空头换手"是指原来持有空头的交易者在买进平仓，但新的空头在开仓卖出。

交易指令：股指期货交易有三种指令，市价指令、限价指令和取消指令。交易指令当日有效，在指令成交前，客户可提出变更或撤销。

市价指令：指不限定价格的买卖申报，尽可能以市场最好价格成交的指令。

限价指令：指执行时必须按限定价格或更好价格成交的指令。它的特点是如果成交，一定是客户预期或更好的价格。

取消指令：指客户将之前下达的某一指令取消的指令。如果在取消指令生效之前，前一指令已经成交，则称为取消不及，客户必须接受成交结果。如果部分成交，则可将剩余部分还未成交的撤销。

## 期货的作用

期货交易是在现货交易的基础上发展起来的，通过在期货交易所买卖标准化的期货合约而进行的一种有组织的交易方式。如果将进行期货投资的人进行分类的话，大致可分为两类——套期保值者和投机者。套期保值就是对现货保值。看涨时买入（即进行多头），在看跌时卖出（即空头），简单地说，就是在现货市场买进（或卖出）商品的同时，在期货市场卖出（或买入）相同数量的同种商品，进而无论现货供应市场价格怎么波动，最终都能取得在一个市场上亏损的同时在另一个市场赢利的结果，并且亏损额与赢利额大致相等，从而达到规避风险的目的。投资者则是以获取价差为最终目的，其收益直接来源于价差。投机者根据自己对期货价格走势的判断，做出买进或卖出的决定，如果这种判断与市场价格走势相同，则投机者平仓出局后可获取投机利润；如果判断与价格走势相反，则投机者平仓出局后承担投机损失。投机者主动承担风险，他的出现促进了市场的流动性，保障了价格发现功能的实现；对市场而言，投机者的出现缓解了市场价格可能产生的过大波动。在期货交易中套期保值者和投机者缺一不可。投机者提供套期保值者所需要的风险资金。投机者用其资金参与期货交易，承担了套期保值者所希望转嫁的价格风险。投机者的参与，使相关市场或商品的价格变化步调趋于一致，增加了市场交易量，从而增加了市场流动性，便于套期保值者对冲其合约，自由进出市场。期货的产生使投资者找到了一个相对有效的规避市场价格风险的渠道，有助于稳定国民经济，也有助于市场经济体系的建立与完善。

## 期货分类

期货分为商品期货和金融期货。商品期货又分为工业品（可细分为金属商品——贵金属与非贵金属商品、能源商品）、农产品、其他商品等。金融期货主要是传统的金融商品（工具）如股指、利率、汇率等，各类期货交易包括期权交易等。

**商品期货**

农产品期货：如棉花、大豆、小麦、玉米、白糖、咖啡、猪腩、菜籽油、天然橡胶、棕榈油。

金属期货：如铜、铝、锡、锌、镍、黄金、白银。

能源期货：如原油、汽油、燃料油。新兴品种包括气温、二氧化碳排放配额。

**金融期货**

股指期货：如英国 FTSE 指数、德国 DAX 指数、东京日经平均指数、香港恒生指数、沪深 300 指数。

利率期货

利率期货是指以债券类证券为标的物的期货合约，它可以回避银行利率波动所引起的证券价格变动的风险。利率期货的种类繁多，分类方法也有多种。通常，按照合约标的的期限，利率期货可分为短期利率期货和长期利率期货两大类。

外汇期货

外汇期货又称为货币期货，是一种在最终交易日按照当时的汇率将一种货币兑换成另外一种货币的期货合约。一般来说，两种货币中的一种货币为美元，这种情况下，期货价格将以"X 美元每另一货币"的形式表现。一些货币的期货价格的表示形式可能与对应的外汇现货汇率的表示形式不同。

## 期货与股票

期货的炒作方式与股市十分相似，但又有十分明显的区别。

期货与股票的区别

投资报酬不一样。期货交易由于其保证金的杠杆原理，可以放大收益，四两拨千斤。期货只需付出合约总值的 10% 以下的本钱；股票则必须 100% 投入资金，要融资则需付出利息代价。

交易方式不一样。国内股票只能做多，而期货则既能做多，又能做空。

另外，国内股市为 T+1 交易，期货交易实行 T+0 交易，当天交易次数不限。

我国于 2010 年 3 月 31 日正式推出融资融券业务，其中有 90 只标的股票可以进行做空交易，即 T+0 交易。

期货交易与现货交易的区别

交易的对象不同。现货交易的范围包括所有商品；而期货交易的对象是由交易所制订的标准化合约。合约中的各项条款，如商品数量、商品质量、保证金比率、交割地点、交割方式以及交易方式等都是标准化的，合约中只有价格一项是通过市场竞价交易形成的自由价格。

交易目的不同。在现货交易中，买方是为了获取商品；卖方则是为了卖出商品，实现其价值。而期货交易的目的是为了转移价格风险或进行投机获利。

只有不到 1% 的期货合约需进行实物交割，绝大部分合约都是在交割前对冲或平仓。

交易程序不同。现货交易中卖方要有商品才可以出卖，买方须支付现金才可购买，这是现货买卖的交易程序。而期货交易可以把现货买卖的程序颠倒过来，即没有商品也可以先卖，不需要商品也可以买。

期货套期保值

套期保值是指把期货市场当做转移价格风险的场所，利用期货合约作为将来在现货市场上买卖商品的临时替代物,对其现在买进准备以后售出商品或对将来需要买进商品的价格进行保险的交易活动。套期保值的基本特征:在现货市场和期货市场对同一种类的商品同时进行数量相等但方向相反的买卖活动,即在买进或卖出实货的同时,在期货市场上卖出或买进同等数量的期货,经过一段时间,当价格变动使现货买卖上出现盈亏时,可由期货交易上的亏盈得到抵消或弥补。从而在"现"与"期"之间、近期和远期之间建立一种对冲机制,以使价格风险降低到最低限度。

套期保值的理论基础:现货和期货市场的走势趋同(在正常市场条件下),由于这两个市场受同一供求关系的影响,所以二者价格同涨同跌;但是由于在这两个市场上操作相反,所以盈亏相反,期货市场的赢利可以弥补现货市场的亏损。

**中国的期货品种**

目前,经中国证监会的批准,可以上市交易的期货商品有以下种类:

(1)上海期货交易所:铜、铝、锌、天然橡胶、燃油、黄金、螺纹钢、线材。

(2)大连商品交易所:大豆、豆粕、豆油、塑料、棕榈油、玉米、PVC。

(3)郑州商品交易所:硬麦、强麦、棉花、白糖、PTA、菜籽油、籼稻。

(4)中国金融期货交易所:股指期货。

目前市场上交易比较活跃的上市品种主要有工业品:铜、锌、螺纹钢,农产品:大豆、棉花,还有化工产品:橡胶、PTA等。

# 权 证

权证是指基础证券发行人或其以外的第三人发行的,约定持有人在规定期间内或特定到期日,有权按约定价格向发行人购买或出售标的证券,或以现金结算方式收取结算差价的有价证券。

权证实质反映的是发行人与持有人之间的一种契约关系,持有人向权证发行人支付一定数量的价金之后,就从发行人那里获取了一个权利。这种权利使得持有人可以在未来某一特定日期或特定期间内,以约定的价格向权证发行人购买/出售一定数量的资产。购买股票的权证称为认购权证,出售股票的权证叫作认售权证(或认沽权证)。权证分为欧式权证、美式权证和百慕大式权证三种。所谓欧式权证,就是只有到了到期日才能行权的权证。所谓美式权证,就是在到期日之前随时都可以行权的权证。所谓百慕大式权证，就是持有人可在设定的几个日子或约定的到期日有权买卖标的证券。持有人获取的是一个权利而不是责任，其有权决定是否履行契约，而发行者仅有被执行的义务，因此为获得这项权利，投资者需付出一定的代价（权利金）。权证（实际上所有期权）与远期或期货的区别在于前者持有人所获得的不是一种责任，而是一种权利，后者持有人需有责任执行双方签订的买卖合约，即必须以一个指定的价格，在指定的未来时间，交易指定的相关资产。

从上面的定义就容易看出，根据权利的行使方向，权证可以分为认购权证和认沽权证，认购权证属于期权当中的"看涨期权"，认沽权证属于"看跌期权"。权证价值由两部分组成，一是内在价值，即标的股票与行权价格的差价；二是时间价值，代表持有者对未来股价波动带来的期望与机会。在其他条件相同的情况下，权证的存续期越长，权证的价格越高；美式权证由于在存续期可以随时行权，比欧式权证的相对价格要高。

认购权证价值 =（正股股价 – 行权价）× 行权比例

认沽权证价值 =（行权价 – 正股股价）× 行权比例

## 权证创设

权证的创设是指权证上市交易后，由有资格的机构提出申请的、与原有权证条款完全一致的增加权证供应量的行为。权证的注销是指创设人（即创设权证的证券公司）向证券交易所申请注销其所指定的权证创设账户中的全部权证或部分权证。

上证所规定，申请在交易所上市的权证，其标的证券为股票的，标的股票应符合以下条件：最近20个交易日流通股份市值不低于10亿元；最近60个交易日股票交易累计换手率在25%以上；流通股股本不低于2亿股。

认股权证，又称"认股证"或"权证"，其英文名称为Warrant，故在香港又俗译为"窝轮"。

在证券市场上，认股权证是指一种具有到期日及行使价或其他执行条件的金融衍生工具。而根据美国证券交易所的定义，认股权证是指一种以约定的价格和时间（或在权证协议里列明的一系列期间内分别以相应价格）购买或者出售标的资产的期权。

备兑权证是由持有该相关资产的第三者发行，并非由相关企业本身发行，一般都是国际性投资银行机构发行。发行商拥有相关资产或有权拥有该资产。备兑认股权证可以是认购或认沽,投资者并同时面对发行商的信贷风险。

备兑权证被视为结构性产品。备兑权证是由独立于其指定证券之发行人及其附属公司的个体(通常是投资银行)所发行。指定资产可以是股本证券以外的资产,例如指数、货币、商品、债券又或一揽子证券。备兑权证所赋予的权利可以是购买的权利(认购权证)或出售的权利(认沽权证)。

备兑的含义指其发行人将权证的指定证券或资产存放在独立的受托人、托管人或存管处,作为其履行责任的抵押,而受托人、托管人或存管处则代表权证持有人的利益。有些市场用"权证"二字代表所有类别的权证,而有些市场则以衍生权证代表备兑权证。

蝶式权证是指同时买入和卖出两份价格不同的认沽权证或同时买入和卖出两份价格不同的认股权证,这样的组合可以使得投资者在股价波动在一定区间内时获得一定收益,如果价格波动超出范围,则投资者的也不会遭受损失,其收益曲线形状如展翅飞翔的蝴蝶,故将其命名为蝶式权证。

马鞍式权证由一份认沽权证和认股权证组成的组合,其收益曲线形状与马鞍相似,称马鞍式权证,也叫宽跨式或束勒式权证。这种权证使投资者在股价大跌或大涨时获得收益,在股价变动不大时没有收益。

## 权证起源

在国外,权证起源于1911年美国电灯和能源公司。在1929年以前,权证作为投机性的品种而沦为市场操纵的工具。1960年代,许多美国公司利用股票权证作为并购的融资手段。由于权证相对廉价,部分权证甚至被当成了促销手段。当时美国的公司在发售债券出现困难时,常常以赠送股票权证加以"利诱",颇有种"买电脑赠保险"的意味。1970年,美国电话电报公司以权证方式融资15亿美元,使得权证伴随标的证券的发行成为最流行的融资模式。欧洲最早的认股权证出现在1970年的英国,而德国自从在1984年发行认股权证之后,一度迅速成为世界上规模最大的权证市场,拥有上万只权证品种。但其地位目前已经让位于中国香港。截至2004年12月31日,按认股证成交金额计,中国香港位列全球第一,去年全年成交金额673.573亿美元,遥遥领先第二位的德国552.085亿美元及第三位的意大利211.153亿美元。

## 权证的交易

权证交易与股票交易非常相似,在交易时间、交易机制(竞价方式)等方面都与股票交易相同。不同之处在于：

（1）申报价格最小单位：与股票价格变动最小单位0.01元不同，权证的价格最小变动单位是0.001元人民币。这是因为权证的价格可能很低，比如在价外证时，权证的价格可能只有几分钱，这时如果其价格最小变动单位为0.01元就显得过大，因为即使以最小的价格单位变动，从变动幅度上看，都可能形成价格的大幅波动。

（2）权证价格的涨跌幅限制：目前股票涨跌幅采取的10%的比例限制，而权证涨跌幅是以涨跌幅的价格而不是百分比来限制的。这是因为权证的价格主要是由其标的股票的价格决定的，而权证的价格往往只占标的股票价格的一个较小的比例，标的股票价格的变化可能会造成权证价格的大比例的变化，从而使事先规定的任何涨跌幅的比例限制不太适合。例如，T日权证的收盘价是1元，标的股票的收盘价是10元。T+1日，标的股票涨停至11元。其他因素不变，权证价格应该上涨1元，涨幅100%。按权证涨幅价格＝权证前一日收盘价格＋（标的证卷当日涨幅价格－标的证卷前一日收盘价）×125%行权比例公式计算，权证的涨停价格为1+（11－10）×125%＝2.25元，即标的股票涨停时，权证尚未涨停。

### 权证技术用语

溢价：权证交易价格高于实际价格多少的值。

认购权证溢价＝认购权证成交价－（正股股价－行权价格）×行权比例

认沽权证溢价＝认沽权证成交价＋（正股股价－行权价格）×行权比例

溢价率：是量度权证风险高低的其中一个数据，溢价率愈高，获利愈不容易。溢价率为负值，行权获利。

认购权证溢价率：在权证到期前，正股价格需要上升多少百分比才可让权证投资者在到期日实现平本。

认购权证溢价率＝［（行权价＋认购权证价格/行权比例）/正股价格－1］×100%

认沽权证溢价率：在权证到期前，正股价格需要下跌多少百分比才可让权证投资者在到期日实现平本。

认沽权证溢价率＝［1－（行权价－认沽权证价格/行权比例）/正股价格］×100%

## 期指与权证

首先,二者的定位和功能不尽相同。权证为股权分置改革提供了新颖的对价方式,上市伊始即被确定为中小投资者可以广泛参与的零售产品。在香港市场,权证已经成为现货市场的重要组成部分,为中小投资者所喜爱和熟识。而股指期货的产品设计初衷,是为机构投资者提供风险管理工具,规避市场的系统性风险。回顾期货市场的发展历史,我们可以看出,期货市场的起源,就是由于可以为套期保值者回避价格波动风险,才得以迅速发展。

由于二者的产品定位不同,因此参与方式和门槛也就不同。权证的绝对价格较低,特别是深度价外的认沽证,交易权证所需的资金很少,加之供应量有限,容易形成价格与价值背离。股指期货参与门槛较高,不仅合约价值较高,对股指期货投资者的风险承受能力和专业要求也更高。可以说,并非所有投资者都适合直接参与股指期货。中小投资者或可通过契约中含股指期货交易的基金、理财产品等间接参与。从长远来看,股指期货市场的参与者将以机构投资者为主。如香港的恒指期货,市场投资主体就是机构投资者。2005年7月至2006年6月统计数据显示,恒指期货的参与者中,机构投资者的成交量占恒指期货总成交量的比例约为70%。

其次,二者的流通量也不同。目前,我国的权证品种是由上市公司大股东或者上市公司发行,权证初始发行数量固定。即使部分权证在创设制度下,权证流通在外的合约份数会增加,但在某一特定时期内,权证合约数仍然是有限的。因此,如果出现供求失衡,权证价格容易出现大幅上涨,以致偏离理论价值。股指期货则不同,投资者只要缴纳保证金就可以买入或卖出股指期货合约。从理论上而言,只要存在交易对手,股指期货的"供应量"是无限的。因此,靠囤积居奇股指期货合约来影响其价格,在股指期货市场是根本行不通的。

最后,二者的盈利模式不同。股指期货可以卖空获利,而权证则不可以。认沽权证虽然具有对冲正股下跌风险的功能,但是权证本身并不能卖空。当认沽证的价格远远高于其理论价值时,普通投资者不能通过卖空认沽证来赢利。股指期货则不同,投资者只需缴纳一定的保证金,就可以卖空股指期货合约。如果投资者看淡远期的沪深300指数,可以通过卖空股指期货合约来赢利。

## 权证与股票

权证是一种股票期权,在港交所叫"涡轮"(warrant)。权证是持有人在规定期间内或特定到期日,有权按约定价格(行权价)向发行人购买或出售标的股票,或以现金结算方式收取结算差价的有价证券。权证可分为认购权证和认沽权证。持有认购权证者,可在规定期间内或特定到期日,向发行人购买标的股票,与目前流行的可转债有权转换成股票相类似;而持有认沽权证者的权利是能以约定价格卖出标的股票。

权证与股票有几大区别。首先,有存续期(3 个月以上 18 个月以下),一旦存续期满将因行权或其他原因而消失,而股票只要不退市可以一直存续,可转债为 3~6 年。其次,权证引入了做空机制,其中认沽权证可以通过标的股票的下跌而获利。再次,权证的风险和收益远远大于股票,股票即使退市到三板,也可能有每股几分钱,而权证到期不行权或不结算就血本无归,权证赢利时也可能是数千倍。最后,权证交易将采取 T+0 方式,涨跌幅限制也较标的股票相应放大,当权证的流通数量低于 1000 万份时,只参加每日集合竞价。另外,权证与期货合约的区别是,权证只有行权的权利而无行权的义务,而期货到期必须交割。

## 国际贸易

国际贸易(International Trade)是指不同国家(或地区)之间的商品和劳务的交换活动。国际贸易是商品和劳务的国际转移。国际贸易也叫世界贸易,它由进口贸易(Import Trade)和出口贸易(Export Trade)两部分组成,故有时也称为进出口贸易。

### 国际贸易的主要特点

国际货物贸易属商品交换范围,与国内贸易在性质上并无不同,但由于它是在不同国家或地区间进行的,所以与国内贸易相比具有以下特点:

(1)国际货物贸易要涉及不同国家或地区在政策措施、法律体系方面可能存在的差异和冲突,以及语言文化、社会习俗等方面带来的差异,所涉及的问题远比国内贸易复杂。

(2)国际货物贸易的交易数量和金额一般较大,运输距离较远,履行时间较长,因此交易双方承担的风险远比国内贸易要大。

(3)国际货物贸易容易受到交易双方所在国家的政治、经济变动、双边关系及国际局势变化等情况的影响。

(4)国际货物贸易除了交易双方外，还需涉及到运输、保险、银行、商检、海关等部门的协作、配合，过程较国内贸易要复杂的多。

## 国际贸易流程

（1）客户询盘；

（2）报价磋商；

（3）签立订单；

（4）下达生产通知；

（5）验货；

（6）制备基本文件：制作出口合同、出口商业发票、装箱单等文件；

（7）办理商检；

（以下是船务流程）

（8）租船订仓；

（9）安排拖柜，将货物运送到货代仓库；

（10）委托报关；

（11）获得运输文件；

（12）准备其他文件：商业发票、FORMA原产地证书或一般原产地证、装运通知、装箱单；

（13）交单：

①采用L/C收汇的，应在规定的交单时间内，备齐全部单证，并严格审单，确保没有错误，才交银行议付。

②采用T/T收汇的，在取得提单后马上传真提单给客人付款，确认收到余款后再将提单正本及其他文件寄给客人。

③如果T/T收汇的，要求收全款才能做柜的，要等收款后再安排拖柜。拿到提单后可立即寄正本提单给客人。

（14）业务登记：每单出口业务在完成后要及时做登记，包括电脑登记及书面登记，便于以后查询、统计等。

## 国际贸易统计指标

*贸易额和贸易量*

贸易额就是用货币表示的贸易的金额，贸易量就是剔除了价格变动影响之后

的贸易额，贸易量使得不同时期的贸易规模可以进行比较。这里有三个概念需要掌握。

（1）对外贸易额（Value of Foreign Trade）：就是一个国家在一定时期内的进口总额与出口总额的和值。一般用本国货币表示，也可用国际上习惯使用的货币表示；联合国发布的世界各国对外贸易额是以美元表示的；各国在统计有形商品时，出口额以 FOB 价格计算，进口额以 CIF 价格计算；无形商品不报关，海关没有统计。

（2）国际贸易额（Value of International Trade）：是以货币表示的世界各国对外贸易值的综合，又称国际贸易值。它等于一定时期内世界各国用 FOB 价格计算的出口贸易额之和。

（3）贸易量：贸易量是为了剔除了价格变动影响，能准确反映国际贸易或一国对外贸易的实际数量，而确立的一个指标。在计算时，是以固定年份为基期而确定的价格指数去除报告期的贸易额，得到的就是相当于按不变价格计算（剔除价格变动的影响）的贸易额，该数值就叫报告期的贸易量。

贸易量可分为国际贸易量和对外贸易量以及出口贸易量和进口贸易量。

### 贸易差额

贸易差额（Balance of Trade）是指一个国家在一定时期内（通常为一年）出口总额与进口总额之间的差额。

（1）贸易顺差（Favorable Balance of Trade），我国也称它为出超（Excess of Export over Import）：表示一定时期的出口额大于进口额。

（2）贸易逆差（Unfavorable Balance of Trade），我国也称它为入超（Excess of Import over Export）、赤字：表示一定时期的出口额小于进口额。

（3）贸易平衡：就是一定时期的出口额等于进口额。

一般认为贸易顺差可以推进经济增长、增加就业，所以各国无不追求贸易顺差。但是，大量的顺差往往会导致贸易纠纷。例如日美汽车贸易大战等。

### 国际贸易条件

国际贸易条件（Terms of International Trade）：是出口商品价格与进口商品价格的对比关系，又称进口比价或交换比价。它表示出口一单位商品能够换回多少单位进口商品。很显然，换回的进口商品越多，越为有利。贸易条件在不同时期的变化通常是用贸易条件指数来表示，贸易条件指数是出口价格指数和进口价格指数的比值，计算公式是：出口价格指数除以进口价格指数，再乘以 100（假定基期的贸易条件指数为 100）。

报告期的贸易条件指数大于100，说明贸易条件较基期改善。

报告期的贸易条件指数小于100，说明贸易条件较基期恶化。

**贸易的商品结构**

贸易的商品结构（Composition of Trade）就是各类商品在贸易总值中所占的比重。这里涉及一个商品分类的问题，一般有两种分类方法：

（1）联合国秘书处的《国际贸易标准分类》（SITC）：把有形商品依次分为10大类，其中0~4类商品称为初级品，把5~8类商品称为制成品，第9类为没有分类的其他商品。初级产品、制成品在进出口商品中所占的比重就表示了贸易的商品结构。

（2）按生产某种商品所投入的生产要素进行分类，可分为劳动密集型商品、资本密集型商品等两种生产要素密集型商品。

**贸易的地理方向**

（1）对外贸易地理方向（Direction of Foreign Trade）

对外贸易的地理方向是指该国进口商品原产国和出口商品消费国的分布情况，它表明该国同世界各地区、各国家之间经济贸易联系的程度。

例如，2003年我国前十位进口来源地分别是日本、欧盟、中国台湾、东盟、韩国、美国、中国香港、俄罗斯、澳大利亚和巴西等国家和地区。2003年我国前十位出口市场分别是美国、中国香港、欧盟、日本、东盟、韩国、中国台湾、澳大利亚、俄罗斯和加拿大等国家和地区。由此而确定的2003年我国前十大贸易伙伴（根据进出口总额确定）为日本、美国、欧盟、中国香港、东盟、韩国、中国台湾、俄罗斯、澳大利亚和加拿大等国家和地区。

（2）国际贸易地理方向（Direction of International Trade）

国际贸易地理方向是指国际贸易的地区分布和商品流向，也就是各个地区、各个国家在国际贸易中所占的地位。通常用它们的出口额（或进口额）占世界出口贸易总额（或进口贸易总额）的比重来表示。

例如，2003年世界商品出口前八位的国家或地区是美国、德国、日本、法国、中国、英国、加拿大、意大利。2003年世界商品进口前八位国家或地区是美国、德国、英国、日本、法国、中国、意大利、加拿大。

**对外贸易依存度**

对外贸易依存度（Foreign Dependence Degree）是衡量一个国家（或地区）国民经济外向程度大小的一个基本指标。它是指对外贸易额在该国国民收入或国民生产总值中所占的比重。

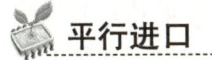
## 平行进口

近年来，随着知识产权与国际贸易的关系更加密切，在国际贸易和知识产权国际保护交叉领域中产生了许多复杂的问题。平行进口就一个典型的因知识产权保护而引起的国际贸易问题。所谓平行进口，一般是指知识产权权利人或独占被许可人有无权利禁止合法生产的产品从国外进口的问题，即在国际贸易中，合法持有知识产权产品的一方未经进口国相关知识产权权利人同意，将该产品经由合法途径进口至该知识产权受保护的国家并销售的行为。平行进口问题在本质上集中反映了知识产权贸易与货物贸易之间的冲突，以及知识产权保护与国际贸易自由化之间的矛盾，正逐渐成为一个备受关注和争议的热点。

事实上，无论是从法律规定的角度，还是从司法保护的角度，我国对平行进口的法律规制尚处于不成熟状态。在国际层面上，我国是世界贸易组织和世界知识产权组织的缔约国，缔结并参加了《保护文学和艺术作品的伯尔尼公约》、《商标国际注册马德里协定》、《保护工业产权的巴黎公约》、《与贸易有关的知识产权协议》等一系列重要的知识产权国际保护条约。这些条约对于平行进口问题基本没有涉及或者将这部分问题交由各缔约方自行规定。这样，我国有关平行进口的法律问题主要依据国内法解决。然而，我国的《专利法》、《著作权法》和《商标法》这三部知识产权的基本法都没有涉及"平行进口"问题。同样，我国的《反不正当竞争法》、《对外贸易法》、《海关法》等本应该涉及平行进口内容的法律都没有涉及这一领域的问题。

由于我国目前尚缺乏有关平行进口的法律依据，致使现实生活中所发生的平行进口现象远比在法院提起诉讼的多，知识产权人无从界定其权利范围，也无从知晓我国对平行进口的态度。在前几年中，由于我国是发展中国家，产品生产成本较低，而且之前对进口商品一直采取高关税政策，因此向中国平行进口的案例尚很少见。然而，从国际贸易发展的趋势来看，目前平行进口产生的可能性越来越大。例如，我国贸易壁垒的削减将为现有的具备潜在平行进口趋势的商品打开国门。关税的大幅度降低和配额的减少，一方面使平行进口商进行交易的成本大大降低，增加平行进口的可能性；另一方面也使以前通过走私渠道入境的平行进口产品转入正规渠道，增加平行进口的流量。除此之外，由于进口配额许可证和市场准入的弱化，企业的外贸经营权将得到实现，这也为平行进口在我国的发生准备了制度性前提。而且，从世界范围来看，中国企业作为出口方将知识产权产品出口到外国从而导致的平行进口争议也有不少。因此，企业对于国际贸易中的平行进口问题必须予以足够的重视。我国对于平行进口作出制度性的认定和规范已是发展的必然趋势。在制度确立之前，企业对于平行进口的基本含义和可能带来的后果应有必要的认识，才能在充分估计各种市场风险的基础上作出合理的经营决策。

## 技术贸易

技术贸易的基本内容包括技术是否能真正进行产业化生产以及给社会创造财富。包括专利使用权、商标使用权、专有技术使用权。

### 技术的表现特征

（1）无形性。技术是一种看不见摸不着的知识性的东西；它只能靠理解去把握。有些技术可用语言来表达；而有些技术只存在于"能人"的经验中。

（2）系统性。零星的技术知识不能称之为技术。只有关于产品的生产原理、设计，生产操作，设备安装调试，管理、销售等各个环节的知识、经验和技艺的综合，才能称之为技术。

（3）商品属性。技术是无形的特殊商品。正因为技术不仅有使用价值，而且也有交换价值，所以它才能充当技术贸易的交易标的。

### 技术贸易的主要方式

（1）技术买卖。即技术所有权的转移，这种工业产权所有权的转让，在技术贸易中是极少见的。

（2）许可证贸易。即技术使用权的转移，是指技术的输出方将某项工业产权或专用技术的使用权及相关产品的制造权、销售权，通过许可证合同有偿地转让给引进方的一种交易。许可贸易范围主要包括专利许可、商标许可、专有技术许可、组合许可等。

（3）有偿技术咨询。

（4）技术服务与技术协助。

（5）合作开发经营。

（6）国际直接投资。

（7）成套工程承包。

## 技术贸易的特点

与商品贸易相比,技术贸易具有以下特点:

(1)商品具有一定的物质形体,可通过实物对比和其他手段衡量其质量,比较容易鉴别。而技术本身并没有独立的物质形体,因而不像商品那样容易鉴别。

(2)商品的交易是所有权的转让,一件商品只能卖给一个买主。而技术的交易一般是使用权的转让,当一家公司把一项技术转让给另一家公司时,这家公司对该项技术仍拥有所有权,可以再向别的公司转让。如买方想对该项技术拥有独家使用权,则需支付更多的使用费,并通过专门的合同条款来保护这一特权。

(3)商品在消费的过程中逐渐丧失其价值。技术则不同,它不会像商品那样因使用被消耗掉。相反,一项技术在使用中可以使其更完善,甚至发展出新的技术,使原有技术增值。

(4)商品交易买卖双方关系比较简单。技术交易是同行业的企业或个人之间的一个较长时间的合作关系。

(5)在商品交易中,卖方生产的商品是为了出售而不是供自己使用,而在技术交易中,技术的开发方一般是为自己的生产和使用,并不以出售和转让为主要目标。

(6)技术贸易涉及技术评审、转让方式、法律、贸易、合同期限和政府的管制等多方面的问题,要比商品贸易复杂得多。

## 国际技术贸易方式

国际技术贸易合同是分属两国的当事双方就实现技术转让这一目的而缔结的规定双方权利义务关系的法律文件。它的形式往往是与国际技术贸易方式相对应的,如许可合同、技术服务和咨询合同、合作生产合同、设备合同等。其中许可合同是最基本、最典型、最普遍的一种形式。技术服务和咨询合同也比较典型和广为采用。因此,这里仅介绍这两种合同形式。

许可合同

许可合同是指许可贸易的技术供方为允许(许可)技术的受方有偿使用其知识产权或专有技术而与对方签订的一种授权协议。根据授权程度的不同,它有独占许可合同、排他许可合同、普通许可合同、可转让许可合同、交叉许可合同等类型。根据其合同标的不同，又有专利许可合同、商标许可合同和专有技术许可合同等类型。

许可合同由于类型不同，合同条款及其内容有相同的部分，也有各自特殊的部分。

各种许可合同共同性的条款及内容有如下方面：

(1) 合同名称和编号。合同名称要确切地反映合同的内容、性质和特征。例如"××专利许可合同"。合同编号是识别合同的特定符号，它反映出许可方的国别、被许可方的名称和部门及签约年份等。

(2) 签约时间和地点。签约时间是双方正式签字日期，签约地点往往与签约时间相联系。签约时间和地点往往涉及合同的生效、法律的适用及纳税等问题。

(3) 当事人法定名称和地址。这是有关通信联络不可缺少的，也是双方发生争议确定法院管辖权和适用法的依据之一。

(4) 鉴于条款，常用"鉴于……"语句，故名。它是叙述性条款，用以说明当事人双方的背景、立约意愿和目的，其中要特别讲明许可方对技术或权利拥有的合法性及被许可方接受技术的经验和能力。

(5) 定义条款。为使合同内容清楚、言简义切，常对以下词语进行定义：与合同标的有关的重要名词和术语；各国法律或惯例有不同理解或易产生歧义的重要名词和术语；重要的专业性技术术语；合同中多次出现、需加以简化的名词和术语等。应注意所下定义的名词和术语在同一合同各条款出现时，含义应完全一致。

(6) 转让技术的内容和范围。这是整个合同的核心部分，是确认双方权利和义务的基础。它主要规定：具体的技术名称、规格，要求达到的性能和技术指标；转让的方式（包括合同产品设计资料、生产技术资料的范围和内容），供方在技术培训和技术服务方面应承担的责任和义务，具体培训人数、方式，技术服务的范围及待遇条件，要达到的目标，受方可以使用技术制造、销售和出口许可产品的地区；商标的使用办法，等等。

(7) 技术改进和发展的交换。在合同期限内，供受两方都有可能对原转让的技术作出某种新的改进或发展。一般来说，改进和发展的技术的所有权应归作出改进和发展的一方所有。双方均应承担不断交换这种改进和发展了的技术的义务。对这种改进或发展了的技术的交换办法应在合同中加以明确规定。通常将规定许可方向被许可方提供改进和发展技术的条款称为"继续提供技术援助条款",将被许可方向许可方提供改进和发展技术的条款称之为费用互惠、交换期限一致的原则。

(8)技术文件的交付。该条款包括技术文件交付的时间、地点和方式,对技术资料包装的要求,技术文件短损的补救办法,技术文件使用文字和技术参数的度量衡制度等内容。

(9)技术价格与支付。技术价格是指技术受方为取得技术使用权所愿支付的、供方可以接受的技术使用费的货币表现。与有形商品定价不同,技术定价是个复杂的问题,其高低取决于多种因素,主要有供方为完成交易所垫支的直接费用;供方所预期的利润;技术的生命周期和技术所处的周期阶段;供方所提供技术服务量;技术使用的目的和范围;供方对受方授权程度,供方对技术的担保和受方接受能力;技术供求状况;技术的经济效益;受方国家政治环境和对产权保护状况,等等。

技术价款的支付办法也与有形商品不同,常用的做法有三种:一是一次总付。即将技术使用费、技术资料费和技术服务费等费用一次算清加总,其总金额一次付清或分期付清。二是提成支付。即当技术实施后,逐年按合同产品的产量或销售额或所获利润提取一定比例作为技术价款支付。三是入门费加提成支付。即当合同生效或受方收到技术资料后,先支付一笔约定的金额,然后再逐年提成费用。

(10)保证。该条款主要是为维护被许可方的利益,加强许可方的责任。它包括权利保证和技术保证两项内容。权利保证主要是指许可方应保证其是所转让技术的合法拥有者,并有权进行技术转让,这种转让在合同规定的地域内没有侵犯任何第三方的权利。技术保证是指供方保证按合同规定提供技术,其提供的技术是安全实用的,可以生产出合格的合同产品。在保证条款中,主要是规定技术保证的内容。权利保证则主要在鉴于条款、侵权等条款中加以规定。

(11)其他条款。除上述条款外,许可合同中还有"索赔、不可抗力、税费、法律的适用和争议的解决、合同期限、文字及签字、合同附件等条款和内容。这些内容与一般商品买卖合同大同小异,故此不再赘述。

各种许可合同的特殊条款是根据合同标的具体特点所规定的条款。专利许可合同的特殊条款包括专利条款、专利保持有效条款,等等。

专利条款。该条款要明确所转让专利技术的法律状态,列出专利号、专利申请国别、申请时间和有效期限。若属正在申请的专利,则要在合同中订明将来双方的权利义务如何随申请结果而变化,等等。

专利保持有效条款。多数国家规定，专利权人必须按年交纳年费才能维持专利权的有效。因此，在合同中一般应规定：许可方有义务依法交纳年费以维持所转让专利的有效性；若因未交纳年费而导致专利失效，则合同将因此而解除。

在专利许可合同中还应列有规定专利标记的使用、侵权及其处理条款等。商标许可合同的特殊条款主要有：商标内容和特征，商标的合法性和有效性；受方使用商标的形式；对商标标识的管理；关于产品质量监督权等。

专有技术许可合同的特殊条款主要有：初期保密协议，保密和考核验收条款。初期保密协议主要是在进行技术谈判时双方所达成的保密协议，保证在技贸合同未达成的情况下，受方有义务在一定期限内，对从供方那里获得的一切技术秘密予以保密。保密条款则是在双方达成交易订入合同中的关于保密责任、措施等规定。

考核验收条款。技术贸易的"交货"过程，实际上是供方向受方传递和传授技术知识、经验和技能的过程。其中除移交技术资料外，更主要的是靠言传身教的形式向受方"交货"。"交货"是否完成？所交之"货"是否符合合同要求？在技术贸易中这些问题只能用考核合同产品的办法来解决。因此，在考核验收条款中，必须订明以下主要内容：考核验收的产品型号、规格、数量，考核验收的内容、标准、方法、次数，考核验收的地点、时间，所用关键专用测试仪器及设备的提供，双方参加考核验收人员的安排和责任，考核费用的负担，考核结果的处理，考核不合格的责任归属，经济、法律责任归属，等等。

技术服务和咨询合同

技术服务和咨询也是国际技术贸易实践中常用的一种技术贸易方式，由于其内容、范围和形式相当广泛，故其合同的内容也不尽相同。但一般来说，技术服务和咨询合同主要包括以下几个方面的内容。

（1）合同的标的。主要订明合同项目名称、服务内容和最终要解决的问题或要达到的技术要求。

（2）服务的要求及形式。在该条款中，应订明服务方派遣技术人员的人次、等级、资历、工作进度、工作地点和待遇条件，委托方接受培训人员的数量、资格、培训时间、地点、方式和待遇条件，服务方提供资料或报告的时间、地点和方式，以及完成技术服务和咨询的时限。

（3）双方的责任。委托方要如实介绍情况，为服务方实地考察提供方便；按规定支付技术服务咨询费；按时接受对方的工作成果。服务方要尽最大努力为对方服务；及时提出报告；适时解答对方提出的问题；为对方保密，等等。

（4）咨询报告的验收和处理。若属咨询性服务，则在咨询报告期限完了以后一定时间内，服务方要提供出咨询报告，双方举行答辩会，由服务方解答委托方提出的问题或质疑。若发现报告中有数据差错或其他问题，应规定纠正的期限，并确定验收报告的最终期限。

（5）其他条款。其他如技术服务和咨询的计价和支付；违约及其处理；关于工程设计、产品开发等技术服务合同的保证和担保等都要在合同中订明。

# 知识产权保护

## 知识产权

知识产权是指人类智力劳动产生的智力劳动成果所有权。它是依照各国法律赋予符合条件的著作者、发明者或成果拥有者在一定期限内享有的独占权利，一般认为它包括版权和工业产权。版权是指著作权人对其文学作品享有的署名、发表、使用以及许可他人使用和获得报酬等的权利；工业产权则是包括发明专利、实用新型专利、外观设计专利、商标、服务标记、厂商名称、货源名称或原产地名称等的独占权利。

知识产权保护已成为国际经济秩序的战略制高点，并成为各国激烈竞争的焦点之一。具体表现为以下几个鲜明特点：一是随着科学技术的迅速发展，传统的知识产权制度面临挑战，知识产权的保护范围在不断扩大。如在专利领域中，美国已对含有计算机程序的计算机可读载体、基因工程、网络上的经营模式等发明给予了专利保护。发展中国家的技术创新空间受到了极大的扼制。如何科学合理地确定专利保护的范围，已成为一个紧迫而重大的研究课题。世界银行在1998年年底发布的一份报告中指出："日益强化的国际知识产权保护立法，面临着扩大发达国家与发展中国家知识产权差距的危险。"二是某些发达国家近年来极力推行专利审查的国际化，提出打破专利审查的地域限制，建立"世界专利"，即少数几个国家负责专利审查，并授予专利权，其他国家承认其审查结果。所谓"世界专利"，实质上是世界各国的专利审查工作，由美、日、欧等少数几个发达国家和地区的专利局来进行。三是知识产权已纳入世界贸易组织管辖的范围。知识产权与货物贸易、服务贸易并重，成为世界贸易组织的三大支柱，并且将货物贸易的规则、争端解决机制引入知识产权领域。按照世贸组织的规定，世贸组织任何成员将因知识产权保护不力，遭到贸易方面的交叉报复。知识产权已成为国际贸易中的前沿阵地，随着关税的逐步减少直至取消，知识产权保护在国际贸易中的地位和重要性将更加突出。四是以美国、日本为代表的发达国家，纷纷调整和制定其面向新世纪的知识产权战略，并将其纳入国家经济、科技发展的总体战略之中。

### 知识产权涉及范围

知识产权涉及新思维方面的法律权利。一般知识产权是一种由国家在特定年限里授予个人的、能得到国家保护的权利，以制止未经授权许可的他人商业性地利用其"拥有"的新思维。

传统的知识产权主要由两部分组成：

（1）工业产权。包括专利权、商标权、实用新型设计、工业品外观设计、原产地标记以及制止不正当竞争等；

（2）版权以及与其有联系的邻接权，包括文化、音乐、艺术、摄影及电影摄影等作品。

还有一部分是目前有争议的知识产权保护范围，主要有：

（1）药品的授予专利与受到特别限制的问题；

（2）电脑程序是否应当受到保护的问题；

（3）工程基因产品是否可取得专利的问题；

（4）角色销售权保护问题；

（5）对电脑软件的保护权应限于制定的密码设计还是应该扩大计算机程序的"外型和感觉"方面；

（6）晶片分布图和半导体晶片产品的设计；

（7）制止不正当竞争的内容范围等问题。

## 保税物流

保税物流特指在海关监管区域内，包括保税区、保税仓、海关监管仓等，从事仓储、配送、运输、流通加工、装卸搬运、物流信息、方案设计等相关业务，企业享受海关实行的"境内关外"制度以及其他税收、外汇、通关方面的特殊政策。

简单地说，保税区有三大功能。

保税仓储：货物在进入保税仓库环节以及存储期间，不征收进口关税，免批文，不受配额限制。

简单加工：货物可以在保税仓库进行包装、分拣、贴唛、换唛、分拆、拼装等流通性加工。

转口贸易：进口货物在保税区存储可经简单加工后，即转手出口到其他目的国和地区。

不同性质的企业可利用保税仓功能进行业务扩展、加快资金回流。保税仓功能可以归纳为。

保税仓储：将国内、国外货物运至保税仓以保税形式储存起来，免交关税，节约大量税金，增加资金流动性。

手册核销：加工贸易型企业可通过出口到保税区，核销手册，实现跨关区转厂、出口转内销等。

简单加工：在保税仓的货物可允许进行流通加工贴唛、贴标签、更换包装等。

出口拼箱：将中国各地和国外供应商采购的原材料、半成品、成品等，汇集至保税仓存储，再按销售合同组合成不同的货柜后从香港或盐田港海运至世界各地。

进口分拨：从世界各地进口的货物（其中包括国内转至保税仓的货物）可以暂存在保税仓，进行分拣、简单加工、拆拼箱后，根据国内采购商的需求进行批量送货，以减轻收货人的进口税压力及仓储负担。

国际转口贸易：充分利用保税区内免领进出口许可证、免征关税和进口环节增值税等优惠政策，利用国内外市场间的地区差、时间差、价格差、汇率差等，在保税仓内实现货物国际转运流通加工贴唛、贴标签、再包装、打膜等，最终再运输到目的国。

展示服务：国外大宗商品如设备及原材料等，可存放在保税区仓库，保税存放，并可常年展示。展示结束后可以直接运回原地。避免高昂的关税和烦琐的报关手续。

检测维修服务：发往国外货物因品质或包装退运，须返回工厂检测或维修的。可利用保税区功能，直接将货物退至保税仓库，简化报关程序，不用交纳进口税，待维修完毕后，直接复出口。

# 保 险

保险是以契约形式确立双方经济关系，以缴纳保险费建立起来的保险基金，对保险合同规定范围内的灾害事故所造成的损失，进行经济补偿或给付的一种经济形式。

保险是最古老的风险管理方法之一。保险合约中，被保险人支付一个固定金额（保费）给保险人，前者获得保证：在指定时期内，后者对特定事件或事件组造成的任何损失给予一定补偿。

## 保险的功能与意义

保险具有经济补偿、资金融通和社会管理功能，这三大功能是一个有机联系的整体。经济补偿功能是保险的基本功能，也是保险区别于其他行业的最鲜明的特征。资金融通功能是在经济补偿功能的基础上发展起来的。社会管理功能是保险业发展到一定程度并深入到社会生活诸多层面之后产生的一项重要功能，它只有在经济补偿功能和资金融通功能实现以后才能发挥作用。

*经济补偿功能*

经济补偿功能是保险的立业之基，最能体现保险业的特色和核心竞争力。具体体现为两个方面。

（1）财产保险的补偿：保险是在特定灾害事故发生时，在保险的有效期和保险合同约定的责任范围以及保险金额内，按其实际损失金额给予补偿。通过补偿使得已经存在的社会财富因灾害事故所致的实际损失在价值上得到补偿，在使用价值上得以恢复，从而使社会再生产过程得以连续进行。这种补偿既包括对被保险人因自然灾害或意外事故造成的经济损失的补偿，也包括对被保险人依法应对第三者承担的经济赔偿责任的经济补偿，还包括对商业信用中违约行为造成经济损失的补偿。

（2）人身保险的给付：人身保险的保险数额是由投保人根据被保险人对人身保险的需要程度和投保人的缴费能力，在法律允许的情况下，与被保险人双方协商后确定的。

*资金融通功能*

资金融通功能是指将形成的保险资金中的闲置的部分重新投入到社会再生产过程中。保险人为了使保险经营稳定，必须保证保险资金的增值与保值，这就要求保险人对保险资金进行运用。保险资金的运用不仅有其必要性，而且也是可能的。一方面，由于保险保费收入与赔付支出之间存在时间差；另一方面，保险事故的发生不都是同时的，保险人收取的保险费不可能一次全部赔付出去，也就是保险人收取的保险费与赔付支出之间存在数量差。这些都为保险资金的融通提供了可能。保险资金融通要坚持：合法性、流动性、安全性、效益性的原则。

社会管理功能

社会管理是指对整个社会及其各个环节进行调节和控制的过程。目的在于正常发挥各系统、各部门、各环节的功能，从而实现社会关系和谐、整个社会良性运行和有效管理。

（1）社会保障管理：保险作为社会保障体系的有效组成部分，在完善社会保障体系方面发挥着重要作用，一方面，保险通过为没有参与社会保障的人群提供保险保障，扩大社会保障的覆盖面；另一方面，保险通过灵活多样的产品，为社会提供多层次的保障服务。

（2）社会风险管理：保险公司具有风险管理的专业知识、大量的风险损失资料，为社会风险管理提供了有力的数据支持。同时，保险公司大力宣传培养投保人的风险防范意识；帮助投保人识别和控制风险，指导其加强风险管理；进行安全检查，督促投保人及时采取措施消除隐患；提取防灾资金，资助防灾设施的添置和灾害防治的研究。

（3）社会关系管理：通过保险应对灾害损失，不仅可以根据保险合同约定对损失进行合理补充，而且可以提高事故处理效率，减少当事人可能出现的事故纠纷。由于保险介入灾害处理的全过程，参与当社会关系的管理中，改变了社会主体的行为模式，为维护良好的社会关系创造了有利条件。

（4）社会信用管理：保险以最大诚信原则为其经营的基本原则之一，而保险产品实质上是一种以信用为基础的承诺，对保险双方当事人而言，信用至关重要。保险合同履行的过程实际上就为社会信用体系的建立和管理提供了大量重要的信息来源，实现社会信息资源的共享。

## 保险的作用

保险在微观经济中的作用

（1）有利于受灾企业及时地恢复生产。

（2）有利于企业加强经济核算。

(3) 有利于企业加强危险管理。
(4) 有利于安定人民生活。
(5) 有利于民事赔偿责任的履行。

保险在宏观经济中的作用

(1) 保障社会再生产的正常进行。
(2) 推动商品的流通和消费。
(3) 推动科学技术向现实生产力转化。
(4) 有利于财政和信贷收支平衡的顺利实现。
(5) 增加外汇收入,增强国际支付能力。
(6) 动员国际范围内的保险基金。

## 保险费率

保险费率是保险费与保险金额的比例,保险费率又被称为保险价格。通常以每百元或每千元保险金额应缴纳的保险费来表示。

## 费率的厘定

保险人使用保险精算来量化风险。保险人通过数据的编制来估算未来损失(预定损失率),通常采用合理的近似。保险精算使用统计学和概率来量化风险并分析风险分布状态,保险人运用这种科学原理并附加一定条件来厘定保险费率。

这些附加条件包括预定投资收益率、保险单预定利率、预定营业费用和税金,人寿保险公司的附加条件还主要包括预定死亡率。

保险公司所必须支付的预定利率将会被拿来与市场上的借款利率相比较,根据比较,许多保险公司并没有在预定利率方面胜出,但是他们宁肯将预定利率控制到比从别处借款的利率还要低。如果不这样,保险公司将不会给所有者的资本以回报,那么他们将借钱给其他地方以获得市场价格的投资回报。

## 保险的原则

### 保险利益原则

保险利益(又称为"可保权益"、"可保利益")是指投保人对保险标的具有的法律上承认的利益。通常投保人会因为保险标的的损害或者丧失而遭受经济上的损失,因为保险标的的保全而获得收益。只有当保险利益是法律上认可的,经济上的，确定的而不是预期的利益时，保险利益才能成立。一般来说，财产保险的保险利益在保险事故发生时存在，这时才能补偿损失；人身保险的保险利益必须在订立保险合同时存在，用来防止道德风险。

以寿险为例，投保人对自身及其配偶具有无限的可保权益，在一些国家地区，投保人与受保人如有血缘关系，也可构成可保权益。另外，债权人对未还清贷款的债务人也具有可保权益。

最大诚信原则

最大诚信原则保证保险合同当事双方能够诚实守信，对自己的义务善意履行。包括如下内容：

保险人的告知义务。保险人应该对保险合同的内容即术语、目的进行明确说明。

投保人的如实告知义务。投保人应该对保险标的的状况如实告知保险人。

投保人或者被保险人的保证义务。投保人或者被保险人对于行为或不作为、某种状态存在或不存在的担保。保证较明确的一种是保险合同上明确规定的保证，比如盗窃险中保证安装防盗门、人身保险中驾驶车辆必须有有效的驾驶证；不需明确的保证称为默示保证，如海上保险中，投保人默示保证适航能力、不改变航道、航行的合法性等。由于保证条款对被保险人限制十分严格，所以各国法律都限制保险人使用默示保证，只有一些约定俗成的事项成为默示保证。

（3）弃权和禁止反言原则

弃权是当事人放弃在合同中的某种权利。例如投保人明确告知保险人保险标的的危险程度足以影响承保，保险人却保持沉默并收取了保险费，这时构成保险人放弃了拒保权。再如保险事故发生，受益人在合同规定的期限不索赔，构成受益人放弃主张保险金的权利。

禁止反言指既然已经放弃某种权利，就不得再主张该权利。比如上面第一个例子，保险人不能在承保后，再向投保人主张拒保的权利。

（4）损失补偿原则

损失补偿原则是保险人必须在保险事故发生导致保险标的遭受损失时根据保险责任的范围对受益人进行补偿。其含义为保险人对约定的保险事故导致的损失进行补偿，受益人不能因保险金的给付获得额外利益。一般来说，财产保险遵循该原则，但是由于人的生命和身体价值难以估计，所以人身保险并不适用该原则，但亦有学者认为健康险的医疗费用亦应遵循，否则有不当得利之嫌。

(5) 近因原则

近因原则是指判断风险事故与保险标的的损失之间的关系,从而确定保险补偿或给付责任的基本原则。近因是保险标的损害发生的最直接、最有效、最起决定性的原因,而并不是指最近的原因。如果近因属于被保风险,则保险人应赔偿,如果近因属于除外责任或者未保风险,则保险人不负责赔偿。

## 保险的种类

保险按照保障范围可分为:财产保险、责任保险、信用保证保险、人身保险。

### 财产保险

是以各种物质财产为保险标的的保险,保险人对物质财产或者物质财产利益的损失负赔偿责任。

(1) 火灾保险是承保陆地上存放在一定地域范围内,基本上处于静止状态下的财产,比如机器、建筑物、各种原材料或产品、家庭生活用具等因火灾引起的损失。

(2) 海上保险实质上是一种运输保险,它是各类保险业务中发展最早的一种保险,保险人对海上危险引起的保险标的的损失负赔偿责任。

(3) 货物运输保险是除了海上运输以外的货物运输保险,主要承保内陆、江河、沿海以及航空运输过程中货物所发生的损失。

(4) 各种运输工具保险主要承保各种运输工具在行驶和停放过程中所发生的损失。主要包括汽车保险、航空保险、船舶保险、铁路车辆保险。

(5) 工程保险承保各种工程期间一切意外损失和第三者人身伤害与财产损失。

(6) 灾后利益损失保险指保险人对财产遭受保险事故后可能引起的各种无形利益损失承担保险责任的保险。

(7) 盗窃保险承保财物因强盗抢劫或者窃贼偷窃等行为造成的损失。

(8) 农业保险主要承保各种农作物或经济作物和各类牲畜、家禽等因自然灾害或意外事故造成的损失。

### 责任保险

是一种以被保险人的民事损害赔偿责任作为保险对象的保险。不论企业、团体、家庭或个人,在进行各项生产业务活动或在日常生活中,由于疏忽、过失等行为造成对他人的损害,根据法律或契约对受害人承担的经济赔偿责任,都可以在投保有关责任保险之后，由保险公司负责赔偿。

（1）责任保险是以被保险人的民事损害赔偿责任作为保险标的的保险。

（2）公众责任保险承保被保险人对其他人造成的人身伤亡或财产损失应负的法律赔偿责任。

（3）雇主责任保险承保雇主根据法律或者雇佣合同对雇员的人身伤亡应该承担的经济赔偿责任。

（4）产品责任保险承保被保险人因制造或销售产品的缺陷导致消费者或使用人等遭受人身伤亡或者其他损失引起的赔偿责任。

（5）职业责任保险承保医生、律师、会计师、设计师等自由职业者因工作中的过失而造成他人的人身伤亡和财产损失的赔偿责任。

信用保证保险

是保险人为被保证人向权利人提供担保的保险。

（1）信用保险以订立合同的一方要求保险人承担合同的对方的信用风险为内容的保险。

（2）保证保险以义务人为被保证人按照合同规定要求保险人担保对权利人应履行义务的保险。

人身保险

是以人的身体或者生命作为保险标的的保险，保险人承担被保险人保险期间遭受到人身伤亡，或者保险期满被保险人伤亡或者生存时，给付保险金的责任。人身保险除了包括人寿保险外，还有疾病保险和人身意外伤害险。

疾病保险又称健康保险

是保险人对被保险人因疾病而支出的医疗费用，或者因疾病而丧失劳动能力，按照保险单的约定给付保险金的保险。

人寿保险

简称寿险，是一种以人的生死为保险对象的保险，是被保险人在保险责任期内生存或死亡，由保险人根据契约规定给付保险金的一种保险。

（1）风险保障型人寿保险

①定期死亡保险以被保险人保险期间死亡为给付条件的保险。

②终身死亡保险以被保险人终身死亡为给付条件的保险。

③两全保险以被保险人保险期限内死亡或者保险期间届满仍旧生存为给付条件的保险，有储蓄的性质。

④年金保险以被保险人的生存为给付条件，保证被保险人在固定的期限内，

按照一定的时间间隔领取款项的保险。

（2）投资理财型人寿保险

分红保险，就是指保险公司在每个会计年度结束后，将上一会计年度该类分红保险的可分配盈余，按一定的比例、以现金红利或增值红利的方式，分配给客户的一种人寿保险。

投资连结保险就是保险公司将收进来的资本（保费）除了提供给客户保险额度以外，还会去做基金标的连结让客户可以享受到投资获利。

万能人寿保险（又称为万用人寿保险）指的是可以任意支付保险费以及任意调整死亡保险金给付金额的人寿保险。

再保险以保险公司经营的风险为保险标的的保险。

（3）社会保险与商业保险的异同

①实施方式与依据有差别。社保的实施方式与依据是强制法律，而商保为自愿，合同的方式。

②保障的对象不同。社保的对象是所有劳动者，而商保的对象为本国公民。

③保费的来源不同。社保保费来源为多方，有投保人、单位、政府等，商保保费来源于投保人。

④保险金额和保险水平不同。社保保险金额统一，保险水平较低；商保的保险金额是自由决定，保险水平较高。

⑤实施原则不同。社保的实施原则是社会公平原则，而商保是个人公平原则。

⑥经营机构及目的不同。社保为政府指定机构，是非赢利性机构；商保为保险公司，为赢利性机构。

⑦收益人资格不同。社保的收益人是法定继承人，商保的收益人为指定或法定继承人。

## 利　润

利润（Profit）指企业销售产品的收入扣除成本价格和税金以后的余额。在不同的社会条件下，利润的内涵不同，体现的社会关系不同。

利润＝营业收入－营业成本－营业税金及附加－销售费用－管理费用－财务费用－资产减值损失＋公允价值变动收益（－公允价值变动损失）＋投资收益（－投资损失）。

营业收入：是指企业经营业务所确认的收入总额，包括主营业务收入和其他业务收入。

营业成本：是指企业经营业务所发生的实际成本总额，包括主营业务成本和其他业务成本。

资产减值损失：企业计提各项资产减值准备所形成的损失。

公允价值变动收益（或损失）：企业交易性金融资产等公允价值变动形成的应计入当期损益的利得（或损失）。

投资收益（或损失）：企业以各种方式以外投资所取得的收益（或发生的损失）。

利润总额＝营业利润＋营业外收入－营业外支出。

营业外收入：企业发生的与其日常活动无直接关系的各项利得。

营业外支出：企业发生的与其日常活动无直接关系的各项损失。

净利润＝利润总额－所得税费用。

所得税费用：企业确认的应从当期利润总额中扣除的所得税费用。

# 垄　断

垄断一般指唯一的卖者在一个或多个市场，通过一个或多个阶段，面对竞争性的消费者——与买者垄断（Monopsony）刚刚相反。垄断者在市场上，能够随意调节价格与产量（不能同时调节）。

由于垄断者是其所生产产品的唯一卖者，因此，直接面对整个市场，换句话说，他将面对向下倾斜的市场需求。而买者人数众多，因此是竞争性的，也就是说，买者是价格接受者。因此，卖者可以通过控制产品价格，或者产量来最大化自己的利润。

## 造成垄断的原因

（1）规模经济。如果对于一个市场的全部需求，只能容纳一个厂商获得，多一个厂商都会使所有厂商亏损。

（2）对生产要素的垄断。一旦生产者控制了整个行业的产品原材料，而其他生产者无法获得这种原材料时，那么，该生产者就成为该行业的垄断者。

（3）法律保护。例如，专利保护。

（4）特许经营。政府在某个行业内授权某家厂商垄断经营某种产品被称为特许权。特许经营的例子很多,大到公用事业、邮政、广播媒体,甚至是奥运商品,小到区域性的垄断商品,比如校园内等。

(5)网络经济。网络经济的方兴未艾使得网络经济成为垄断的另一个原因,这与规模经济比较相似,所不同的是网络经济是通过消费者的购买行为而作用于市场需求方面的,因为人的需求行为是相互影响的。

其他。例如,垄断厂商具有原料供货、生产技术与管理等方面的优势。垄断厂商还可以通过合并、接管以及各种合理及不合理的手段维护其垄断地位。

一般认为,垄断的基本原因是进入障碍,也就是说,垄断者能在其市场上保持唯一卖者的地位,是因为其他企业不能进入市场并与之竞争。进入障碍产生垄断的原因有:

资源垄断:关键资源由一家企业拥有。

政府创造垄断:政府给予一家企业排他性地生产某种产品或劳务的权利。

自然垄断:生产成本使一个生产者比大量生产者更有效率。

垄断包括经济垄断与政治垄断。政治垄断又叫独裁或者专制。政治垄断是指某个组织或者极少数人包揽国家权力的政治,垄断政治的特征是缺乏对等、公平的政治竞争。根据马克思主义基本原理,垄断必然走向腐败灭亡,垄断的政治必然走向腐败。前苏联的政治失败就是一个例证。

## 垄断的危害

垄断与竞争天生是一对矛盾,由于缺少竞争压力和发展动力,加之缺乏有力的外部制约监督机制,垄断性行业的服务质量往往难以令人满意,经常会违背市场法则、侵犯消费者公平交易权和选择权。

### 价格垄断拉高整个社会成本

垄断性行业所从事的一般都是与绝大多数人、行业息息相关的公共事业,例如电信、邮政、自来水、电力、煤气、铁路、航空,等等。因为这些行业渗透到社会的方方面面,所以这些行业的服务价格的高低便关系到整个社会的成本。这些行业的整体效率直接关系到其他产业参与国际竞争的能力。

垄断行业的成本又是最难估算的,电信部门说市话亏损,邮政部门说普通信件业务亏损,自来水公司也说自己亏损。但是许多消费者都怀疑他们是不是真的亏损、搞不清亏损是怎么形成的,因为没有一个独立的会计或审计部门告诉我们垄断行业的成本到底是如何构成的。

经济学家认为通过行政性、强制性手段维持高于合理水平的价格,人为压抑公众的消费需求是垄断的必然。垄断的利润是极其可观的,有消费者指出现在随处可见 IP 电话卡以 6~8 折"挥泪"甩卖,电信部门却仍可泰然处之。不知其中的利润到底有多大。而由独家垄断造成的社会成本是极其巨大的。

有专家分析,计划经济时代电信、铁路等部门过去都属于国家行政部门,而这些部门进入市场的时候,本身却仍具有垄断地位,一旦在市场中开始追求利润,就会通过垄断定价把大量消费者利益转移到手中,使特权部门、特权公司拿到远远高于竞争市场价格的利润。结果提高了整个社会的竞争成本。

行业垄断导致有效投资不足

据业内人士透露,目前经过审批的私营速递公司在北京、上海和深圳都有几十家,但地下"黑市"速递公司的数量则在 1000 家以上。虽然按照国家《邮政法》的规定,信件和其他具有信件性质的物品寄递业务由国有邮政企业专营,但是许多速递公司也在以各种形式参与这项服务,据统计,EMS 目前最低的资费是 23.3 元,而私营速递公司的最低资费不过 10 元左右。超额的利润必然引来资金,哪怕公司的身份不太合法。据统计,从 1995 年起,EMS 营业额的年增长率也有 2%,但其市场份额却在以每年 4% 的速度衰退。同一时期,四大国际速递巨头在中国的营业额增长却保持在 20% 以上。尽管现时 EMS 在国内速递市场仍是"老大哥",但是它的市场份额已经由最高峰时的近 97%,跌到目前的 40% 左右。

这种现象在垄断行业是常见的,一方面,垄断企业能通过垄断获得超额利润,从而妨碍了效率的提高,妨碍了其扩大业务规模的积极性。另外通过行业垄断阻止社会资金进入该行业,虽然总有资金为利润引诱通过各种方式"违规"进入,但规模总是有限的。

投资不足、就业下降,消费相对疲软是目前我国经济运行之中的主要问题。有专家指出,造成中国现阶段投资不足的原因有很多,但是其中一点就是很多高利润的行业都是市场禁入的垄断行业,这些行业中,垄断导致低效,造成了这部分利润反映不出真实的利润状况,成为极大的浪费,同时这也极大的挫伤了资本的投资热情,这样就造成所谓的"资本罢工",强化了投资市场低迷。

行政垄断滋生腐败毒瘤

在当前国内市场出现的大量垄断行为中,行政性垄断无疑占据首要位置。由政府及其所属部门滥用行政权力所实施的限制竞争行为,称为"行政垄断"。行政性垄断由于行政权力的介入,使得它比自然垄断、行业垄断对市场公平竞争的危害性更大,特别是少数腐败分子利用具有公共事务管理的权力,如果"给钱"才能办事,垄断成了腐败的温床,这不仅影响经济发展,更重要的是使政府信用遭到损害，失信于经营者。

国内研究机构的研究结果表明，腐败在当前的重要表现之一就是由垄断造成大量的租金（这里是经济学意义上的"租金"）流失。比如，中国最大的垄断行业之一的电力业，根据他们的估算，每年造成的租金损失在560亿元至1120亿元之间，而民航的垄断"租金"每年也多达75亿元至100亿元。垄断把消费者收益转给垄断生产者，创造出超额利润，造成社会福利损失。估计这类损失每年达1300亿元至2020亿元。

## 产业结构

产业结构是指各产业的构成及各产业之间的联系和比例关系。在经济发展过程中，由于分工越来越细，因而产生了越来越多的生产部门。这些不同的生产部门，受到各种因素的影响和制约，会在增长速度、就业人数、在经济总量中的比重、对经济增长的推动作用等方面表现出很大的差异。因此，在一个经济实体当中（一般以国家和地区为单位），在每个具体的经济发展阶段、发展时点上，组成国民经济的产业部门是大不一样的。各产业部门的构成及相互之间的联系、比例关系不尽相同，对经济增长的贡献大小也不同。因此，把包括产业的构成、各产业之间的相互关系在内的结构特征概括为产业结构。

### 产业结构分类

产业结构按照国际上通行AIS划分方法，可以分为三大产业：第一产业（主要为农业）、第二产业（主要为工业）、第三产业（主要为服务业）。

从总体上看，三大产业所占比重的演变有一定规律：第一产业的比重逐步下降；第二产业的比重先上升后下降；在第二产业比重下降的同时，第三产业比重由缓慢上升变为迅速上升，最终会超过第二产业。

第一，第一产业的增加值和就业人数在国民生产总值和全部劳动力中的比重，在大多数国家呈不断下降的趋势。直至20世纪70年代，在一些发达国家，如英国和美国，第一产业增加值和劳动力所占比重下降的趋势开始减弱。

第二，第二产业的增加值和就业人数占国民生产总值和全部劳动力的比重，在60年代以前，大多数国家都是上升的。但进入60年代以后，美、英等发达国家工业部门增加值和就业人数在国民生产总值和全部劳动力中的比重开始下降，其中传统工业的下降趋势更为明显。

第三,第三产业的增加值和就业人数占国民生产总值和全部劳动力的比重各国都呈上升趋势。20世纪60年代以后,发达国家的第三产业发展更为迅速,所占比重都超过了60%。

##  产业结构关联性

产业结构的演变规律与消费结构的演变有着很大的相关性。

消费结构是基于消费者在既定收入约束下,寻求消费效用最大而依据价格对各种消费品和劳务消费数量进行选择和调整的行为结果。消费行为的变化将改变消费者支出结构,进而通过消费结构对产业结构产生诱导效应;而产业结构通过制约和影响供给结构,也对消费结构产生了一定的制约和引导作用。分析消费结构变动和产业结构变动的关联性,一方面要通过消费结构的合理化实现消费结构的效率性及其对产业结构的选择效应;另一方面要把握产业结构是否随着消费结构的变化而实现了自我调整,是否与消费结构相适应,从而实现资源配置的效率。

产业结构与消费结构相互制约。

产业结构从静态考察社会再生产过程四个环节之间的相互关系,生产是起点,消费是终点,生产对消费起着决定作用。从生产决定消费的角度考察消费结构与产业结构的关系,主要表现为产业结构对消费结构的制约作用。这种制约作用包括:

①消费结构中各种消费资料和消费劳务的构成比例,直接受消费资料和消费劳务的生产状况及其供给结构的制约。

②新的产业的兴起会创造出新的消费需求,从而影响消费结构。因而,产业结构在影响和改变着消费结构。

③产业结构的调整和变动,会影响消费结构的变动。产业结构变动较大、速度较快,消费结构变动的幅度也就较大、速度较快。

从动态来考察社会再生产过程四个环节之间的关系,则消费需求又决定着生产。满足消费需求,不仅是社会生产的目的,而且是社会生产的归宿。从微观来看,消费需要对生产的导向作用是十分明显的。从宏观来看,消费结构对产业结构的导向作用主要表现为:

①与一定的经济发展水平相适应的消费结构特征规定着产业结构特征。长期脱离消费需要的产业结构必定会对经济增长产生不良影响,最后不得不作出相应的调整,从而适应一定阶段的消费需求。

②消费结构的变动产业对结构的变动具有引导作用。消费结构是需求结构和产业结构的综合反映,消费者的市场需求又是消费需求的反映。需求总是具有一定的结构性,并且随着消费水平的变化而变化。这种变化反映在市场上,引起生产结构的变化。

## 中国产业结构矛盾

(1)第一产业矛盾的症结,在于耕地、水等资源相对短缺和劳动力严重过剩。

中国人均耕地和水资源低于世界平均水平。农业剩余劳动力较多,今后每年还有大量新成长的劳动力需要就业。这就使我们面临一个难题,由于资源短缺,必须不断提高资源的利用效益,这要花费大量投资,包括水利设施的建设,机械设备、动力、化肥、农药的投入等。这就使农产品的成本不断上升,而富余劳动力又使得农业的人均劳动生产率难以提高。成本的不断上升和劳动生产率的低下,使得从事农业生产的纯收入难以增加,"增产不增收"、"农业大县、财政穷县"等现象还很严重,成为影响农业进一步发展的关键问题。多年来,采取的提高粮食、棉花等农产品价格,"以工补农"等措施起到了促进农业发展的效果。但当主要农产品价格接近国际市场价格后,人们面临着政策上的新的选择。除了继续增加农业的投入,特别是科技投入,还需要开辟新的道路,采取新的措施。

(2)第二产业供给能力大、需求相对不足矛盾的根子,是农民多,收入低。

中国人均拥有的主要工业品和住房,在世界上尚属低水平,具有发展的潜力。但由于农民收入水平低,目前在城市已经普及的商品在农村尚无购买能力。

(3)造成第三产业比重过低状况的原因,有交通等基础设施不发达等因素,但最根本的原因是我国城市化的程度,与经济发展的程度不相适应。

## 中国产业结构调整方向

(1)坚持把农业放在经济工作的首位,确保农业和农村经济发展,农民收入增加。

(2)继续加强基础设施建设,推进国民经济信息化。

(3)加大调整改造加工工业的力度,振兴支柱产业,积极培育新的经济增长点。

(4)鼓励和引导第三产业加快发展。

(5)促进地区经济合理布局和协调发展。

## 乘数效应

乘数效应是一种宏观的经济效应，是指经济活动中某一变量的增减所引起的经济总量变化的连锁反应程度。在经济学中，乘数效应更完整地说是支出/收入乘数效应，是宏观经济学的一个概念，也是一种宏观经济控制手段，是指支出的变化导致经济总需求与其不成比例的变化。

### 乘数效应故事

一群无法无天的小流氓砸碎了一家商店的橱窗，然后逃之夭夭。店主自认倒霉，只好花1000元买了一块玻璃换上。这个时候一个经济学家走过来，说要恭喜店主。正在窝火的店主见有人说风凉话，气得要揍这个经济学家一顿。经济学家不慌不忙一番解释，居然让店主目瞪口呆。

经济学家这样说，玻璃店老板因为商店橱窗的损失得到1000元收入，假设他支出其中的80%，即800元用于买衣服，衣服店老板得到800元收入。再假设衣服店老板用这笔收入的80%，即640元用于买食物。食品店老板得到640元收入，他又把这640元中的80%用于支出……如此一直下去，你会发现，最初是商店老板支出1000元，但经过不同行业老板的收入与支出行为之后，所有人的总收入增加了5000元。所以商店的橱窗被打破了是一件可喜可贺的事情。

其原因何在呢？经济学家用乘数原理回答了这一问题。

在社会经济中，增加一笔投资很可能引起国民收入成倍增加，这就是宏观经济学中的乘数效应。乘数是指最初投资增加所引起的国民收入增加的倍数。在上述例子中，最初的投资就是玻璃店老板购买玻璃的1000元，这种投资的增加引起的衣服店、食品店等部门收入增加之和为5000元，所以乘数就是5（5000元除以1000元）。

### 乘数效应的类型

货币（政策）乘数效应

货币乘数是基础货币与货币供应量扩张关系的数量表现，即中央银行创造或缩减一单位的基础货币货币供应量增加或减少的倍数。

完整的货币（政策）乘数的计算公式是：$k = (Rc + 1) / (Rd + Re + Rc)$。其中$Rd$、$Re$、$Rc$分别代表法定准备金率、超额准备金率和现金比率。而货币

（政策）乘数的基本计算公式是：货币供给/基础货币。货币供给等于通货（即流通中的现金）和活期存款的总和；而基础货币等于通货和准备金的总和。

银行提供的货币和贷款会通过数次存款、贷款等活动产生出数倍于它的存款，即通常所说的派生存款。货币乘数的大小决定了货币供给扩张能力的大小。而货币乘数的大小又由以下四个因素决定：

（1）法定准备金率。定期存款与活期存款的法定准备金率均由中央银行直接决定。通常，法定准备金率越高，货币乘数越小；反之，货币乘数越大。

（2）超额准备金率。商业银行保有的超过法定准备金的准备金与存款总额之比，称为超额准备金率。显而易见，超额准备金的存在相应减少了银行创造派生存款的能力。因此，超额准备金率与货币乘数之间也呈反方向变动关系，超额准备金率越高，货币乘数越小；反之，货币乘数就越大。

（3）现金比率。现金比率是指流通中的现金与商业银行活期存款的比率。现金比率的高低与货币需求的大小正相关。因此，凡影响货币需求的因素，都可以影响现金比率。例如银行存款利息率下降，导致生息资产收益减少，人们就会减少在银行的存款而宁愿多持有现金，这样就加大了现金比率。现金比率与货币乘数负相关，现金比率越高，说明现金退出存款货币的扩张过程而流入日常流通的量越多，因而直接减少了银行的可贷资金量，制约了存款派生能力，货币乘数就越小。

（4）定期存款与活期存款间的比率。由于定期存款的派生能力低于活期存款，各国中央银行都针对商业银行存款的不同种类规定不同的法定准备金率，通常定期存款的法定准备金率要比活期存款的低。这样即便在法定准备金率不变的情况下，定期存款与活期存款间的比率改变也会引起实际的平均法定存款准备金率改变，最终影响货币乘数的大小。一般来说，在其他因素不变的情况下，定期存款对活期存款比率上升，货币乘数就会变大；反之，货币乘数会变小。

影响中国货币乘数的因素除了上述四个因素之外，还有财政性存款、信贷计划管理两个特殊因素。

### 投资或公共支出乘数效应

投资乘数效应是指一笔初始的投资会产生一系列连锁反应，从而会使社会的经济总量发生成倍的增加。意即投资或政府公共支出变动引起的社会总需求变动对国民收入增加或减少的影响程度。一个部门或企业的投资支出会转化为其他部门的收入，这个部门把得到的收入在扣除储蓄后用于消费或投资，又会转化为另外一个部门的收入。如此循环下去，就会导致国民收入以投资或支出的倍数递

经济学定律与常用术语解析

增。以上道理同样适用于投资的减少。投资的减少将导致国民收入以投资的倍数递减。公共支出乘数的作用原理与投资乘数相同。

税收乘数效应

税收乘数效应是指税收的增加或减少对国民收入减少或增加的程度。由于增加了税收，消费需求和投资需求就会下降。一个部门收入的下降又会引起另一个部门收入的下降，如此循环下去，国民收入就会以税收增加的倍数下降，这时税收乘数为负值。相反，由于减少了税收，使私人消费和投资增加，从而通过乘数影响国民收入增加更多，这时税收乘数为正值。一般来说，税收乘数小于投资乘数和政府公共支出乘数。

预算平衡乘数效应

预算平衡乘数效应，是指当政府支出的扩大与税收的增加相等时，国民收入的扩大正好等于政府支出的扩大量或税收的增加量，当政府支出减少与税收的减少相等时，国民收入的缩小正好等于政府支出的减少量或税收的减少量。

## 乘数效应的应用

乘数效应以一个变量的变化以乘数加速度方式引起最终量的增加。它包括正反两个方面作用。当政府投资或公共支出扩大、税收减少时，对国民收入有加倍扩大的作用，从而产生宏观经济的扩张效应。当政府投资或公共支出削减、税收增加时，对国民收入有加倍收缩的作用，从而产生宏观经济的紧缩效应。

乘数效应是制定宏观政策要考虑的因素。而在管理中某一政策的实施是否也具有乘数效应，且这乘数效应正是管理者所追求的。比如一个促进销售计划的实施，管理者希望这个计划可以成倍的增加，但是结果往往发现，如果没有其他的策略实施的配套，乘数效应很难实现。

再比如激励政策，管理者采取了诸如结果激励方法、过程激励方法等，但是最好的结果也可能只是对某些具体的行为产生效果，而持续的激励或者自发的激励效果却不可能实现。因此，管理者希望能够实现一个乘数效应，即一种措施产生多重效果。

我国古代也有很多乘数效应的例子，比如古代忠孝从某种意义上来说就是一种乘数效应，对于忠孝者而言，君或者长辈对他们的教育或者激励也仅仅限于几次偶尔的说教或者奖赏，但是这种思想却一直延续下去，达到了很好的乘数效应。

但是这里要注意一个问题，乘数效应不是一劳永逸，它是包括一系列的措施在里面的。只有这些相应的配套措施发挥了功效，乘数效应才可能发生功效。

所谓的配套措施是使当初的措施的效果进一步发挥的配套措施，比如管理中的激励措施，是不可能在没有激励的情况下继续发挥作用的。必须要相应的比如企业文化等的配套，只有做好相应的这些措施，乘数效应才可能发挥功效的。

# 成本

成本是企业为生产商品和提供劳务等所耗费物化劳动、活劳动中必要劳动的价值的货币表现，是商品价值的重要组成部分。成本是商品经济的一个经济范畴。马克思曾科学地指出了成本的经济性质："按照资本主义方式生产的每一个商品 W 的价值，用公式来表示是 W = C + V + M。如果人们从这个产品价值中减去剩余价值 M，那么，在商品剩下来的，只是一个在生产要素上耗费的资本价值 C + V 的等价物或补偿价值。"

### 成本的含义

（1）成本是生产和销售一定种类与数量产品所耗费资源用货币计量的经济价值。企业进行产品生产需要消耗生产资料和劳动力，这些消耗在成本中用货币计量，就表现为材料费用、折旧费用、工资费用等。企业的经营活动不仅包括生产，也包括销售活动，因此在销售活动中所发生的费用，也应计入成本。同时，为了管理生产经营活动所发生的费用也具有形成成本的性质。

（2）成本是为取得物质资源所需付出的经济价值。企业为进行生产经营活动，购置各种生产资料或采购商品，而支付的价款和费用，就是购置成本或采购成本。随着生产经营活动的不断进行，这些成本就转化为生产成本和销售成本。

（3）成本是为达到一定目的而付出或应付出资源的价值牺牲，它可用货币单位加以计量。

（4）成本是为达到一种目的而放弃另一种目的所牺牲的经济价值。

### 成本的构成内容

成本的构成内容要服从管理的需要，并且随着管理的发展而发展。国家规定成本的构成内容主要包括：

（1）原料、材料、燃料等费用，表现商品生产中已耗费的劳动对象的价值；

（2）折旧费用，表现商品生产中已耗费的劳动对象的价值；

（3）工资，表现生产者的必要劳动所创造的价值。

在实际工作中，为了促使企业厉行节约，减少损失，加强企业的经济责任，对于一些不形成产品价值的损失性支出（如工业企业里的废品损失、停工损失等），也列入产品成本之中。此外，对某些应从为社会创造的价值中进行分配的部分（如财产的保险费用等）也列入产品成本。这说明产品成本的实际内容，一方面要求反映成本的客观经济实质，另一方面又要按照国家的分配方针和财务管理制度规定，把某些不属于 C+V 的内容列入成本，而把某些属于活劳动耗费性质的费用列为营业外支出或从留利中开支。

成本作为资本耗费，发生于生产过程，而补偿价值的生产成果的分配，属于分配领域的范畴；作为商品的所有者的经营者，常常会对分配领域的一些支出，列作生产成本，导致实际补偿价值和已经消耗的 C+V 不一致。

## 成本分类

成本分类是根据成本核算和成本管理的不同要求，按不同的标准对成本所作的划分。成本分类的方法主要有：

（1）按概念形成可分为理论成本和应用成本。
（2）按应用情况可分为财务成本和管理成本。
（3）按产生依据可分为实际成本和估计成本。
（4）按发生情况可分为原始成本和重置成本。
（5）按形成时间可分为历史成本和未来成本。
（6）按计量单位可分为单位成本和总成本。
（7）按计算根据可分为个别成本和平均成本。
（8）按包括的范围可分为全部成本和部分成本。
（9）按生产过程中的顺序关系，可分为车间成本和工厂成本。
（10）按生产经营范围，可分为生产成本和销售成本。
（11）按与收益的关系，可分为已耗成本和未耗成本。
（12）按与决策的关系，可分为相关成本和非相关成本。
（13）按与现金支出关系，可分为付现成本和沉没成本。
（14）按与计划的关系，可分为计划成本和预计成本。
（15）按数量变化关系，可分为边际成本、增量成本和差别成本。
（16）按可否免除，可分为可避免成本和不可避免成本。
（17）按可否推迟发生，可分为可递延成本和预计成本。
（18）按发生可否加以控制，可分为可控成本与不可控成本。

（19）按性态，可分为变动成本和固定成本。

（20）按发生与产品生产的关系，可分为直接成本和间接成本。

（21）按产品成本的构成情况，可分为主要成本和加工成本。

为了便于进行成本管理，还可运用其他一些成本分类概念，如机会成本、责任成本、定额成本、目标成本、标准成本，等等。

## 成本的作用

（1）成本是补偿生产耗费的尺度。企业为了保证再生产的不断进行，必须对生产耗费，即资金耗费进行补偿。企业是自负盈亏的商品生产者和经营者，其生产耗费须用自身的生产成果，即销售收入来补偿。维持企业再生产按原有规模进行。而成本就是衡量这一补偿份额大小的尺度。

（2）成本是制订产品价格的基础。产品价格是产品价值的货币表现。但在现阶段，人们还不能直接地准确计算产品的价值，而只能计算成本。成本作为价值构成的主要组成部分，其高低能反映产品价值量的大小，因而产品的生产成本成为制订产品价格的重要基础。也正是如此，需要正确地核算成本，才能使价格最大限度地反映社会必要劳动的消耗水平，从而接近价值。当然，产品的定价是一项复杂的工作，还应考虑其他因素，如国家的价格政策及其他经济政策法令、产品在市场上的供求关系及市场竞争的态势，等等。

（3）成本是计算企业盈亏的依据。企业只有当其收入超出其为取得收入而发生的支出时，才有赢利。成本也是划分生产经营耗费和企业纯收入的依据。因为成本规定了产品出售价格的最低经济界限，在一定的销售收入中，成本所占比例越低，企业的纯收入就越多。

（4）成本是企业进行决策的依据。企业要努力提高其在市场上的竞争能力和经济效益。首先必须进行正确可行的生产经营决策，而成本就是其中十分重要的一项因素。成本作为价格的主要组成部分，其高低是决定企业有无竞争能力的关键。因为在市场经济条件下，市场竞争在很大程度上就是价格竞争，而价格竞争的实际内容就是成本竞争。企业只有努力降低成本，才能使自己的产品在市场中具有较高的竞争能力。

（5）成本是综合反映企业工作业绩的重要指标。企业经营管理中各方面工作的业绩，都可以直接或间接地在成本上反映出来，如产品设计好坏、生产工艺合理程度、产品质量高低、费用开支大小、产品产量增减以及各部门各环节的工作衔接协调状况，等等。正因如此，可以通过对成本的预测、决策、计划、控制、核算、分析和考核等来促使企业加强经济核算，努力改善管理，不断降低成本，提高经济效益。

## 中产阶级

中产阶级的划分标准通常有两个，一是职业，二是人均或家庭收入。他们大多从事脑力劳动，主要靠工资及薪金谋生，一般受过良好教育，具有专业知识和较强的职业能力及相应的家庭消费能力；有一定的闲暇，追求生活质量，对其劳动、工作对象一般也拥有一定的管理权和支配权。同时，他们大多具有良好的公民、公德意识及相应修养。换言之，从经济地位、政治地位和社会文化地位上看，他们均居于现阶段社会的中间水平——这是一个貌似明晰，实则含混的定义。

就是这样含混的定义，也仍旧有人表示不同意。这个定义强调的是职业（职务）和经济收入，而作家王朔就说过，"中产阶级不见得要从经济收入上划分，安于现状的，尊重既有社会等级和道德规范的都可在观念上列入中产阶级"。对王朔的定义，当然同意的人就更少。按王朔的说法，中国最大数量的中产阶级应该出现在8亿安分守己的农民中间，众所周知，中国农民中的大多数，现在首先要解决的问题不是"中产"，而是温饱和小康。自中共十六大报告提出未来若干年在中国要大力发展中等收入阶层，一些政治嗅觉灵敏的经济学人就将中等收入阶层与时髦的中产阶级划上了等号。这样的说法，其作秀成分多过严肃的学术探讨。

## 羊群效应

指动物（牛、羊等畜类）成群移动、觅食。后来这个概念被引申来描述人类社会现象，指与大多数人一样思考、感觉、行动，与大多数人在一起，与大多数人操持一致。以后，这个概念被金融学家借用来描述金融市场中的一种非理性行为，指投资者趋向于忽略自己的有价值的私有信息，而跟从市场中大多数人的决策方式。羊群行为表现为在某个时期，大量投资者采取相同的投资策略或者对于特定的资产产生相同的偏好。

20世纪80年代以来，对于曾被传统的金融学认为是非理性的、不科学的羊群行为（Herd Behavior）的研究受到越来越大的重视。羊群行为也可以称为群体心理、社会压力、传染等，特别最近10年来，随着人们对于金融市场本质不断深入的认识，加上频频爆发的金融危机引发的对于投资者行为的深层次的思考，使得对金融市场中的羊群行为的研究成为一个极富挑战性的现实意义的方向。

Asch是最早研究群体行为的心理学家，他于1952年以美国的大学生为被试对象进行实验发现了一种非理性的从众行为。他将这种行为称为同类压力现象。他让真正的被试对象进入一个新的班级，而让该班级的其他人先回答一个很简单的问题（两条线段长度比较），这些人被告知故意给出错误的答案，被试对象最后回答。结果，有1/3的被试对象受到错误答案的影响。而在独立回答问题的情况下，回答错误的可能性几乎不存在。来自金融市场中的大量证据显示，参与羊群行为对于主体不利，积极参与羊群行为的投资个体在市场中获得的收益率比较低。同时，羊群行为程度和股票价格波动之间形成一种正反馈机制，这使得许多学者认为羊群行为是导致市场价格波动过度的一个重要因素，在对于最近东南亚爆发的金融危机的研究中，发现外国投资者的羊群行为对金融危机起了推波助澜的作用。因此羊群行为引起了学术界和政府监管部门的广泛关注。

因此，无论对于个体还是对整个市场而言，非理性的羊群行为的存在都是不利的。为了控制这种非理性的行为，有必要研究羊群行为形成的原因。只有对于羊群行为的成因有了深刻的认识和了解之后，才可能对症下药，找到相应的控制方法。

## 羊群行为小故事

一位石油大亨到天堂去参加会议，一进会议室发现已经座无虚席，于是他灵机一动，喊了一声："地狱里发现石油了！"这一喊不要紧，天堂里的石油大亨们纷纷向地狱跑去，很快，天堂里就只剩下那位后来的大亨了。这时，他心想，大家都跑了过去，莫非地狱里真的发现石油了？于是，他也急匆匆地向地狱跑去。

笑过之后，聪明的你应该很快就能明白什么是羊群效应。羊群是一种很散乱的组织，平时在一起也是盲目地行动，但一旦有一只头羊动起来，其他的羊也会不假思索地一哄而上，全然不顾旁边可能有狼和不远处更好的草。羊群效应就是比喻人都有一种从众心理，这种心理很容易导致盲从，而盲从往往会使人陷入骗局或遭到失败。

法国科学家让亨利·法布尔曾经做过一个松毛虫实验。他把若干松毛虫放在一只花盆的边缘，使其首尾相接成一圈，在花盆的不远处，又撒了一些松毛虫喜欢吃的松叶，松毛虫开始一个跟一个绕着花盆一圈又一圈地走。这一走就是七天七夜，饥饿劳累的松毛虫尽数死去。而可悲的是，只要其中任何一只稍微改变路线就能吃到嘴边的松叶。

动物如此，人也不见得更高明。社会心理学家研究发现，影响从众的最重要的因素是持某种意见的人数多少，而不是这个意见本身。人多本身就有说服力，很少有人会在众口一辞的情况下还坚持自己的不同意见。"群众的眼睛是雪亮的"、"木秀于林，风必摧之"、"出头的椽子先烂"这些教条紧紧束缚了人们的行动。20世纪末期，网络经济一路飙升，".com"公司遍地开花，所有的投资家都在跑马圈地卖概念，IT业的CEO们在比赛烧钱，烧多少，股票就能涨多少，于是，越来越多的人义无反顾地往前冲。2001年，一朝泡沫破灭，浮华尽散，大家这才发现在狂热的市场气氛下，获利的只是领头羊，其余跟风的都成了牺牲者。传媒经常充当羊群效应的煽动者，一条传闻经过报纸就会成为公认的事实，一个观点借助电视就能变成民意。游行示威、大选造势、镇压异己等政治权术无不是在借助羊群效应。

当然，任何存在的东西总有其合理性，羊群效应并不见得就一无是处。这是自然界的优选法则，在信息不对称和预期不确定条件下，看别人怎么做确实是风险比较低的（这在博弈论、纳什均衡中也有所说明）。羊群效应可以产生示范学习作用和聚集协同作用，这对于弱势群体的保护和成长是很有帮助的。

羊群效应告诉人们：

对他人的信息不可全信也不可不信，凡事要有自己的判断，出奇能制胜，但跟随者也有后发优势，常法无定法！

## 羊群行为的行为对立

股市的羊群行为是指投资者在交易过程中存在学习与模仿现象，从而导致他们在某段时期内买卖相同的股票。凯恩斯早就指出："从事股票投资好比参加选美竞赛，谁的选择结果与全体评选者平均爱好最接近，谁就能得奖；因此每个参加者都不选他自己认为最美者，而是运用智力，推测一般人认为最美者。"可见，羊群行为是出于归属感、安全感和信息成本的考虑，小投资者会采取追随大众和追随领导者的方针，直接模仿大众和领导者的交易决策。就个体而言，这一行为是理性还是非理性的，经济学家们还没有得出统一的结论。比较极端的理性主义者如美国芝加哥大学教授贝克尔认为："人类所有的经济行为都是理性的，经济学家们之所以不能解释是因为他们情不自禁地用非理性行为、粗心大意、愚蠢行为、价值的特别改变等臆断说明他们解释不了的现象以掩盖他们知识上的缺乏，而这些臆断恰恰暴露了他们所掩饰的失败。"贝克尔的观点虽然比较极端，但却可以让人们相信只要人们不要臆断地分析，个体股市参与者的羊群行为为多少是有几分理性的。

如社会心理学可控实验证实：当观察现实很模糊时，大众就成为信息源，或者说大众的行为提供了一个应如何行动的信息。在股市上，由于信息的不对称，个体无法从有限的股价信息中做出合理的决定，从众就是其理性行为，虽然这种理性含有不得已的意味。所以我认为，股市的羊群行为经常是以个体的理性开端的，通过其放大效应和传染效应，跟风者们渐渐表现出非理性的倾向，进而达到整体的非理性。当股市炒作过度时，就出现了"非理性繁荣"。这就如同一片肥沃的草原上只有几只羊，应该说它们会吃的很饱。但是某天吸引来了一大群羊，这时候草原就要被啃食成荒漠了。同时羊群越来越吃不饱了，有一些倒下了，有一些迁徙了，但是如果是只聪明的羊，那它就不应该跟着大部队，应该留在这里，这样等草长出来了它就会变成肥羊了。所以有的时候大家都认为某件事是怎样的时候，其实事实可能正好相反。

## 羊群行为的理论提醒

假如你在绝望时抛售股票，你一定卖得很低。——投资大师彼得·林奇。

当市场处于低迷状态时，其实正是进行投资布局，等待未来高点收成的绝佳时机，不过，由于大多数投资人存在羊群效应的心理，当大家都不看好时，即使具有最佳成长前景的投资品种也无人问津；而等到市场热度增高，投资人才争先恐后地进场抢购，一旦市场稍有调整，大家又会一窝蜂地杀出，这似乎是大多数投资人无法克服的投资心理。

如何尽量避免跟风操作呢？建议是：投资人结合自身的投资目标、风险承受度等因素，设定获利点和止损点，同时控制自己的情绪来面对各种起落，加强个人"戒急用忍"能力，这样才能顺利达成投资目标。

基金投资虽然不应像股票一样短线进出，但适度转换或调整投资组合也是必要的，因为有些风险基金是无法避免的，如市场周期性风险，即使是明星基金也必须承担随着市场景气与产业周期起伏的风险。设定获利点可以提醒您投资目标已经达到，避免陷入人性贪婪的弱点，最终反而错失赎回时机，使获利缩水。设定止损点则可以锁定您的投资风险，以避免可能产生的更大损失。当基金回报率达到损益条件，您就应该判断是否获利了结或认赔赎回。设定获利点和止损点的参考依据很多，一般而言，投资人可以结合自身的风险承受度、获利期望值、目前所处年龄阶段、家庭经济状况以及所在的市场特征加以考虑，同时定期检查投资回报情况，这样才能找出最适合自己投资组合的获利及止损区间。这里特别强调每季度的定期检查，基金投资适合懒人，但仍须每季度检查基金表现、排名变化、投资标的增减，为最终的赎回或转换提供决策依据，以免错失最佳卖点或过早出局。

需要指出的是，当基金回报达到自己设定的获利点或止损点时，并不一定要立刻获利了结或认赔卖出，此时应评估市场长线走势是否仍看好、基金操作方向是否正确，以及自己设定的获利点或止损点是否符合当时市场情况，再决定如何调整投资组合。如果是因为市场短期调整而触及止损点，此时不宜贸然赎回，以免市场马上反弹，您却因为耐性不足而卖在低点。如果基金业绩在同类型基金中表现突出，同时所在市场长线也看好，只是因为短期波动达到止损点，此时如果能容忍继续持有的风险，或许您应该重新设定警示条件，甚至可趁机加码，达到逢低摊平的目的。反之，当市场由多头转为空头已成定局，或者市场市盈率过高，市场风险增大时，无论是否达到获利点，都应尽快寻求最佳赎回时机。

## 职场中的羊群行为

在竞争激烈的行业，很容易产生羊群效应，看到一个公司做什么生意赚钱了，所有的企业都蜂拥而至，上马这个行当，直到行业供应大大增长，生产能力饱和，供求关系失调。大家都热衷于模仿领头羊的一举一动，有时难免缺乏长远的战略眼光。对于职场里的人而言，往往也可能出现羊群效应。做IT赚钱，大家都想去做IT；做管理咨询赚钱，大家都一窝蜂拥上去；在外企干活，成为一个嘴里常蹦出英语单词的小白领，看上去挺风光，于是大家都去学英语；现在做公务员很稳定，收入也不错，大学毕业生都去考公务员……

人们不是羊，人们要用自己的脑子去思考，去衡量自己。人们应该去寻找真正属于自己的工作，而不是所谓的"热门"工作，都说"男怕入错行，女怕嫁错郎"，"热门"的职业不一定适合自己，如果个性与工作不合，努力反而会导致更快的失败。人们还要留心自己所选择的行业和公司中所存在的潜藏危机，任何行业和企业都不可能是"避风港"，风险永远是存在的，必须大胆而明智地洞察。在有了这点儿危机意识之后，自然就要预备好对策，想好当危机真正到来时该怎么办。在《谁动了我的奶酪》一书中，坐吃山空的小老鼠最终没有奶酪可吃，而有危机意识、到处寻找新的奶酪的小老鼠，却在旧的奶酪吃光之前，就寻找到了新的生机。

## 羊群行为的博弈分析

羊群效应是证券市场的一种异象，它对证券市场的稳定性、效率有很大影响。在国外的研究中，信息不对称、经理人之间名声与报酬的竞争是羊群行为的主要原因。

金融市场中的羊群行为是一种特殊的非理性行为，它是指投资者在信息环境不确定的情况下，行为受到其他投资者的影响，模仿他人决策，或者过度依赖于舆论，而不考虑自己的信息的行为。由于羊群行为是涉及多个投资主体的相关性行为，对于市场的稳定性效率有很大的影响，也和金融危机有密切的关系。因此，羊群行为引起了学术界、投资界和金融监管部门的广泛关注。Banerjee（1992年）认为羊群行为是一种"人们去做别人正在做的事的行为，即使他们自己的私有信息表明不应该采取该行为"，即个体不顾私有信息，采取与别人相同的行动。Shiller（1995年）则定义羊群行为是一种社会群体中相互作用的人们趋向于相似的思考和行为方式。比如在一个群体决策中，多数人意见相似时，个体趋向于支持该决策（即使该决策是不正确），而忽视反对者的意见。

## 羊群行为的一般特征

人们认为中国股票市场个体投资者的羊群行为具有以下特征：

（1）中国股票市场个体投资者呈现出非常显著的羊群行为，并且卖方羊群行为强于买方羊群行为，时间因素对投资者羊群行为没有显著影响，投资者的羊群行为源于其内在的心理因素。

（2）不同市场态势下，投资者都表现出显著的羊群效应，也就是无论投资者是风险偏好还是风险厌恶，都表现出显著的羊群效应。

（3）股票收益率是影响投资者羊群行为的重要因素。交易当天股票上涨时，投资者表现出更强的羊群行为。投资者买方羊群行为在交易当天股票下跌时大于上涨时，而卖方羊群行为则相反。总体上卖方羊群行为大于买方羊群行为。

（4）股票规模是影响投资者羊群行为的另一重要因素。随着股票流通股本规模的减小，投资者羊群行为逐步增强，这与国外学者的研究具有相同的结论。

## 羊群行为控制对策

人类的从众本能，人群间的沟通传染，出于对于声誉和薪金的需求，信息的不确定性、信息成本过高都可能导致了金融市场中的羊群行为的产生。这些理论对于人们掌握和控制金融市场中的羊群行为提供了有力的证据，因而对于中国的证券市场的规范和投资者的理性投资理念的建立具有积极的意义。

对于投资者而言，由于羊群行为与从众、缺乏创新思想联系在一起，参与羊群行为的人一般都持有一种保本不亏就可以的态度，他们最多只能获得不超过市场平均水平的收益率。因此，对于投资者而言，要获得超过平均水平的收益率，必须在"人云亦云"的格局中（如市场大涨或者大跌）保持一种独立和创新的精神。要维持独立和创新，需要充分了解所投资的资产，不要轻信道听途说的传闻，在市场极度不稳定，信息极度不确定时，要保持清醒的头脑，充分考虑到各种潜在的风险。从监管部门来看，羊群行为对于市场稳定具有消极的作用，全市场范围的羊群行为还将引发深层次的金融动荡。因此，要减少这种非理性的行为产生，应该从以下几个方面着手：

（1）培养投资者的理性投资理念，开展理性投资教育；

（2）规范信息披露制度，增加信息的透明度，降低信息的不确定性；

（3）降低各种信息成本、交易成本，以及组织方面的限制；

（4）修正高层管理人员的报酬结构，在衡量业绩时还要衡量多方面的能力，如考虑创新性、设置工资水平下限、对赢利者设置额外奖赏。这种方法对于基于声誉产生的羊群行为将十分有效，中国目前的证券投资基金由于对于基金管理人员的报酬标准单一化，导致了各种基金投资风格的趋同性，使得大部分基金在大市上涨时，都采取了增长型的投资策略，平衡型的投资策略在市场中没有立足之地。一旦市场反转，这种策略相同的投资基金将陷入极大的风险之中。如果适当地修正报酬结构，将鼓励基金投资风格的多元化，降低基金整体的风险。

## 羊群行为的效应影响

（1）由于羊群行为者往往抛弃自己的私人信息追随别人，这会导致市场信息传递链的中断。但这一情况有两方面的影响：第一，由于羊群行为具有一定的趋同性，从而削弱了市场基本面因素对未来价格走势的作用。当投资基金存在羊群行为时，许多基金将在同一时间买卖相同股票，买卖压力将超过市场所能提供的流动性，股票的超额需求对股价变化具有重要影响，当基金净卖出股票时，将使这些股票的价格出现一定幅度的下跌；当基金净买入股票时，则使这些股票在当季度出现大幅上涨。从而导致股价的不连续性和大幅变动，破坏了市场的稳定运行。第二，如果羊群行为是因为投资者对相同的基础信息作出了迅速反应，在这种情况下，投资者的羊群行为加快了股价对信息的吸收速度，促使市场更为有效。

（2）如果羊群行为超过某一限度，将诱发另一个重要的市场现象——过度反应的出现。在上升的市场中（如牛市），盲目地追涨越过价值的限度，只能是制造泡沫；在下降的市场中（如熊市），盲目地杀跌，只能是危机的加深。投资者的羊群行为造成了股价的较大波动，使证券市场的稳定性下降。

（3）所有羊群行为的发生基础都是信息的不完全性。因此，一旦市场的信息状态发生变化，如新信息的到来，羊群行为就会瓦解。这时由羊群行为造成的股价过度上涨或过度下跌，就会停止，甚至还会向相反的方向过度回归。这意味着羊群行为具有不稳定性和脆弱性。这一点也直接导致了金融市场价格的不稳定性和脆弱性。

## 恩格尔系数

恩格尔系数是根据恩格尔定律而得出的比例数。19世纪中叶，德国统计学家和经济学家恩格尔对比利时不同收入的家庭消费情况进行了调查，研究了收入增加对消费需求支出构成的影响，提出了带有规律性的原理，该原理由此被命名为恩格尔定律。其主要内容是指一个家庭收入越少，用于购买食物的支出在家庭收入中所占的比重就越大。对一个国家而言，一个国家越穷，每个国民的平均支出中，用来购买食物的费用所占比例就越大。恩格尔系数则由食物支出金额在总支出金额中所占的比重来决定。

### 恩格尔系数的计算公式

恩格尔定律的公式：

食物支出变动百分比÷总支出变动百分比×100% = 食物支出对总支出的比率（R1）

或：食物支出变动百分比÷收入变动百分比×100% = 食物支出对收入的比率（R2）

注意：R2又称为食物支出的收入弹性。

恩格尔定律是根据经验数据提出的，它是在假定其他一切变量都是常数的前提下才适用的，因此在考察食物支出在收入中所占比例的变动问题时，还应当考虑城市化程度、食品加工、饮食业和食物本身结构变化等因素都会影响家庭的食物支出增加。只有达到相当高的平均食物消费水平时，收入的进一步增加才不对食物支出发生重要的影响。

恩格尔系数是根据恩格尔定律得出的比例数，是表示生活水平高低的一个指标。其计算公式如下：

食物支出金额÷总支出金额×100% = 恩格尔系数

除食物支出外，衣着、住房、日用必需品等的支出，也同样在不断增长的家庭收入或总支出中，所占比重上升一段时期后，呈递减趋势。

恩格尔系数是国际上通用的衡量居民生活水平高低的一项重要指标，一般随居民家庭收入和生活水平的提高而下降。改革开放以来，我国城镇和农村居民家庭恩格尔系数已由 1978 年的 57.5% 和 67.7% 分别下降到 2005 年的 36.7% 和 45.5%。

### 恩格尔系数的含义分析

可以看出，在总支出金额不变的条件下，恩格尔系数越大，说明用于食物支出的金额越多；恩格尔系数越小，说明用于食物支出的金额越少，二者成正比。反过来，当食物支出金额不变的条件下，总支出金额与恩格尔系数成反比。因此，恩格尔系数是衡量一个家庭或一个国家富裕程度的主要标准之一。

一般来说，在其他条件相同的情况下，恩格尔系数较高，作为家庭来说则表明收入较低，作为国家来说则表明该国较穷。反之，恩格尔系数较低，作为家庭来说则表明收入较高，作为国家来说则表明该国较富裕。

恩格尔定律主要表述的是食品支出占总消费支出的比例随收入变化而变化的一定趋势。揭示了居民收入和食品支出之间的相关关系，用食品支出占消费总支出的比例来说明经济发展、收入增加对生活消费的影响程度。众所周知，吃是人类生存的第一需要，在收入水平较低时，其在消费支出中必然占有重要地位。随着收入的增加，在食物需求基本满足的情况下，消费的重心才会开始向穿、用等其他方面转移。因此，一个国家或家庭生活越贫困，恩格尔系数就越大；反之，生活越富裕，恩格尔系数就越小。

### 恩格尔系数——中国现状

联合国根据恩格尔系数的大小，对世界各国的生活水平有一个划分标准，即一个国家平均家庭恩格尔系数大于60%为贫穷；50%～60%为温饱；40%～50%为小康；30%～40%属于相对富裕；20%～30%为富裕；20%以下为极其富裕。按此划分标准，20世纪90年代，恩格尔系数在20%以下的只有美国，达到16%；欧洲、日本、加拿大，一般在20%～30%之间，是富裕状态。东欧国家，一般在30%~40%之间，相对富裕。剩下的发展中国家，基本上处于小康状态。

中　国

1978年中国农村家庭的恩格尔系数约68%，城镇家庭约59%，平均计算超过60%，中国是贫困国家，温饱还没有解决。当时中国没有解决温饱的人口两亿四千八百万人。改革开放以后，随着国民经济的发展和人们整体收入水平的提高，中国农村家庭、城镇家庭的恩格尔系数都不断下降。到2003年，中国农村居民家庭恩格尔系数已经下降到46%，城镇居民家庭约37%，加权平均约40%，就是说已经达到小康状态。可以预测，中国农村、城镇居民的恩格尔系数还将不断下降。

恩格尔系数在中国是否适用，学术界一直存有争议，持否定意见的认为中国居民生活状况并不符合恩格尔定律，如1997年福建省城镇居民恩格尔系数在全国各省中最高，达到62%，海南省为59%；而生活水平较低的陕西省城市居民恩格尔系数为47%，宁夏为46%。

尽管有争议，但总体看，中国城镇居民生活水平的变化还是符合恩格尔定律的。

首先，恩格尔系数是一种长期的趋势，随着居民生活水平的不断提高，恩格尔系数逐渐下降已为中国城镇居民消费构成变化资料所证实。20世纪80年代以前城市居民恩格尔系数一直在55%以上；1982—1993年间，尽管各年恩格尔系数均有波动，但这10年间恩格尔系数一直在50%~55%间；1994年以后，恩格尔系数一直在50%以下。其次，统一年份不同收入水平的居民也符合恩格尔规律，如1997年按可支配收入排队五等分，恩格尔系数依次为：55.7%、51.1%、47.9%、43.6%和39.5%。

## 恩格尔系数的重要意义

降低恩格尔系数有重要的意义，鉴于此，有专家作出如下建议：

加快经济发展，增加广大城乡居民收入水平

恩格尔系数越低，说明居民越富裕。反之加快经济发展，大幅度增加城乡居民收入水平直接促进恩格尔系数的下降，城乡居民收入水平提高了，必然会提高生活消费水平。城乡居民在保证食品需求的前提下，增加的消费支出必然投入到非食品消费上，可以提高穿着水平，可以改善居住条件，可以购买耐用消费品提高生活质量，可以用在教育学习方面提高自身素质，可以外出旅游开阔视野、增长见识等。总之非食品消费支出增加越多，恩格尔系数越低。反之，如果城乡居民收入增长不快，就没有额外经济收入来增加非食品消费支出，则恩格尔系数必然呈缓慢下降趋势。

加快食品工程建设，抑制食品物价上升幅度

食品物价上涨，必然带来食品消费支出的增加，在收入不变的情况下，城乡居民必然压缩非食品消费支出，造成恩格尔系数反弹上升。如果食品物价的增长迅猛，必然加重人民的生活负担，变相降低生活水平，引起人民情绪波动，严重时直接影响社会稳定。恩格尔系数也会大幅上升。

加大宣传力度，引导合理消费

有人讲究吃，每天暴饮暴食，食品摄入量过高，增加食品消费支出，提高恩格尔系数；如果食品摄入量过高，又不注重身体锻炼，必然带来身体肥胖，有时带来疾病隐患，当前有些疾病被称为"富贵病"，就是因为暴饮暴食营养过剩造成的。所以说引导居民合理消费很有必要。广大居民在保证正常食品需要的情况下，形成合理的膳食结构，养成良好的饮食习惯，既经济实惠，对身体也有益处。同时各级政府和部门严格控制公款吃喝现象，一方面节省经费支出，树立廉政清明形象；另一方面也为广大人民做一个良好饮食习惯的表率。

# 基尼系数

基尼系数是意大利经济学家基尼（Corrado Gini，公元 1884~1965 年）于 1912 年提出的，定量测定收入分配差异程度。它是被国际上用来综合考察居民内部收入分配差异状况的一个重要分析指标。

基尼根据洛伦茨曲线提出的判断分配平等程度的指标。设实际收入分配曲线和收入分配绝对平等曲线之间的面积为 A，实际收入分配曲线右下方的面积为 B。并以 A 除以（A+B）的商表示不平等程度。这个数值被称为基尼系数或称洛伦茨系数。如果 A 为零，基尼系数为零，表示收入分配完全平等；如果 B 为零，则系数为 1，收入分配绝对不平等。收入分配越是趋向平等，洛伦茨曲线的弧度越小，基尼系数也越小，反之，收入分配越是趋向不平等，洛伦茨曲线的弧度越大，那么基尼系数也越大。

国际上用来分析和反映居民收入分配差距的方法和指标很多。基尼系数由于给出了反映居民之间贫富差异程度的数量界线，可以较客观、直观地反映和监测居民之间的贫富差距，预报、预警和防止居民之间出现贫富两极分化。因此得到世界各国的广泛认同和普遍采用。

### 基尼系数的区段划分

按照联合国有关组织规定：

若基层系数低于0.2表示收入绝对平均；

0.2~0.3表示比较平均；

0.3~0.4表示相对合理；

0.4~0.5表示收入差距较大；

0.6以上表示收入差距悬殊。

经济学家们通常用基尼指数来表现一个国家和地区的财富分配状况。这个指数在0和1之间，数值越低，表明财富在社会成员之间的分配越平均；反之表明收入分配差距越大。

通常把0.4作为收入分配差距的"警戒线"。一般发达国家的基尼指数在0.24到0.36之间，美国偏高，为0.4。中国大陆和中国香港的基尼系数都超出0.4。

此外，洛伦茨曲线讲的是市场总发货值的百分比与市场中由小到大厂商的累积百分比之间的关系。洛伦茨曲线的弧度越小，基尼系数也越小。

### 基尼系数——中国现状

改革开放以来，中国在经济增长的同时，贫富差距逐步拉大，综合各类居民收入来看，基尼系数越过警戒线已是不争的事实。来自国家统计局的数据显示，自2000年开始，中国的基尼系数已越过0.4的警戒线，并逐年上升。1978年中国基尼系数为0.317，2006年则升至0.496。

这意味着，中国社会的贫富差距已突破了合理的限度，统计显示，总人口中20%的最低收入人口占收入的份额仅为4.7%，而总人口中20%的最高收入人口占总收入的份额高达50%。这突出表现在收入份额差距和城乡居民收入差距进一步拉大、东中西部地区居民收入差距过大、高低收入群体差距悬殊等方面。2006年，城镇居民中20%最高收入组（25410.8元）是20%最低收入组（4567.1元）的5.6倍；农村居民中20%最高收入组（8474.8元）是20%最低收入组（1182.5元）的7.2倍。

中国基尼系数最低的地方是浙江，最高的地方是贵州。浙江的老百姓创业多，民营企业多，中等收入人群庞大，而贵州个体私营经济少。贵州、甘肃、青海等地的基尼系数都高。

收入差距过大方面，中国自 1992 年开始，全国总体基尼系数就已达到 0.4，并且近年来呈现出上涨趋势。早在 2004 年，全国总体基尼系数就已达到 0.44，这一数字已超过国际上公认基尼系数 0.4 的警戒线。由此可知，2004 年全国收入差距已经处于一个非常严重的状况。2004 年之后，全国收入差距扩大的趋势不仅没有得到缓解，而且呈现出继续扩大的趋势。

# 房产税

房产税是以房屋为征税对象，按房屋的计税余值或租金收入为计税依据，向产权所有人征收的一种财产税。

房产税，又称房屋税，是国家以房产作为课税对象向产权所有人征收的一种财产税。对房产征税的目的是运用税收杠杆，加强对房产的管理，提高房产使用效率，控制固定资产投资规模和配合国家房产政策的调整，合理调节房产所有人和经营人的收入。2010 年 7 月 22 日，在财政部举行的地方税改革研讨会上，相关人士表示，房产税试点将于 2012 年开始推行。但鉴于全国推行难度较大，试点将从个别城市开始。

### 房产税的起源

房产税是为中外各国政府广为开征的古老的税种。欧洲中世纪时，房产税就成为封建君主敛财的一项重要手段，且名目繁多，如"窗户税"、"灶税"、"烟囱税"等，这类房产税大多以房屋的某种外部标志作为确定负担的标准。中国古籍《周礼》上所称"廛布"即为最初的房产税。至唐代的间架税、清代和民国时期的房捐，均属房产税性质。

### 房产税的特点

（1）房产税属于财产税中的个别财产税，其征税对象只是房屋；

（2）征收范围限于城镇的经营性房屋；

（3）区别房屋的经营使用方式规定征税办法，对于只用于自住的房屋按房产计税余值征收，对于出租、出典的房屋按租金收入征税。

### 房产税的纳税义务人

房产税以产权所有人为纳税义务人。

房产税的纳税义务人包括：

（1）产权属国家所有的，由经营管理单位纳税；产权属集体和个人所有的，由集体单位和个人纳税。

（2）产权出典的，由承典人纳税。

（3）产权所有人、承典人不在房屋所在地的，由房产代管人或者使用人纳税。

（4）产权未确定及租典纠纷未解决的，亦由房产代管人或者使用人纳税。

（5）无租使用其他房产的问题。纳税单位和个人无租使用房产管理部门、免税单位及纳税单位的房产，应由使用人代为缴纳房产税。

## 房产税的计税依据

按照房产余值征税的，称为从价计征；按照房产租金收入计征的，称为从租计征。

从价计征

房产税依照房产原值一次减去10%~30%后的余值计算缴纳。扣除比例由当地政府规定。

房产原值：包括与房屋不可分割的各种附属设备或一般不单独计算价值的配套设施。主要有：暖气、卫生、通风等设施。

纳税人对原有房屋进行改建、扩建的，要相应增加房屋的原值。

还应注意以下三点问题：

（1）对投资联营的房产，在计征房产税时应予以区别对待。共担风险的，按房产余值作为计税依据，计征房产税；对收取固定收入，应由出租方按租金收入计缴房产税。

（2）对融资租赁房屋的情况，在计征房产税时应以房产余值计算征收，租赁期内房产税的纳税人，由当地税务机关根据实际情况确定。

（3）新建房屋交付使用时，如中央空调设备已计算在房产原值之中，则房产原值应包括中央空调设备；旧房安装空调设备，一般都作单项固定资产入账，不应计入房产原值。

从租计征

房产出租的，以房产租金收入为房产税的计税依据。

# 公共物品

公共物品是与私人物品相对应的一个概念,消费具有非竞争性和非排他性特征,一般不能或不能有效通过市场机制由企业和个人来提供,主要由政府来提供。

 **公共物品的特征**

政府与公共物品的提供

(1)公共物品都不具有消费的竞争性,即在给定的生产水平下,向一个额外消费者提供商品或服务的边际成本为零。

(2)消费的非排他性,即任何人都不能因为自己的消费而排除他人对该物品的消费。

(3)具有效用的不可分割性。公共物品是向整个社会共同提供的,整个社会的成员共同享用公共物品的效用,而不能将其分割为若干部分,分别归属于某些个人、家庭或企业享用。或者,按照谁付款谁受益的原则,限定为之付款的个人、家庭或企业享用。

(4)具有消费的强制性。公共物品是向整个社会供应的,整个社会成员共同享用它的效用。公共物品一经生产出来,提供给社会,社会成员一般没有选择余地,只能被动地接受。换句话说,公共物品不是自由竞争品,它具有高度的垄断性。公共物品的这一性质,提醒人们必须注意公共物品的质量和数量。公共物品的废品、次品决不能流入社会,一旦流入社会,其危害性远远大于私人产品。公共物品的数量不足,不能满足社会的需要,其危害性也是明显的。公共物品生产供应过度,对社会也会带来消极的影响。

**公共物品的分类**

公共物品和私人物品之间的区别可以用是否具备排他性和对抗性来确定。

如果某种物品同时具有消费的非竞争性和非排他性,这种物品无疑就是纯公共物品,很容易与私人物品区别开来。可是,在很多情况下,这两个特征不一定同时存在。如果某种物品只存在一个特征,可称其为准公共物品或准私人物品,即混合品。因此,整个社会的物品可以划分为三大类:即纯私人物品、纯公共物品和混合品。

## 公共供给

公用事业改革的国际经验及启示，公共物品的非竞争性特点，说明尽管有些公共物品的排他性可以很容易被发现，但这样做并不一定有效率，依照有效率的条件，厂商的定价原则应该是价格等于边际成本，如果桥梁由私人部门提供，它们会索要等于边际成本的费用，既然每辆车花费厂商的边际成本接近于零，那么厂商的价格也应该等于零，结果私人不可能供给这些产品。公共物品的这种性质，使得私人市场缺乏动力，不能有效地提供公共物品和服务。

政府的运行机制和市场的运行机制是不同的。政府主要是通过无偿征税来提供公共物品。但是，征税是可以精确计量的，而公共物品的享用一般是不可以分割的，无法个体量化。

此外，由于公共物品具有非排他性和非竞争性的特征，它的需要或消费是公共的或集合的，如果由市场提供，每个消费者都不会自愿掏钱去购买，而是等着他人去购买而自己顺便享用它所带来的利益，这就是经济学的"免费搭车"现象。

由以上分析可知，市场只适于提供私人产品和服务，对提供公共物品是失效的，而提供公共物品恰恰是政府活动的领域，是政府的首要职责。政府经济学关心的问题，是政府提供公共物品与市场提供私人物品之间的恰当组合，以及政府提供公共物品所花费的成本和代价，合理地确定政府提供公共物品和财政支出的规模。

因此，公共物品的本质特征决定了政府提供的必要性。公共物品的基本特征是非排他性、非竞争性和外部性。非排他性决定了人们在消费这类产品时，往往都会有不付费的动机，而倾向于成为"免费搭车者"，这种情形不会影响他人消费这种产品，也不会受到他人的反对（由公共物品的非竞争性特点所决定）。在一个经济社会中，只要有公共物品存在，"免费搭车者"就不可避免。这样，私人企业如果提供公共物品，就无法收回成本。同时，由于公共物品的个人消费"量"是不确定的，价格机制不能有效发挥作用，竞争市场上一般无法提供这类产品，就像经济学家所说的，竞争性的市场不可能达到公共物品供给的帕累托最优，无法满足社会对这类产品的需求，因此，需要公共经济部门介入——用税收手段来集资，提供这些产品。

## 公共物品的最优供给量

所有的社会都面临着公共物品的供给问题，公共物品的供给通常由政府负责。决定公共物品的最优供给量的关键是需求。

公共物品供给曲线由生产公共物品的边际成本决定，与收益与成本相比，就可以确定公共物品的最优供给量。通过比较增加一单位商品的边际收益与生产该单位商品的边际成本，可以决定私人物品的有效供给。当边际收益与边际成本相等时，实现经济效益。对私人物品，边际收益由消费者得到的收益衡量。对公共物品，必须了解每个人对增加一个单位产出的估价。把所有享受该公共物品的人的估价加总，就可以得到边际收益。要决定公共物品供给的有效水平，必须使加总的边际收益等于生产的边际成本。因此，公共物品的总体需求不同于私人物品的总体需求。私人物品的总体需求曲线是个人需求曲线的水平加总，而公共物品的总体需求曲线是个人需求曲线的垂直加总。

## 公共产品理论

### 公共产品理论的基本内容

效用的不可分割性：私人产品可以被分割成许多可以买卖的单位，谁付款，谁受益。公共产品是不可分割的。

公共产品以国防、外交、治安等领域最为典型。

受益的非排它性：私人产品只能是占有人才可消费，谁付款谁受益。然而，任何人消费公共产品并不排除他人消费（从技术上加以排除几乎不可能或排除成本很高）。因而不可避免地会出现众人"免费搭车"现象。

### 消费的非竞争性

边际生产成本为零：在现有的公共产品供给水平上，新增消费者不需增加供给成本。（如灯塔等）

边际拥挤成本为零：任何人对公共产品的消费不会影响其他人同时享用该公共产品的数量和质量。个人无法调节其消费数量和质量。（如不拥挤的桥梁、未饱和的 Internet 网等）

边际拥挤成本是否为零是区分纯公共产品、准公共产品或混合产品的重要标准。

根据西方经济理论，由于存在"市场失灵"，从而使市场机制难以在一切领域达到"帕累托最优"，特别是在公共产品方面。如果由私人部分通过市场提供就不可避免地出现"免费搭车者",从而导致休谟所指出的"公共的悲剧",难以实现全体社会成员的公共利益最大化,这是市场机制本身难以解决的难题,这时就需要政府来出面提供公共产品或劳务。此外,由于外部效应的存在,私人不能有效提供也会造成其供给不足,这也需政府出面弥补这种"市场缺陷",提供相关的公共产品或劳务。

## 公共产品理论的发展沿革

早在20世纪末,奥地利和意大利学者将边际效用价值论运用到财政学科研究上,论证了政府和财政在市场经济运行中的合理性、互补性,形成了公共产品理论。

1919年产生的林达尔均衡是公共产品理论最早的成果之一,林达尔认为公共产品价格并非取决于某些政治选择机制强制性税收,恰恰相反,每个人都面临着根据自己意愿确定的价格,并均可按照这种价格购买公共产品总量。处于均衡状态时,这些价格使每个人需要的公共产品量相同,并与应该提供的公共产品量保持一致。因为每个人购买并消费了公共产品的总产量,按照这些价格的供给恰好就是每个人支付价格的总和。林达尔均衡使人们对公共产品的供给水平问题取得了一致的看法,即分摊的成本与边际收益成比例。总之,林达尔均衡指个人对公共产品的供给水平以及它们之间的成本分配进行讨价还价,并实现均衡。

萨缪尔森于1954年、1955年分别发表的《公共支出的纯粹理论》和《公共支出理论的图式探讨》提出并部分解决了公共产品理论的一些核心问题,如:如何用分析的方法定义集体消费产品?怎样描述生产公共产品所需资源的最佳配置的特征?他在《公共支出的纯粹理论》一文中将公共产品定义为这样一种产品:每一个人对这种产品的消费并不减少任何他人也对这种产品的消费。这一描述成为经济学关于纯粹的公共产品的经典定义。

1956年,蒂鲍特发表了论文《一个地方支出的纯理论》,随即出现了大量关于地方公共产品的文献,地方公共产品问题指:一些公共产品只有居住在特定地区的人才能享用,因此个人可以通过迁居,来选择他消费的公共产品。布坎南在1965年的《俱乐部的经济理论》中首次对非纯公共产品(准公共产品)进行了讨论,公共产品的概念得以拓宽,认为只要是集体或社会团体决定,为了某种原因通过集体组织提供繁荣物品或服务,便是公共产品。

同年,贝冢(K. Kaizuka)最先引入了公共产品要素的概念。1969年,萨缪尔森对林达尔均衡理论提出了批评,他指出:因为每个人都有将其真正边际支付愿望予以支付的共同契机,所以林达尔均衡产生的公共产品供给均衡水平将会远低于最优水平。

1973年,桑得莫(A. Sandom)发表了《公共产品与消费技术》。着重从消费技术角度研究了混合产品(准公共产品)。70年代以后,公共产品理论的发展主要集中在设计机制保证公共产品的决策者提供的效率原则。

 **公共产品理论的应用和贡献**

从财政学角度分析

公共产品的存在给市场机制带来了严重的问题:即使某种公共产品带给人们的利益要大于生产的成本,私人也不愿提供这种产品,因为公共产品非排他性和非竞争性的特征,在公共产品消费中人们存在一种"搭便车"动机。

公共产品理论,每个人都想不付出或少付出成本享受公共产品。只好由政府出面担当此职能,但公共产品其价值如何确定?边际效用价值论便赋予无形的公共产品以主观价值,从而使社会能采用统一的货币尺度去衡量对比公共产品的供应费用与运用效用之间的关系。公共产品理论还提出,遵循效用——费用——税收的程式,税收成为公共产品的"税收价格",是人们享用公共产品和劳务相应付出的代价,从而将公共产品供应的成本和收费有机地结合起来。依据市场经济和公共产品理论,政府不仅要为市场经济运行提供必要的外部条件,还要在市场经济中发挥填空补充、矫正和调节作用。政府成为公共经济活动的中心,为社会提供越来越多的公共产品和劳务。财政筹集收入和分配支出的活动,不再是一般意义的分配,也是为社会提供公共产品和劳务,进行资源配置和市场需求的调节。这就超越了亚当·斯密把财政理解为一种分配活动的范围,财政已经成为一种生产活动,使西方经济学尤其是财政理论有了突破性的发展。

从博弈论和信息经济学角度分析

博弈论和信息经济学都是当今经济学的前沿理论,公共选择理论对这两者都做出了贡献。

理论上,政府可以通过财政手段按照社会福利最大化确定税收,然后用税收收入提供公共产品,但是在公共领域没有市场机制这样的个人偏好显示机制,况且人们有"搭便车"动机,隐瞒自己的公共产品消费偏好,产生了"信息不对称",公共产品理论在"诱导人说真话"方面做出了贡献。美国经济学家格罗夫斯等人为了解决这个问题,从赫尔维茨的"激励相容"不可能性定理出发,按纳什均衡原则建立了一个经济机制,以解决"搭便车"问题,几乎同时克拉克也提出了一种说真话机制即克拉克税，也叫克—格税。在博弈论方面，泰勒、沃德、罗伯英曼讨论的公共产品博弈模型、斗鸡博弈模型丰富了不完全信息博弈的内容。

公共产品理论的新发展方向之一就是公共选择理论，它成为现代微观经济学的重要突破。公共选择理论主要用经济学来分析、研究政府对公共产品的决策和选择，即非市场决策，公共选择的方式可以有公民投票、直接民主、代议制、集权式决策等，公共选择理论把政府本身理解为负责履行公共产品生产的特殊部门。这种理论与公共产品其他理论最大的区别同时也是其优点就是它不再把公共产品选择问题看成是一个社会福利函数的最优化问题，而是将其还原为一个社会利益冲突问题。公共选择理论利用现代经济学的逻辑和方法来研究集体选择，这正是公共选择理论是经济学而不是政治学的原因。尽管名为"公共选择"，但其实质仍是建立在个人理性和个人选择基础上的。

从对中国的现实意义角度分析

公共产品理论对中国改革的实践有很强的解释力和借鉴作用，中国长期实行的计划经济，没有买方市场，大量产品有公共产品的特征，效率低下，阻碍了经济发展。1992年中央宣布逐渐建立和完善市场经济以后，这一状况得到了改善。但是"什么是政府应该管的，什么是应该由市场内在运行解决的"，以及"政府如何才能管好"依然是一个重要持久的课题。从广义上讲，"制度"、"政策"也是公共产品，在中国过渡转型时期，运用公共产品理论分析制度变迁，分析市场与公共选择两种资源配置方式，尤其是对政府行为边界及其公共产品生产效率进行研究有很强的现实意义。改革作为一个制度变迁过程本身就是公共选择的结果。

## 公共选择理论

公共选择理论是当代经济学领域中一个相对较新的理论分支与学说。它帮助人们理解和加深对公共产品、公共权力、公共选择等核心概念的认识，主要从新政治经济学理论的视角介绍国家的起源、政府的权利和义务、公共所有权、公共资源、公共政策、宪法、宪政、共和、民主和自由、市场与国家等方面的基础理论与基本知识。

该理论是对非市场决策的经济学研究，简单地说，它将经济学运用于政治科学研究，对国家理论、投票规则、选民行为、政党，以及管理体制等进行分析。

以国家与市场的起源为出发点，用经济学分析方法探讨了政府与市场的关系，着重分析了政府与市场的渊源、政治市场的产品、选民理论、政党理论及政治市场的运行与均衡等内容，并对公共选择的前沿理论进行了论述。

## 公共选择理论的基本内容

公共选择理论（Publicchoicetheory）是一种以现代经济学分析民主立宪制政府的各种问题的学科，传统上是属于政治学的范畴（对此更为普遍的称呼则是政治经济学，但应该注意这不可和马克思对这个词的定义混为一谈）。公共选择理论研究选民、政治人物以及政府官员们的行为，假设他们都是出于私利而采取行动的个人，以此研究他们在民主体制或其他类似的社会体制下进行的互动。公共选择理论也采用许多不同的研究工具进行研究，包括了研究对效用最大化的局限、博弈论或决策论。公共选择理论的分析方式很大一部分是基于实证分析的方法上（这是什么）；但却是将此作为研究规范（这应该是什么）的工具，以探索问题的所在点，并研究如何在宪政体制内改善这些问题。公共选择理论提出的主要公式之一是理性选择理论（Rationalchoice），假设人们的行为都是出自从有限的可用手段里挑选达成目标的途径。另一个研究目标不同，但却有相同研究公式的学科则是实证政治理论（Positivepoliticaltheory）。而社会选择理论（Socialchoicetheory）也是一个相关联的研究领域。

公共选择理论是一门介于经济学和政治学之间的新兴交叉学科，它是运用经济学的分析方法来研究政治决策机制如何运作的理论。

丹尼斯·缪勒将公共选择理论概括为"可以定义为非市场决策的经济学研究"，或者简单地说，是将经济学应用于政治科学、法学、行政管理、公共政策等其他社会科学与政策研究领域，所以公共选择理论也被认为是最为名符其实的"政治经济学"。

公共选择理论的代表人物詹姆斯·布坎南说："公共选择是政治上的观点，它以经济学家的工具和方法大量应用于集体或非市场决策而产生。"保罗·萨缪尔森和威廉·诺德豪斯在他们合著的流行教科书《经济学》中的定义是："公共选择理论是一种研究政府决策方式的经济学和政治学。公共选择理论考察了不同选举机制运作的方式，指出了没有一种理想的机制能够将所有的个人偏好综合为社会选择；研究了当国家干预不能提高经济效益或改善收入分配不公平时所产生的政府失灵；还研究了国会议员的短视，缺乏严格预算，为竞选提供资金所导致的政府失灵等问题。"通过这些定义，我们不难对公共选择理论及其研究的主题有一个概要的了解。

公共选择理论认为，人类社会由两个市场组成，一个是经济市场，另一个是政治市场。在经济市场上活动的主体是消费者（需求者）和厂商（供给者），在政治市场上活动的主体是选民、利益集团（需求者）和政治家、官员（供给者）。在经济市场上，人们通过货币选票来选择能给其带来最大满足的私人物品；在政治市场上，人们通过政治选票来选择能给其带来最大利益的政治家、政策法案和法律制度。前一类行为是经济决策，后一类行为是政治决策，个人在社会活动中主要是做出这两类决策。该理论进一步认为，在经济市场和政治市场上活动的是同一个人，没有理由认为同一个人在两个不同的市场上会根据两种完全不同的行为动机进行活动，即在经济市场上追求自身利益的最大化，而在政治市场上则是利他主义的，自觉追求公共利益的最大化；同一个人在两种场合受不同的动机支配并追求不同的目标，是不可理解的，在逻辑上是自相矛盾的；这种政治经济截然对立的"善恶二元论"是不能成立的。公共选择理论试图把人的行为的两个方面重新纳入一个统一的分析框架或理论模式，用经济学的方法和基本假设来统一分析人的行为的这两个方面，从而拆除传统的西方经济学在经济学和政治学这两个学科之间竖起的隔墙，创立使二者融为一体的新政治经济学体系。

## 公共选择理论起源

公共选择理论产生于20世纪40年代末，并于五六十年代形成了公共选择理论的基本原理和理论框架，60年代末以来，其学术影响迅速扩大。英国经济学家邓肯·布莱克被尊为"公共选择理论之父"，他于1948年发表的《论集体决策原理》一文（载《政治经济学杂志》1948年2月号），为公共选择理论奠定了基础。他在1958年出版的《委员会和选举理论》被认为是公共选择理论的代表作。公共选择理论的领袖人物当推美国著名经济学家詹姆斯·布坎南。布坎南是从20世纪50年代开始从事公共选择理论研究的，他发表的第一篇专门研究公共选择理论的文章是《社会选择、民主政治与自由市场》（载《政治经济学杂志》第62期，1954年4月号）。布坎南与戈登·塔洛克二人合著的《同意的计算——立宪民主的逻辑基础》被认为是公共选择理论的经典著作。布坎南因在公共选择理论方面的建树，尤其是提出并论证了经济学和政治决策理论的契约和宪法基础，而获得1986年度诺贝尔经济学奖。此外，著名经济学家阿罗和唐斯对公共选择理论的建立和发展也做出了重要贡献。

现代的公共选择理论开始于政治学家邓肯·布莱克（Duncan Black），他在

1948 年提出了一套后来会成为中位选民理论（medianvoter theory）的概念，他也写下《论集体决策原理》（1958 年）一书。经济学家戈登·图洛克（Gordon Tullock）将他称为是"公共选择理论之父"。

詹姆斯·布坎南以及戈登·图洛克在 1962 年共同发表了《赞同的计算》（The Calculus of Consent）一书，这本书被视为是创立公共选择学派的里程碑。尤其因为这本书探讨了一个自由社会下的政治结构，然而两人所使用的研究方式和概念，在本质上却是源自于研究一个社会的经济架构的学科。这本书专注于以实证经济学的分析方式解读现代立宪民主制政府的运作，但研究的主轴则是聚焦于政府在政策实践上与社会选择间产生的冲突、与原先理想中的资源分配最佳状态的落差。

肯尼斯·约瑟夫·阿罗在 1951 年所发表的《社会选择与个人价值》（Social Choice and Individual Values）一书也影响了公共选择理论的发展。其他重要的作品还包括了公共行政学家 An thony Downs 所著的《民主的经济理论》（An Economic Theory of Demo cracy，1957）以及 Mancur Olson 所著的 The Logic of Collective Action（1965 年）。

公共选择理论通常与维吉尼亚州的大学相联系，尤其是乔治梅森大学、维吉尼亚大学和维吉尼亚理工大学。乔治梅森大学的詹姆斯·布坎南与戈登·图洛克一同发展了这个理论，他们也因此被称为"政治经济学的维吉尼亚学派"。

随着公共选择社会（Public Choice Society）组织在 1965 年于美国成立，公共选择理论的发展也随之加快。该组织的开始发行一份名为《公共选择》的学术期刊，并且定期举行学术讨论会。参与期刊和讨论会的主要是经济学家和政治学家，经济学家们引入他们以选择为基础、架构研究模型的技巧，政治学家们则引入他们对不同政治体制的知识以及对于政府体制和政治互动之间的研究。其他许多领域的学者，包括了哲学、公共行政学以及社会学家们也都参与了公共选择理论的发展。公共选择理论发展的结果则是产生了一批专精于研究集体决策的学者，在研究上这些学者假设所有的经济人都是出于私利而采取行动的。

## 公共选择理论的理论议题

公共选择理论经常探讨的议题是：为何个别的政治决策最后会导致违背公众民意的结果。举例而言，许多利益集团和政治分肥推动的政策都会造成与民主政治理念相反的结果。然而，各种政客们却有可能出于自己的私利而支持这些政策。首先这些政策可以在心理上带来满足感，让他们觉得自己掌握权力、而且有重要性。这些政策也可以在财务上给他们带来游说或贿赂所得的大笔收入。这些政策可能是政客替自己选区或家乡争取的利益，企图以此争取地方选票或竞选的募款。由于这些政策都是由中央或联邦政府的公共税款支出的，在享受这些政策带来的利益的同时，政客们并不需要对此付出任何代价。专门游说的利益团体都是理性的采取行动，透过简单的游说途径，他们可以从政府手上获得价值数百万甚至数十亿的补助或优惠。而他们若是不继续进行游说，将会面临被商场上的竞争者淘汰的下场。纳税人们也是理性的采取行动，要废除任何由政府施予政客的利益都是难上加难，而同时个别的纳税人们则很少从这些政治分肥里受益。每项政府施予的政治分肥案都只会花费每个公民几便士、或是几块钱的税款，然而为了终结这些分肥而必须付出的成本却要高出好几倍。每个在赛局里的个人都有动机依照他们现有的模式采取行动，虽然他们对于民主政治的最初期望却完全不是这样。

要开始一项公共选择理论研究的简单方式便是去探索政府体制的本身。依据这种程序，最根本的研究来源是政府的起源。虽然一些作品也讨论到无政府状态、独裁政治、革命、甚至战争，但主要的研究则是聚焦于研究在现代民主立宪体制里，集体决策所产生的基本问题。这种研究先假设有一群人创建了一个政府，接着开始研究这些人所选出的民意代表或官僚（政府媒介）在政策实践上会与原先的理想产生怎样的冲突。

主要的问题在于：（1）要如何雇用有才干而又值得信赖的人来进行政治决策；（2）要如何建立起一个有效的系统以监督并管理这些人。为了回答这些问题，必须要衡量到如何在政府里建立不同的机构和决策权力、如何建立投票制度以及各种判定选举候选人获胜的方式，也必须衡量到既定法规对于民选或指派的官员的影响，并且衡量宪法的架构以及为了保护公民而设立的法律权利，尤其是那些与公民监督政府有关的权利，同时还必须避免政府人员对实行监督权利的公民施加迫害。

公共选择理论这些都是相当复杂而困难的议题。在实践上，大多数公共选择领域的著作都只是研究一些特定的议题。例如，已经有大量的研究探讨不同的投票制度，以及更具体的，要如何将选民们的期望转换为一个完整的集体偏好。一些研究则发现即使是在看似简单的状况下，也不可能出现完整的集体偏好，这个理论又称为阿罗不可能定理。阿罗不可能定理是对于投票制度悖论的经济学归纳，主张选民们根本没有理由去期望民主政治会使每个人拥有相同的选择权利，即使是在进行集体决策的最好方式下也必定会出现一定程度的误差。

许多研究便是聚焦于探索集体决策在实践上的问题。在人们想象中，民主政治的决策仿佛是由全体选民集体做出，而不需付出任何集体决策代价，然而这与实际上由各选区选出立法代表进行表决时的情况却可能有天壤之别。重要的问题之一在于立法代表们在实行立法权力时可能采取各种拉拢支持、谈判斡旋的情况，同时政党和利益集团也会影响立法代表们的决策。公共选择理论也因此广泛地研究了这些领域，研究立法代表们在决策上会产生的问题以及如何以宪法体制约束立法决策便是公共选择理论的一个主要子领域。

另一个主要的子领域研究是对于官僚的研究。一般的研究模型假设高层的官僚是由政府首脑或立法委员所挑选的，这取决于民主制度是采用总统制还是议会制。研究模型通常假设高层官僚有着固定薪水、必须持续讨好指派他的人（总统或国会）以保住职位，指派他的人则有权力决定继续雇用他或开除他。然而，数量占绝大多数的中低层官僚都是一些被政府制度所雇用并保护的小公务员，每当新上任的高层官僚人员要进行重大改革时必然会面临这些小公务员的反弹和排斥。这样的尴尬情况与在私人企业里，商人必须替自己公司的产品生产和销售成败负起完全责任（同时也会享受到完全的利润）产生鲜明对比，而且老板还可以弹性的雇用或开除任何员工。

还有一个接近公共选择理论的研究领域是竞租，这个领域结合了对于市场经济和对政府的研究，这也因此可以被视为一种新的政治经济学。这个领域的基本假设是要研究当市场经济与政府共存时，政府人员本身便是许多政治分肥和市场特权的来源。由于政府人员和市场的参与者都是出于私利而采取行动的，市场参与者会争相抢夺要租下（通过游说等手段）由政府颁布的垄断特权。当这样的垄断特权被颁布时，市场经济的效率便会被大幅削减甚至毁灭。除此之外，许多本来可以被消费者所享用到的生产资源也被那些竞租者所浪费掉了。

竞租理论的范畴事实上大过了公共选择理论，因为它可以同时套用在独裁制度或民主制度上，也因此它并不完全是针对集体决策的研究。不过，这些竞租者对于立法代表、政府首脑、官僚人员，甚至法官所施加的各种影响，都是公共选择理论在研究集体决策制度时所必须考虑的。而且，那些最初设计了一个政府的集体成员也必须被视为竞租者看待，评估他们在设计体制时与自身利益产生的冲突。

## 公共选择理论的启示

尽管我国与西方资本主义国家的政治制度不同，财政决策和运行的政治环境不同，但从公共决策体制来看，也有相似之处，即都属于代议制民主决策体制。因此，以西方代议制民主决策体制为研究对象的公共选择理论是可以并能够为我国财政决策机制的改革和完善提供借鉴的，它的一些分析思路和结论也为我们研究财政制度和决策管理问题提供了有益的启示。

（1）公共选择理论中的"经济人"假设，为我们的财政决策机制设计提供了富有启发性的思路。政治市场中的"经济人"假设在西方学者中也是有争议的。但从应用角度看，这一假设也许是最接近实际的假设，便于人们以此为依据制定出有效率的制度和政策。这一假设的引申含义是，若要政治决策能符合公共利益最大化要求，就必须建立起一套能约束和监督决策者的有效机制，否则，决策就可能偏离公共利益的轨道。中国的社会实践也证明，仅靠当事人的思想觉悟和道德约束，是难以形成理想的财政决策和有效的财政运行的。

（2）公共选择理论揭示了"偏好显示机制"在公共决策中的重要性，这对我们完善这一机制，实现有效的财政决策具有一定的借鉴意义。我们的政府是代表人民利益的，财政决策应当体现人民的意愿和要求，要做到这一点，仅凭决策者的良好愿望和优良素质是不够的，还必须有一套把人民的利益和要求由下而上及时传达的机制，即公民的偏好显示机制。只有充分了解人民的偏好，重大决策让群众知情，让群众讨论和参与，我们的决策才会符合人民的利益和要求。当前，亟待解决的是财政信息的透明度问题，要尽快建立规范、及时、准确的财政信息发布制度。在此基础上，建立和完善有保障的、通畅的公民财政偏好显示机制，以保证财政决策的科学性和民主性。

（3）公共选择理论对政治决策程序和规则的研究，对我国完善财政决策程序和规则有重要借鉴价值。决策的结果取决于决策程序和规则。从一定意义上说，在决策中，程序和规则更重要。我国以往的财政决策实践中，在一定程度上存在重结果，轻程序；重人的素质，忽视规则的作用的问题。在财政立法中则表现为，重实体法，轻程序法。举例来说，我国的国家预算决策程序和运作程序都存在不科学、不规范的问题，预算的编制、审批、执行、调整到最后的决算，人为的、主观的因素都还太多，制约了预算绩效的提高。这种现象若要改观，就必须加强对科学的财政决策程序和规则的研究。

（4）公共选择理论中的"特殊利益集团"理论，对于我们分析我国一些经济和财政现象，并制定相应的财政对策提供了一个有益的视角。市场经济是一个利益和决策分散化的经济，因此在我国也是存在利益集团的。如行业利益集团、地区利益集团、生产者利益集团、消费者利益集团等。在一些地方盛行的地方保护主义就是以行政区划为单位的地区利益集团行动的结果。又如我国的农民利益集团问题，该集团由于人数众多，组织松散，难以形成有力的"特殊利益集团"，从而对公共决策的影响力较小，其利益常受到侵害，各种负担沉重。再如我国的垄断行业价格（注意：是公共定价）过高问题迟迟难以解决，等等。公共选择理论都可给出一些令人信服的解释，这对我们提出和制定有关对策无疑是有助益的。

## 公共选择理论的观点

在公共选择理论出现前，许多经济学家都以为政府是在经济学研究范围之外的体制，并且认为政府的活动是与那些经济体制里的活动不同的（不过的确有一些经济学家如帕累托在这之前已将国家及其体制列入研究范围）。

公共选择理论试着从研究官僚和政客的角度上探索政府带来的影响，并且假设这些人都是根据自己的私利采取行动，他们的一举一动都是为了增进自己的经济利益（如他们的个人福利）。公共选择理论利用经济学的分析方式（通常是博弈论和决策论）探索政治上的决策进行过程，以此揭露在政府体制下必然出现的效率低落现象。许多奥地利经济学派的经济学家也进行了类似公共选择理论的研究（包括米塞斯、哈耶克等人），这样的研究模型先假设政客们是真心要造福人民的，然而却无法取得足够的经济信息（这个问题又称为经济计算问题），由于他们在进行决策的过程中无法得知充分的经济信息，这些政策往往就会造成和一般公共选择理论所假设的理性私利行为下相似的悲惨后果。

公共选择理论的研究焦点也有积极的与基准的之别，基准的公共选择理论通常是研究实行什么样的政策（可以）产生理想的结果，而积极的公共选择研究则是研究政府所实行的某些政策在实践上（可能）造成怎样的后果。

公共选择理论的重要主题之一是政治科学的主题，即国家理论、投票规则、投票者行为等。然而，公共选择理论的方法论主要来源于经济学和数学。

在现代宏观经济分析中，政府作为经济体中的一个部门，主要提供公共产品，私人产品由私人部门提供。不过，介于公共产品与私人产品之间还有一种产品，称作准公共产品或混合产品，多数由政府提供，也可以由私人联合提供。准公共产品类似于俱乐部提供的产品，研究准公共产品的供给、需求与均衡数量的理论，也叫"俱乐部理论"。

皮考克（Alan Peacock）把公共选择理论的研究分为三个大的政治市场：即初级政治市场、政策供给市场和政策执行市场。在初级政治市场上，政治家把政策"卖"给选民，选民则为政治家支付选票；在政策供给市场上，官员为了实现当选政府的政策目标而提供不同的行政手段；在政策执行市场上，主要分析政策的执行结果及其影响。

公共选择理论认为，市场经济下私人选择活动中适用的理性原则，也同样适用于政治领域的公共选择活动。也就是说，政府以及政府官员在社会活动和市场交易过程中同样也反映出"经济人"理性的特征。政府及其公务人员也具有自身的利益目标，或者说政府自身利益本身也是一个复杂的目标函数，其中不但包括政府本身应当追求的公共利益，也包括政府内部工作人员的个人利益，此外还有以地方利益和部门利益为代表的小集团利益，等等。

可见政府及其公务人员并不一定只代表公共利益。从另一个角度来说，即使政府基本上代表着公共利益，但由于公共利益本身有不同的范围和层次划分。因此中央政府与地方政府作为不同的利益主体，除了自身利益诉求之外，在公共利益的总体目标方面也有着不同的价值取向和偏好程度上的差异。

公共选择理论认为，经济学是一门交易科学，经济学研究的特定主题就是人们在市场关系中的行为。把经济学的这一方法运用于政治学研究，它所展现的政治是个人、集团之间出于自利动机而进行的一系列交易过程。

公共选择理论的结论是：政治市场上的基本活动也是交易，是方法论上的个人主义在公共选择的运用。可以说，经济学家把政治学研究向前推进了一大步。熊彼特认为，"一切行为都是人的行为，当个体成员的行为被排除以后，就不会有社会团体的存在和现实性"。所以，经济学中的"经济人"理性、生产者、消费者概念，都是把个人的偏好、个人的目的性作为一切问题的出发点。

公共选择把方法论上的个人主义运用于自身的理论体系，它表明，"人是一个自利的、理性的、追求效用最大化的人"，而政府只是在个人相互作用基础上的一种制度安排。所以，政府也并不是我们所想象的一个抽象实体，总是一心一意地追求社会总体福利最大化目标。

在公共选择理论体系中，所谓的"公益"、"社会正义"等这些难以界定的概念是不存在的。如同布坎南所说："人是自利的、效用的最大化，在市场中如此，在公共领域中也是如此。当个人由市场中的买者或卖者转变为政治过程中的投票者、政治家、纳税人或官员时，他们的品性不会发生变化。"可以说，公共选择把个人的目的性放在首位，用个人的行为目的来解释政治过程，它展现的是政治过程的个人主义理论。

公共选择学派中阿罗的社会选择理论被看作是一种宪政理论，因为他所关心的是政治制度的设计,注重的是集体决策之规则所引起的后果,他提出的不可能性定理表明,有关集体决策的各种基本规则之间存在冲突。

1998年诺贝尔经济学奖得主、印度经济学家阿马蒂亚·森(Amartya Sen)指出,如果坚持个人效用之间不可比,就有阿罗不可能性定理。如果个人效用是可比较的,就会涉及社会公正问题,对决策的社会影响就可以评价和比较。

公共选择理论在绝大多数国家都有着极为广泛的应用意义,在中国目前的经济社会中,涉及收入分配之间的差距、反腐败的制度设计、社会保障制度(包括养老保险、失业保险、医疗保险)等方面的公共政策设计和改革,都需要从公共选择理论的分析思维出发,进行深入考察、分析和再设计,以力图追求社会整体福利最大化的目标。

### 知名公共选择理论经济学家

公共选择理论经济学家最早将公共选择理论套用至研究政府管制上的经济学家包括了乔治·斯蒂格勒(1971年)和萨姆·佩尔兹曼(1976年)。尼斯卡南则通常被视为是公共选择理论在研究官僚上的创始人。

一些知名的公共选择理论学家还曾获颁诺贝尔经济学奖,包括了詹姆斯·布坎南(1986年)、乔治·斯蒂格勒(1982年)、盖瑞·贝克(1992年)。除此之外,弗农·史密斯(2002年)也曾在1988年至1990年间担任公共选择学会的主席。福利经济学家阿马蒂亚·森曾以一个故事讽刺公共选择理论:有一个外地人打听到火车站怎么走。"当然!"本地人一边说一边指向相反的方向,"邮局正好在那里。您能顺路帮我发封信吗?""当然!"外地人一边回答,一边想着打开信封,看看里面有没有值得偷的东西。

## 溢出效应

溢出效应是指一个组织在进行某项活动时,不仅会产生活动所预期的效果,而且会对组织之外的人或社会产生的影响。简而言之,就是某项活动要有外部收益,而且是活动的主体得不到的收益。

### 溢出效应理论

(1)事物一个方面的发展带动了该事物其他方面的发展;
(2)一国总需求与国民收入增加对别国的影响;

（3）溢出效应，有技术溢出效应，跨国公司是世界先进技术的主要发明者，是世界先进技术的主要供应来源，跨国公司通过对外直接投资内部化实现其技术转移。这种技术转让行为对东道国会带来外部经济，即技术溢出。相关市场中所有的产品和服务都会体现这类技术，那么这些产品或服务使用者的利益将是外在的，由于是实现或产生利益的企业与产生技术的企业展开竞争，即技术产生了溢出效应。

## 规模效应

规模效应又称规模经济，即因规模增大带来的经济效益提高，但是规模过大可能产生信息传递速度慢且造成信息失真、管理官僚化等弊端，反而产生"规模不经济"。规模效应是一个经济学上研究的课题，即生产要达到或超过盈亏平衡点，即规模效益。经济学中的规模效应是根据边际成本递减推导出来的，就是说企业的成本包括固定成本和变动成本，混合成本则可以分解为这两种成本，在生产规模扩大后，变动成本同比例增加而固定成本不增加，所以单位产品成本就会下降，企业的销售利润率就会上升。

## 品牌效应

"品牌"一词起源于西班牙的游牧民族，为了在交换时与他人的牲畜相区别，会在自己的牲畜身上打上烙印，因此，最初的"品牌"为"烙印"的意思。

1960年，营销学词典中给品牌一个比较确切的定义：品牌是用以识别另一个或另一群产品的名称、术语、记号或设计及其组合，以和其他竞争者的产品和劳务相区别的无形资产。

品牌不仅是一种符号结构，一种产品的象征，更是企业、产品、社会的文化形态的综合反映和体现；品牌不仅是企业一项产权和消费者的认识，更是企业、产品与消费者之间关系的载体。品牌的底蕴是文化，品牌的目标是关系。

品牌意味着高质量、高信誉、高效益、低成本。品牌的背后就是一个在市场竞争中始终立于不败之地的成功企业。在创立品牌和扩大品牌覆盖面的过程中，只有通过产品结构的优化、存量资产的盘活、技术含量的提高和科学化的管理才能使企业不断地发展壮大起来。

企业要有自己的品牌，知名品牌既是企业的无形资产，又是企业形象的代表。品牌就是要送给客户一个称心满意的产品,提供热情周到的服务,企业的名字就是信誉的代名词。塑造企业理念要求全体员工"真心为用户着想,至臻至美,给用户以信赖"才行。这一思想集中体现了企业品牌战略的核心内容。建立完善的企业管理制度是品牌战略的基本保证。管理就是为适应市场要求而采取的一套行之有效的方法。

##  品牌效应的表现

品牌可以保护生产经营者的利益

经注册之后的品牌,成为企业的一种特有的资源,受到法律保护,其他企业不得仿冒和使用。若发现冒牌商品可依法追究并索赔。如果产品不注册,就不受法律保护,会给企业带来损失。

品牌是有效的推销手段

品牌在产品宣传中,能够使企业有重点地进行宣传,简单而集中,效果迅速,印象深刻,有利于在产品销售中,使消费者熟悉产品,激发购买愿望。

品牌可以帮助消费者识别和选择商品

消费者购买商品不可能都经过尝试后再购买,主要依品牌效应而购买。一个品牌如果知名度高,即便消费者未经使用,也会因品牌效应而购买。品牌效应的产生既可能是因为经营者自身的宣传,也可能是因为其他消费者对品牌的认可而产生。

品牌效应是树立企业形象的有效途径

品牌是企业产品质量、特征、性能、用途等级的概括,凝聚企业的风格、精神和信誉。当消费者一接触品牌,这些内容便迅速在头脑中反映出来,从这一意义上来讲,品牌还代表企业的市场。

品牌效应是产品经营者因使用品牌享有的利益

一个企业要取得良好的品牌效应既要加大品牌的宣传广度、深度,更要以提高产品质量、加强产品服务为其根本手段。

如何评定某一品牌在工业市场中的价值

如果我们赋予品牌价值,则需要首先知道品牌所体现的价值是什么。品牌名以及和品牌相关的内容是产品或服务的缩版。产品质量、交付可靠性、货币价值,这些都包含在人们对品牌的认识中。这就是说当人们说奔驰更省钱时,他们认为实际情况就是这样，即使其他产品的花销与其相当或更低，也不想或不需要进行比较以后再做决定。依此类推，人们买壳牌润滑油是因为他们只相信壳牌，而且认为使用该品牌就可以高枕无忧了。

市场研究人员试图通过一些投射性问题来探究品牌的隐含价值，其中受访者需要想出除直接和明显的价值之外的价值。使用弗洛伊德心理学进行词汇关联，以找出简单的品牌价值。另一个常用的问题是让受访者找出品牌与汽车或某种动物之间的关联。这样的关联还可以进一步推进：提出诸如某一品牌会倾听何种类型的音乐、假期时品牌会到哪里旅行、品牌的工作是什么等问题。最近在一项大学品牌价值的研究调查中，受访者需要描绘出他们认为能够代表他们对大学看法的事物。大家描绘的事物真是多种多样，其中最为普遍的是代表温暖、舒适和安全的摇椅、胎儿和家。如果只是单纯地问及"这所大学的名称对于您有什么意义？"一定无法获得如此深刻的回答。

找出人们联想到的与品牌相关的事物只是工作的一部分。我们还有必要进一步研究，将这些品牌价值与金额对等起来。在消费品市场中，大家都在想方设法获得这些价值，因为这可以让品牌所有者将这些金额写入资产收益表。但在工业市场中就没有那么简单了，因为主要的品牌都是公司名，衡量此类品牌价值的一个方法是评估购买该公司需要支付的有形资产和"典型"价格综合收入之外的费用。如果费用一部分源于品牌，一部分源于专利权或者出色的首席执行官或其他无形但宝贵的因素，则问题会更加复杂。

### 如何定位通过品牌名称获得持久的竞争优势

我们拿戴尔、索尼和IBM举例来说，大家都生产同样的产品。但是，预期购买者可能会认为其中一个品牌的适配性比较好，一个品牌有很好的创新性，而另一品牌则可能具有很高的质量。每个品牌都有其自身的价值，但是每一价值的最高标准又只由一家公司所有。这就为厂家获得竞争优势提供了机会。再比如三个卡车品牌、三个包装机品牌和三个聚亚安酯品牌，等等。从每一方面来看，每个品牌都各有特色，而这种特色恰恰构成了每一品牌的竞争优势。

要做到这点并不容易。在公司内部，有些人偏向于超前价值和定位，而有些人则喜欢定位于当前的环境。有些人偏好复杂的本质，有些人又愿意回归简单。有些人喜欢集思广益，有些人倾向于坚持己见。如果公司稍有不慎而定位错误，就会失去唯一最重要的特色优势。

在产品趋于相似的环境中，品牌是让公司出类拔萃的少数机会之一。工业公司从品牌中获利，通常是偶然而非特意设计的。但是，只要多付出一些努力和成本,就可以提升客户对公司的忠诚度,同时为其赢得更多的利润。想象一下,如果将品牌效应从工业产品的使用中分离出来,我们会发现在选择供应商时,它只有5%的影响。我们再来设想一下,如果我们多付出一点努力、多提升一下促销手段,品牌就可以更加准确地进行定位了。凭借准确的定位,品牌对供应商选择的影响一定会有所增加。假设品牌重新定位后,其影响会相应提升2~7个百分点,那么供应商势必会提高价格,或者如果价格维持不变,则市场份额一定会扩大。这样做完全是有利可图的。

有些公司已经在这方面取得了巨大的成功。欧时公司是电子、电气和机械产品供应商,有上千种产品,主要销售渠道是CD—ROM、产品目录和网站。公司提供一站式购物服务,客户订购的产品会在第二天早晨准确无误地邮寄到客户手中,这为公司赢得了很大的产品利润。在生产的多种塑料产品中,陶氏化学公司凭借高技术水平和较低的服务成本树立了良好的品牌形象。埃迪·斯托巴特经营的卡车运输公司以前默默无闻,后来,该公司洁净的卡车和出色的驾驶员为公司的可靠运营提供了保证。公司驾驶员的绿色衬衫和统一佩戴的领带,已经成为了公司品牌的象征,公司由此赢得了更多的利润。

品牌效应当然不是企业的保护神。企业的成功与否并不由它主宰。品牌效应只是市场营销的一方面。但是,如果一家公司拥有适当的品牌效应,那么其他营销因素都会恰当地发挥作用。品牌效应是公司哲学体系的核心,因为一家公司的品牌就是该公司的整体形象。

## 品牌效应与集体商标

中国产品从产量规模来看,名列世界前茅,但在国际市场上始终低人一等,即使是同等质量、同等规格的同档次产品,其售价总是比发达国家要便宜许多。究其原因,就是缺乏国际知名品牌与企业,自主品牌意识及维护品牌的意识较差,中国企业相互压价的恶性竞争严重。办理注册商标,从商标设计、查询、公告到正式使用,其程序复杂,专业水平要求高,大多数中小企业及个体户的文化素质还很难适应。分散注册商标成本高,成功率低,且后续投入难以得到保证。评选驰名、著名及知名商标,往往都要参照使用该商标的产品的近3年的主要经济指标,如年产量、销售额、利润、市场占有率、同行业中排名以及广告投入等因素,因此单个企业创名牌的难度相当大,对为数众多的中小企业尤其如此。

品牌及其包含的商标、质量标准、管理体系三个内容,是一套完整的体系,它确保了使用这一品牌的商品必然出产的是精品,为其开拓市场带来好处。长期以来，国内许多行业虽然极其发达、企业众多，可是却鲜有在全国和全球叫得响的品牌。由于大多数企业规模较小，生产和营销的主体过于分散，导致在市场上竞争力薄弱，有时内部还会出现恶性价格竞争。以集体形式申请注册集体商标，可以把中小企业的力量集中起来，整合资源，形成拳头产品，统一管理，统一品牌，形成合力，壮大规模，共同创立名牌，提高商品和服务的竞争能力，形成集团优势，弥补企业规模较小的竞争劣势。

加入WTO后，中国经济发展正进入一个知识产权保护的时代。一个高端的、区域性的集体品牌，能够让区域内的企业处于公平起跑线上，促进团结、促进技术进步。为今后在资源、环保、能源、人才培训、科研等基础问题上的交流合作提供了基本条件。佛山的"佛山陶瓷"、南海的"盐步内衣"，中山市的"古镇灯饰"，东莞市的"虎门服装"，广州的"新塘牛仔服装"等，分别申请注册集体商标，旨在加大自主区域品牌创立意识，提升区域品牌核心竞争力，用法律手段加大力度，保护这一产业区域品牌不受非法损害，打造出更多叫响全球的区域制造与流通业品牌。

集体商标是指由工商业团体、协会或其他集体组织的成员所使用的商品商标或服务商标，用以表明商品的经营者或者服务的提供者属于同一组织。集体商标与普通商标的区别有：（1）集体商标与普通商标均表明商品或服务的经营者，但集体商标表明商品或服务来自某组织；普通商标则表明来自某一经营者。（2）集体商标只能由某一组织申请注册，普通商标则可以由某一组织或某一个体经营者申请注册。（3）申请集体商标注册的，必须提交使用管理规则，申请普通商标则不必提交。（4）集体商标不能准许本组织以外的成员使用，普通商标可以许可本组织以外的成员使用。（5）集体商标准许其组织成员使用时不必签订许可合同，普通商标许可他人使用时必须签订许可合同。（6）集体商标不能转让，普通商标可以转让他人。（7）集体商标失效后两年内商标局不得核准与之相同或近似的商标注册，普通商标的这个期限只是一年。

有商标才有品牌，有了品牌才有名牌，有了名牌才能提高区域特色产业的竞争力。集体商标注册对于带动产业化经营，提高竞争力大有裨益，甚至是必由之路。因为集体商标是"由众多的自然人和企业组成一个行业协会或行业组织共同申请一件商标，并共同使用"，因其使用的特殊性，能够达到为产品节约成本，保护产业，创出品牌和规模效益的目的。申请注册集体商标的最大好处是：在不改变单个成员身份的条件下，可以通过共同使用统一的商标把所有单个成员的生产经营能力有效组合起来，形成数量优势，显示规模效应。

申请注册了集体商标后，凡是享有这一品牌使用权的会员企业，就应遵守相关法则法规，不得采取恶性压价的不良竞争手段，否则就要追究相应法律责任。注册了集体商标，就对那些只顾自己利益不顾集体利益的部分企业，有了法律约束。今后还可以集体展团的名义去租展位，去参加精彩的国内展、国际展，争取更好的生存和发展空间。甚至在反倾销应诉中，也可以较低的成本去争取最后的胜利。

### 品牌效应与名牌效应

品牌效应是商业社会中企业价值的延续，在当前品牌先导的商业模式中，品牌意味着商品定位、经营模式、消费族群和利润回报。名牌效应，当然可以带动商机，显示出消费者自身身价的同时，也无形中提高了商家的品位，好让更多的高层次消费者光临店面。这只是针对小商家而言的，而对于大厂家，意义又有所不同。名牌效应带来的是大量劣质的冒牌，因为他们永远相信中国的一句古话：假作真时真亦假，真作假时假亦真。各种冒牌抢占市场，而真正的名牌，为了保住自己的消费市场，只好作出降价的选择，但这又正中冒牌商们的下怀，他们可以名正言顺地用低价出售他们的所谓名牌，从中博取暴利。

## 核心竞争力

核心竞争力是在一个组织内部经过整合了的知识和技能，尤其是关于怎样协调多种生产技能和整合不同技术的知识和技能。从与产品或服务的关系角度来看，核心竞争力实际上是隐含在公司核心产品或服务里面的知识和技能，或者知识和技能的集合体。

核心竞争力是一个企业（人才、国家或者参与竞争的个体）能够长期获得竞争优势的能力。是企业所特有的、能够经得起时间考验的、具有延展性，并且是竞争对手难以模仿的技术或能力。核心竞争力，又称"核心（竞争）能力"、"核心竞争优势"。

核心竞争力是企业竞争力中那些最基本的能使整个企业保持长期稳定的竞争优势、获得稳定超额利润的竞争力，是将技能资产和运作机制有机融合的企业自身组织能力，是企业推行内部管理性战略和外部交易性战略的结果。现代企业的核心竞争力是一个以知识、创新为基本内核的企业某种关键资源或关键能力的组合，是能够使企业、行业和国家在一定时期内保持现实或潜在竞争优势的动态平衡系统。

首先，核心竞争力应该有助于公司进入不同的市场，它应成为公司扩大经营的能力基础。其次，核心竞争力对创造公司最终产品和服务的顾客价值贡献巨大，它的贡献在于实现顾客最为关注的、核心的、根本的利益，而不仅仅是一些普通的、短期的好处。最后，公司的核心竞争力应该是难以被竞争对手所复制和模仿的。正如海尔集团总裁张瑞敏所说的那样："创新（能力）是海尔真正的核心竞争力，因为它不易或无法被竞争对手所模仿。"

## 核心竞争力的构成要素

构建一个企业的核心竞争力可以从八个方面考虑：

**企业的规范化管理**

企业的规范化管理也是基础竞争力的管理，在前面讲过，很多企业都有"两低一高"的现象，基础管理差、管理的混乱使得企业的成本居高不下。

**资源竞争分析**

通过资源竞争分析，明确企业有哪些有价值的资源可以用于构建核心竞争力，如果有，具体应该怎样运用。

**竞争对手分析**

对竞争对手的分析能够让企业知道自己的优势和劣势，企业平时要留意收集竞争对手的信息和市场信息，及时掌握对手的动态。

**市场竞争分析**

对市场的理解直接影响到企业的战略决策，如果对市场把握不准，就会给企业带来很大的危机。如20世纪50年代，王安电脑公司曾经红火一时，最后却倒闭了，其中一个主要原因就是当年的王安对市场的评估出现了战略性的错误，当时王安认为在未来的三五年内国际电脑市场会以小型机和中型机为基础，而不是家庭PC机。然而事实恰恰相反，家庭电脑成为了电脑市场的主流。由于对市场的理解出现了错误，公司的战略也随之出现偏差，而竞争对手却把握住了时机，所以王安电脑公司被挤出了市场。

**无差异竞争**

所谓的无差异竞争是指企业在其他方面都不重视，只强调一项，那就是价格，也就是打价格战。中国的很多企业都经常使用这种竞争方法，可是事实上，世界上一些有实力的大企业都轻易不用这一方法。

### 差异化竞争

差异化竞争与无差异竞争相反,是指企业不依靠价格战,而是另辟蹊径,出奇招取胜。如海尔集团的成功主要是靠差异化竞争,在其他企业大打价格战的时候,海尔公司却强调服务。有一个老太太购买了海尔空调,送货的人利用送货的时机把空调给偷走了,本来空调已售出,按照中国的惯例,货物出门,概不负责,海尔公司不需承担责任,但是海尔公司主动赔偿老太太一部空调,专门派人送去,并由此引发了"无搬运运动",即客户购买海尔公司的产品,海尔公司主动送货。海尔公司的电视、冰箱、空调等产品品质可能都算不上顶级,但是它的服务创新意识、差异化精神是最好的,许多客户购买海尔公司的产品正是看重这一点。

### 标杆竞争

所谓标杆竞争就是找到自己有哪些地方不如竞争对手,在超越竞争对手的时候设立标杆,每次跳过一个标杆,再设新的标杆,这样督促自己不断进步。比如美国某公司当年不如它的主要竞争对手——日本的一家公司,于是该公司就派人去日本公司学习,回来后检查该公司一共有147个地方做得不如对方,于是公司把这147个点分为若干部分,包括研发、生产、品控、销售等,在每个大模块中又设置标杆,一个标杆超越后,再设一个新的标杆。用这种方法该公司在两年之后就超越了它的竞争对手,这家公司就是惠普。

### 人力资源的竞争

人力资源的竞争直接关系到企业的核心竞争力,尤其是在21世纪,人才最重要,企业必须重视人才、培养人才、留住人才。好利来公司在大规模的扩展过程中,曾经出现过管理混乱的现象。为此好利来制定了一个明确的战略,那就是首先培养人才,主要培养两种人才:店长和做饼师傅。通过人力资源的竞争,好利来2004年在全国拥有了600家分店。一言以蔽之,核心竞争力是对手短期内无法模仿的,企业长久拥有的,使企业稳定发展的可持性竞争优势。

### 分析过程

核心竞争力是竞争力中一组最为核心和关键的因素,而竞争力又由资源和能力构成。因此,对于企业核心竞争力的研究,越来越注重对公司资源和能力的分析。企业核心竞争力辨识可以首先从企业的资源和能力入手,从中发现企业的竞争力,然后再确定哪些竞争力能够构成核心竞争力。具体操作可分为三个步骤。

（1）资源和能力分析。建立企业核心竞争力分析指标体系，测度企业内外部资源和技术能力及支撑能力指标的表现。

（2）竞争力分析。比较该企业与同行业其他企业的表现，找出该企业相对于其他企业的优势资源和能力，从中界定出该企业的竞争力组合。

（3）核心竞争力分析。对竞争力组合因素，逐一检验是否符合核心竞争力的特征，即是否符合企业的发展和竞争战略，与企业的目标和长远规划相一致？是否具有价值，能够提高企业经营管理效率，降低成本，对最终产品中的顾客利益有突出贡献？是否具有独特性，有助于企业进行差异化经营？是否难于模仿，难以被其他企业学习？是否不可替代，难以被竞争对手所替代？是否能提供进入市场的潜能，衍生出一系列的产品和服务满足市场需求，有利于扩大经营范围？

将不符合特征的因素予以剔除，最后得到的一组资源和能力就是企业的核心竞争力。另外，核心竞争力还需要在复杂多变的环境中得到保护和管理，提升企业的持续竞争优势。当然，通过以上程序也可以发现企业需要建立的核心竞争力，明确努力的方向。需要注意的是行业不同、企业背景不同、企业文化不同、外部环境不同，企业核心竞争力也会不同。零售企业的核心竞争力与制造企业就有所不同，即使是制造业，复杂产品系统企业的核心竞争力与大规模批量生产企业也不同。

## 信息不对称理论

信息不对称理论是指在市场经济活动中，各类人员对有关信息的了解是有差异的；掌握信息比较充分的人员，往往处于比较有利的地位，而信息贫乏的人员，则处于比较不利的地位。该理论认为：市场中卖方比买方更了解有关商品的各种信息；掌握更多信息的一方可以通过向信息贫乏的一方传递可靠信息而在市场中获益；买卖双方中拥有信息较少的一方会努力从另一方获取信息；市场信号显示在一定程度上可以弥补信息不对称的问题；信息不对称是市场经济的弊病，要想减少信息不对称对经济产生的危害，政府应在市场体系中发挥强有力的作用。这一理论为很多市场现象如股市沉浮、就业与失业、信贷配给、商品促销、商品的市场占有等提供了解释，并成为现代信息经济学的核心，被广泛应用到从传统的农产品市场到现代金融市场等各个领域。

### 信息不对称理论的产生背景

信息不对称这一现象早在20世纪70年代便受到三位美国经济学家的关注和

研究，它为市场经济提供了一个新的视角。现在看来，信息不对称现象简直无处不在，就像周身遍布的各种名牌商品。按照这一理论，名牌本身也在折射这一现象，人们对品牌的崇拜和追逐，从某种程度上恰恰说明了较一般商品而言，名牌商品提供了更完全的信息，降低了买卖双方之间的交易成本。这一理论同样也适用于广告，在同质的情况下，花巨资广而告之的商品因为比不做广告或少做广告者提供了更多的信息，所以它们更容易为消费者接受。

## 信息不对称理论研究

2001年度诺贝尔经济学奖授予了三位美国经济学家：约瑟夫·斯蒂格利茨、乔治·阿克尔洛夫、迈克尔·斯彭斯，以表彰他们20世纪70年代在"使用不对称信息进行市场分析"领域所做出的重要贡献。

传统经济学基本假设前提中，重要的一条就是"经济人"拥有完全信息。实际上人们早就知道，现实生活中市场主体不可能占有完全的市场信息。信息不对称必定导致信息拥有方为牟取自身更大的利益而使另一方的利益受到损害，这种行为在理论上就称作道德风险和逆向选择。为减少或避免这类行为的发生或者降低信息搜寻的成本，提高社会资源配置效率，经济学家为此提出了许多理论和模型。上述三位2001年度诺贝尔经济学奖得主正是在信息具有价值这一基础上，将信息不对称理论广泛应用于各个领域，并得到了实践的验证，从而揭示了当代信息经济的核心。

首先是阿克尔洛夫以其在哈佛大学期刊发表的论文《次品市场》，拉开了对信息不对称在商品市场应用的序幕；斯蒂格利茨分析了保险市场、信贷市场的道德风险问题，并相应地提出了缺乏信息的交易方应当如何获取更多的信息；斯彭斯则以其博士论文《劳动市场的信号》，对人才市场存在用人单位与应聘者之间信息不对称的根源进行了深入地探索。

阿克尔洛夫在1970年提出的分析旧车市场的"柠檬"（次货或二手货）模型，开创了逆向选择理论的先河：在旧车市场上，只有卖者知道车的真实质量，买者只知道车的平均质量，因而只愿意根据平均质量支付价格；而在一辆旧车的任一价格上，那些最差的次品车的主人最急于将他们的车出手；当买主把这些次品买回家后，才会逐渐发现它的缺陷；一段时间后，卖主能够接受的旧车的平均价格会下降，那些持有缺陷最小的车的车主这时会认为还是将车留着自己用更为合算；这意味着，那些还留在市场上出售的汽车的平均质量又进一步降低了。因此说，随着价格的下降，存在着逆向选择效应：质量高于平均水平的卖者会退出交易，只有质量低的卖者才会进入市场。

将该模型扩展到整个商品市场，逆向选择就说明了假冒伪劣商品对市场的破坏作用：它们以低价出售，有可能将好产品挤出市场，并摧毁消费者对市场的信任，导致市场的萎缩，从而最终降低整个社会的福利水平。但是，无论是生产优质产品的厂商还是消费者，都能找到更好的传递信息和搜索信息的途径。首先，厂商可以提供保修承诺或以广告来向消费者传递优质产品的信号；其次，可以建立独立的质量监督、认证机构，帮助消费者识别劣质产品；此外，还有合同解决办法（即在合同中对交易双方进行行为约束）和信誉解决办法（即允许提供优质产品的厂商获得超额利润——"信誉租金"，从而形成一种有效的激励机制。厂商一旦在信誉上出问题，必定损失利益。这就使信誉成为一种真实的信号）。

同样，在保险市场上，道德风险来自保险公司不能观察到投保人在投保后的个人行为：如果保险者不按常规履行合同或故意遭险，往往会使保险公司承担正常概率之上的赔付率；这时的逆向选择来自保险公司事前不知道投保人的风险程度，从而使保险水平不能达到对称信息情况下的最优水平。当保险金处于一般水平时，低风险类型的消费者投保后得到的效用可能低于他不参加保险时的效用，因而这类消费者会退出保险市场，只有高风险类型的消费者才会愿意投保。当低风险消费者退出后，如果保险金和赔偿金不变，保险公司将亏损。为了不出现亏损，保险公司将不得不提高保险金。这样，那些不大可能碰到事故的顾客认为支付这笔费用不值得，从而不再投保，高风险类型消费者就会把低风险类型消费者"驱逐"出保险市场。这就是保险市场的逆向选择问题。为了解决这一问题，保险公司可以通过提供不同类型的合同，将不同风险的投保人区分开，让买保险者在高自赔率加低保险费和低自赔率加高保险费两种投保方式之间选择，以防止被保人的欺诈行为。

在劳动力市场上，对于雇主来说，应聘者的受教育水平起着筛选和指示的作用。一个有大学文凭的人可以向雇主提供一种能够证明其有能力的信号。正是凭着"文凭"这个信号，雇主会按平均水平所做的决策来选择雇员，并决定其应得到的报酬。所以，人们呆在学校里被认为可能主要不是为了获得更多的知识、生产技术，而是为了使潜在的雇主相信他们能创造较高的生产效率，应拿较高的工资。正是由于劳动力市场上雇主和雇员之间的信息不对称，要求必须靠一种市场信号来帮助信息缺少的一方进行识别。

## 信息不对称理论的主要作用

（1）该理论指出了信息对市场经济的重要影响。随着新经济时代的到来，信息在市场经济中所发挥的作用比过去任何时候都更加突出，并将发挥更加不可估量的作用。

（2）该理论揭示了市场体系中的缺陷，指出完全的市场经济并不是天然合理的，完全靠自由市场机制不一定会给市场经济带来最佳效果，特别是在投资、就业、环境保护、社会福利等方面。

（3）该理论强调了政府在经济运行中的重要性，呼吁政府加强对经济运行的监督力度，使信息尽量由不对称到对称，由此更正自由市场机制所造成的一些不良影响。

# 关税壁垒

关税壁垒是指用征收高额进口税和各种进口附加税的办法，以限制和阻止外国商品进口的一种手段，是贸易壁垒的一种。

16~17世纪，欧洲曾经运用关税壁垒阻止外国制成品的进口。19世纪，欧洲为了对抗英国工业品的大量输入，曾运用关税壁垒，以保护本国工业发展。20世纪后，发达资本主义国家运用关税壁垒，以保证国内垄断资本获取超额利润，并用于迫使其他国家就关税和外贸问题作出让步；发展中国家有时也运用关税壁垒，抵制别国低廉物品的倾销。

## 关税壁垒的主要形式

无论发达国家还是发展中国家，都不能把"关税"和"关税壁垒"等同起来。通常的关税壁垒，指的是高额进口税以及在关税设定、计税方式及关税管理等方面阻碍进口的做法。按照商务部《投资贸易壁垒指南》，常见的关税壁垒有以下几种形式：关税高峰、关税升级、关税配额、从量关税、从价关税。

### 关税高峰

关税高峰（Tariff Peaks）是指在总体关税水平较低的情况下少数产品维持的高关税。经过GATT八个回合的谈判，WTO各成员的平均关税水平已大幅下降，但一些成员仍在不少领域维持着关税高峰。例如，某国在乌拉圭回合谈判中同意大幅度削减关税，同时又在几个产业部门，包括食品、纺织品、鞋类、皮革制品、珠宝首饰、人造珠宝、陶瓷、玻璃、卡车和铁路机动车等保留了关税高峰，其中陶瓷的关税为30%，玻璃杯和其他玻璃器皿的关税为33.2%~38%，载重量为5~20吨的货车的关税为20%。又如日本一些产品仍保持着较高的关税水平。这些产品包括农产品、食糖、巧克力甜点（10%）、奶酪和牛奶制品（22.4%~40%）、甜饼干（18%~20.4%）、果酱（12%~34%）、烟熏马哈鱼（15%）、原材料（氧化铅、熔化的氧化铝、镍）。在总体关税水平较低的情况下，上述特定产品的高关税不合理地阻碍了其他国家相关产品的正常出口，构成贸易壁垒。

### 关税升级

关税升级（Tariff Escalation）是设定关税的一种方式，即通常对某一特定产业的进口原材料设置较低的关税，甚至是零税率，而随着加工深度的提高，相应地提高半成品、制成品的关税税率。关税升级能够较为有效地达到限制附加值较高的半成品和制成品进口的效果，是一种较为常见的贸易壁垒。关税升级在发达国家和发展中国家中都存在。例如，某国为保护国内加工产业或制造业，对适合做车的钢材适用5%的关税率，而用同种钢材做成的车身零件的税率为15%，成品汽车的税率则达到30%。这种关税升级限制了制成品的出口。又如美国对进口中、低档陶瓷制品征收的关税高，对高档陶瓷制品征收的关税低，给中国陶瓷制品对美国出口造成障碍。此外，美国对进口鞋面用皮面积超过鞋面总面积51%的运动鞋的关税为8%，鞋面用皮面积低于鞋面总面积51%的则为33%。这种不合理的关税结构，使得中国相关产品在美国市场上处于非常不利的竞争地位。

### 关税配额

关税配额（Tariff Quotas）是指对一定数量（配额量）内的进口产品适用较低的税率，对超过该配额量的进口产品则适用较高的税率。实践中，关税配额的管理和发放方式多种多样，如先领、招标、拍卖、行政分配等。配额确定、发放和管理过程中的某些不适当的做法可能会造成对贸易的阻碍。在行政分配情况下，壁垒措施可能会出现在以下环节：

（1）配额量的确定。例如，某WTO成员所确定的配额量低于其最近3个代表年份的平均出口量，因此该配额量构成贸易壁垒。

（2）配额发放和管理。配额发放和管理缺乏透明度或公正性，也会形成贸易壁垒。如某国奶制品的关税配额管理缺乏透明度，有时甚至将配额发放给不再从事奶制品生意的企业，造成配额放空。

此外，在以拍卖、招标等方式发放关税配额的过程中，人为操纵或其他原因也可能造成对进口产品的壁垒措施。

## 从量税

从量税（Specific Duty）是按照商品的重量、数量、容量、长度和面积等计量单位为标准计征的关税。其中重量是较为普遍采用的计量单位，一些国家采用毛重的计量方法，一些国家采用的是净重的计量方法，或采用"以毛作净"等计量方法。

从量税额计算的公式是：从量税额＝商品的数量×每单位从量税

关税壁垒如欧盟1992年的税则规定，每百升香槟酒征收40欧洲货币单位的关税。中国也对啤酒、原油、感光胶片等进口货物采用从量税的课税标准。征收从量关税的特点是手续简便，可以无须审定货物的规格、品质、价格，便于计算。因单位税额固定，对质量次、价格廉的低档商品进口与高档商品征收同样的关税，对低档商品进口不利，因而对其保护作用比较大。国内价格降低时，因税额固定，税负相对增大，不利于进口，保护作用加强。为此，有的国家大量使用从量关税，尤其被广泛适用于食品、饮料和动、植物油的进口方面。美国约有33％税目栏是适用从量关税的；挪威从量关税也占28％。由于发展中国家的出口商品多属较高的档次，相比发展中国家需承担高得多的从量关税税负。

## 从价税

从价税（Ad Valorem Duty）是按照进口商品的价格为标准计征的关税。其税率表现为货物价格的百分率。

从价税的计算公式是：税额＝商品总值×从价税率

如中国1997年税则规定，税则号列9004～1000项下的太阳镜应征税额为其进口完税价格的20％。

从价税是各国采用的主要征税方式。因为：第一，由于从价税是按照货物的价值计算的，可以较容易地估算出应得多少财政收入。第二，从价税税额随着商品价格的变动而变动，从价关税对加工程度高的产品或奢侈品的进口构成障碍。例如，从量税为1升/2美元，对于价值2美元一瓶的廉价酒来说，税率为100％；而对于价值20美元一瓶的高价酒而言，只相当于10％的税率。10％的从价税对于较廉价酒的税赋为0.2美元，较昂贵酒的税赋为2美元。第三，在国际关税减让谈判当中，以从价税为基础容易比较各国的关税水平及谈判关税减让。但是，按从价税征收的关税很大程度上取决于使用何种方法确定应税的完税价格。因而，假如海关确定完税货物价值为1000美元，那么，按照10％的从价税就得征收100美元的关税。海关如果确定完税价格为1200美元，那么，进口商就不得不为同一商品交纳120美元的进口关税。如果海关不以发票上列明的价格作为确定价值的依据，而采取其他方式，那么，关税减让对贸易产生的好处就会大打折扣。因此，为了确保进口商应纳关税不高于进口方关税减让表中所确定的正常关税水平，确立对货物进行估价的规则，便显得至关重要。

关税壁垒和非关税壁垒的主要区别：

（1）非关税壁垒比关税壁垒具有更大的灵活性和针对性。

关税税率的制定必须通过立法程序，要求具有相对的稳定性。这在需要紧急限制进口时往往难以适应。非关税壁垒措施的制定通常采取行政程序，比较便捷，能随时针对某国的某种商品采取相应的措施，较快地达到限制进口的目的。

（2）非关税壁垒比关税壁垒能更有效地限制进口。

关税壁垒是通过征收高额关税，提高进口商品的成本和价格，削弱其竞争能力，从而间接地达到限制进口的目的。但如果出口国采用出口补贴、商品倾销等办法来降低出口商品的成本和价格，关税往往难以起到限制商品进口的作用。但是非关税壁垒措施更能有效地起到限制进口的作用。

（3）非关税壁垒比关税壁垒更具有隐蔽性和歧视性。

关税率确定以后，要依法执行。任何国家的出口商都可以了解，但一些非关税壁垒措施往往并不公开，而且经常变化，使外国出口商难以对付和适应。

## 关税壁垒存在的原因

关税是国际贸易中的重要壁垒，因为：

（1）关税较低的平均水平掩盖了某些商品的高关税。如美国，工业品的平均关税虽然只有3%，但有些工业品的关税却高达30%~40%。

（2）名义关税的较低税率掩盖了关税的有效保护率。在对最终产品和中间产品都征收关税的现实情况下，关税的有效保护率和对最终产品的名义保护率是不同的。日本关税的有效税率约为名义关税率的2倍~2.5倍。20世纪60年代初，美国进口生铁的名义税率为2%，关税的有效保护率却为9%；服装的名义税率为25%，关税的有效保护率却为36%。

（3）较低的正常进口税率掩盖了较高的进口附加税。当一个国家进口商品时，除了按照正常公布的税率征收进口税外，在需要时还按照临时公布的税率另外加征一部分进口税。目的或者是为了应付国际收支危机，或者是为了防止外国实行商品倾销，或者是对某个国家实行歧视政策。如1971年8月15日，美国为了减少进口，解决它的国际收支危机，实行"新经济政策"，宣布征收10%的进口附加税，使许多国家的出口受到重大影响。后来美国政府在其他国家强烈反对下，取消了这一税率。

（4）实行反倾销税，是国际上特别是发达国家通常使用的限制进口的手段。反倾销税是 WTO 允许成员国采取的保护本国产品和市场的一种手段，但它正被发达国家所滥用。20 世纪 90 年代后，中国成为国际反倾销的最大受害者，涉及金额数百亿美元，有的对中国实行的反倾销税率超过 100%。1993—1994 年，墨西哥对中国 10 大类 4000 多种商品征收所谓反倾销税 16%～1105%。

（5）随着区域集团化趋势的发展，关税成为参加关税同盟的国家对非成员国商品实行进口限制的手段。参加关税同盟的国家，比如欧洲经济货币联盟成员国，对内实行自由贸易，对外征收关税时实行统一税率。

## 特别提款权

特别提款权（Special Drawing Right，SDR，亦称纸黄金），是国际货币基金组织创设的一种储备资产和记账单位。它是基金组织分配给会员国的一种使用资金的权利。会员国在发生国际收支逆差时，可用它向基金组织指定的其他会员国换取外汇，以偿付国际收支逆差或偿还基金组织的贷款，还可与黄金、自由兑换货币一样充当国际储备。但由于其只是一种记账单位，不是真正货币，使用时必须先换成其他货币，不能直接用于贸易或非贸易的支付。因为它是国际货币基金组织原有的普通提款权以外的一种补充，所以称为特别提款权。

### 特别提款权的创立

20 世纪 60 年代初爆发的美元第一次危机，暴露出以美元为中心的布雷顿森林货币体系的重大缺陷，使越来越多的人认识到，以一国货币为支柱的国际货币体系是不可能保持长期稳定的。从 60 年代中期起，改革"二战"后建立的国际货币体系被提上了议事日程。以美、英为一方，为了挽救美元、英镑日益衰落的地位，防止黄金进一步流失，提出补偿美元、英镑、黄金的不足，以适应世界贸易发展的需要。而以法国为首的西欧 6 国则认为，不是国际流通手段不足，而是"美元泛滥"，通货过剩。因此强调美国应消除它的国际收支逆差，并极力反对创设新的储备货币，主张建立一种以黄金为基础的储备货币单位，以代替美元与英镑。1964 年 4 月，比利时提出了一种折衷方案：增加各国向基金组织的自动提款权，而不是另创新储备货币来解决可能出现的国际流通手段不足的问题。基金组织中的"十国集团"采纳了这一接近于美、英方案的比利时方案，并在 1967

年9月基金组织年会上获得通过。1968年3月，由"十国集团"提出了特别提款权的正式方案。但由于法国拒绝签字而被搁置起来。美元危机迫使美国政府宣布美元停止兑换黄金后，美元再也不能独立作为国际储备货币，而此时其他国家的货币又都不具备作为国际储备货币的条件。这样就出现了一种危机，若不能增加国际储备货币或国际流通手段，就会影响世界贸易的发展。于是，提供补充的储备货币或流通手段就成了基金组织最紧迫的任务。因此，基金组织在1969年的年会上正式通过了"十国集团"提出的储备货币方案。

## 特别提款权的作用

特别提款权发行于1970年，为成员国在货币基金体系内的资产储备，又称纸黄金。最初发行时每一单位等于0.888克黄金，与当时的美元等值。发行特别提款权旨在补充黄金及可自由兑换货币以保持外汇市场的稳定。

参加国分得特别提款权以后，即列为本国储备资产，如果发生国际收支逆差即可动用。使用特别提款权时需通过国际货币基金组织，由它指定一个参加国接受特别提款权，并提供可自由使用的货币，主要是美元、欧元、日元和英镑。还可以直接用特别提款权偿付国际货币基金组织的贷款和支付利息费用；参加国之间只要双方同意，也可直接使用特别提款权提供和偿还贷款，进行赠予，以及用于远期交易和借款担保等各项金融业务。特别提款权的利息开始时较低，1970年间仅为1.5%，1974年6月起提高到5%。以后，特别提款权利率的计算方法，大致是根据美、德、日、英、法5国金融市场短期利率加权平均计算而得，每季度调整一次。

## 特别提款权的分配

按国际货币基金组织的规定，基金组织的会员国都可以自愿参加特别提款权的分配，成为特别提款账户参加国。会员国也可不参加，参加后如要退出，只需事先以书面通知，就可随时退出。基金组织规定，每5年为一个分配特别提款权的基本期。第24届基金年会决定了第一次分配期，即自1970年至1972年，发行93.148亿特别提款单位，按会员国所摊付的基金份额的比例进行分配，份额越大，分配得越多。这次工业国共分得69.97亿，占分配总额的74.05%。其中美国分得最多，为22.94亿，占分配总额的24.63%。这种分配方法使急需资金的发展中国家分得最少，而发达国家则分得大部分。发展中国家对此非常不满，一直要求改变这种不公正的分配方法，要求把特别提款权与援助联系起来，并要求增加它们在基金组织中的份额,以便可多分得一些特别提款权。

## 特别提款权的定值

特别提款权采用一揽子货币的定值方法。货币篮子每 5 年复审一次,以确保篮子中的货币是国际交易中所使用的那些具有代表性的货币,各货币所占的权重反映了其在国际贸易和金融体系中的重要程度。随着 2000 年 10 月 11 日有关特别提款权定值规则复审工作的结束,国际货币基金组织执行董事会同意对特别提款权定值方法和特别提款权利率的确定进行修改,并于 2001 年 1 月 1 日生效。货币篮子的选择方法和每种货币所占权重的修改目的是考虑引入欧元,因为欧元是许多欧洲国家的共同货币,且在国际金融市场上的角色日益重要。现行的对会员国的货币选择标准所依据的是最大的商品和劳务出口额,延伸到含国际货币基金组织会员的货币联盟的出口额,货币联盟成员之间的出口额提出在外。引入的第二个选择标准是确保特别提款权的货币篮子所选的货币是国际贸易中最广泛使用的货币。按此规定,国际货币基金组织必须寻觅到"自由运用"的货币,也就是说,在国际交易中普遍用于致富、在主要外汇市场上广泛交易的货币。每种货币在特别提款权货币篮子中所占的比重依据以下两个因素:(1) 会员国或货币联盟的商品和劳务出口额;(2) 各个会员国的货币被国际货币基金组织其他会员国所持有储备资产的数量。国际货币基金组织已确定 4 种货币(美元、欧元、日元和英镑)符合上述两个标准,并将其作为 2001—2005 年特别提款权的篮子中的货币。这些货币所占权重根据其国际贸易和金融位置而定。特别提款权美元值每日依据伦敦市场中午的外汇牌价将四种货币各自兑换美元值加重而成。特别提款权定值公布在国际货币基金组织的网站上。

# 经济学大家

## 现代经济学之父——亚当·斯密

亚当·斯密常想事情想得出神、丝毫不受外物干扰，有时也因此发生糗事。例如：亚当·斯密担任海关专员时，有次因想事出神将自己公文上的签名不自觉写成前一个签名者的名字。亚当·斯密在陌生环境发表文章或演说时，刚开始会因害羞而频频口吃，一旦熟悉后便恢复雄辩的气势，侃侃而谈；而且亚当·斯密对喜爱的学问研究起来相当专注、热情，甚至废寝忘食。

1723—1740年间，亚当·斯密在家乡苏格兰求学，在格拉斯哥大学（University of Glasgow）求学时期，亚当·斯密完成拉丁语、希腊语、数学和伦理学等课程；1740—1746年间，赴牛津大学（Colleges at Oxford）求学，但在牛津并未获得良好的教育，唯一收获是大量阅读许多格拉斯哥大学缺乏的书籍。1750年后，亚当·斯密在格拉斯哥大学担任过逻辑学和道德哲学教授，还兼负责学校行政事务，一直到1764年离开为止；这时期中，亚当·斯密于1759年出版的《道德情操论》获得学术界极高评价。而后于1768年开始着手著述《国民财富的性质和原因的研究》（简称《国富论》）。1773年时《国富论》已基本完成，但亚当·斯密多花3年时间修改此书，1776年3月此书出版后引起大众广泛的讨论，影响所及除了英国本地，连欧洲大陆和美洲也为之疯狂，因此世人尊称亚当·斯密为"现代经济学之父"和"自由企业的守护神"。

1778—1790年间，亚当·斯密与母亲在爱丁堡定居，1787年被选为格拉斯哥大学荣誉校长，也被任命为苏格兰的海关和盐税专员。1784年，斯密出席格拉斯哥大学校长任命仪式，因其母于1784年5月去世所以未上任；直到1787年才担任格拉斯哥大学校长职位至1789年。亚当·斯密在去世前将自己的手稿全数销毁，于1790年7月17日与世长辞，享年67岁。

亚当·斯密并不是经济学说的最早开拓者，他最著名的思想中有许多也并非新颖独特，但是他首次提出了全面系统的经济学说，为该领域的发展打下了良好的基础。因此完全可以说《国富论》是现代政治经济学研究的起点。

该书的伟大成就之一是摒弃了许多过去的错误概念。亚当·斯密驳斥了旧的重商主义学说。这种学说片面强调国家贮备大量金币的重要性。他否决了重农主义者的土地是价值的主要来源的观点，提出了劳动的基本重要性。亚当·斯密的分工理论重点强调劳动分工会引起生产的大量增长，抨击了阻碍工业发展的一整套腐朽的、武断的政治限制。

《国富论》的中心思想：看起来似乎杂乱无章的自由市场，实际上是个自行调整机制，自动倾向于生产社会最迫切需要的货品种类的数量。例如，如果某种需要的产品供应短缺，其价格自然上升，价格上升会使生产商获得较高的利润，由于利润高，其他生产商也想要生产这种产品。生产增加的结果会缓和原来的供应短缺，而且随着各个生产商之间的竞争，供应增长会使商品的价格降到"自然价格"即其生产成本。谁都不是有目的地通过消除短缺来帮助社会，但是问题却解决了。用亚当·斯密的话来说，每个人"只想得到自己的利益"，但是又好像"被一只无形的手牵着去实现一种他根本无意要实现的目的……他们促进社会的利益，其效果往往比他们真正想要实现的还要好"。

但是如果自由竞争受到障碍，那只"无形的手"就不会把工作做得恰到好处。因而亚当·斯密相信自由贸易，坚决反对高关税。事实上他坚决反对政府对商业和自由市场的干涉。他声言这样的干涉几乎总要降低经济效益，最终使公众付出较高的代价。亚当·斯密虽然没有发明"放任政策"这个术语，但是他为建立这个概念所做的工作比任何人都多。

有些人认为亚当·斯密只不过是一位商业利益的辩护人，但是这种看法是不正确的。他经常反复用最强烈的言辞痛斥垄断商人的活动，坚决要求将其消灭。亚当·斯密对现实的商业活动的认识也并非天真幼稚。《国富论》中记有这样一个典型观察："同行人很少聚会，但是他们会谈不是策划出一个对付公众的阴谋就是炮制出一个掩人耳目提高物价的计划。"

亚当·斯密的经济思想体系结构严密，论证有力，使经济思想学派在几十年内就被抛弃了。实际上亚当·斯密把他们所有的优点都吸入进了自己的体系，同时也系统地披露了他们的缺点。亚当·斯密的接班人，包括像托马斯·马尔萨斯和大卫·李嘉图这样著名的经济学家对他的体系进行了精心的充实和修正（没有改变基本纲要），今天被称为经典经济学体系。虽然现代经济学说又增加了新的概念和方法，但这些大体说来是经典经济学的自然产物。一定意义上说，甚至卡尔·马克思的经济学说（自然不是他的政治学说）都可以看作是经典经济学说的继承。

在《国富论》中，亚当·斯密在一定程度上预见到了马尔萨斯人口过剩的观点。虽然李嘉图和卡尔·马克思都坚持认为人口负担会阻碍工资高出维持生计的水平（所谓的"工资钢铁定律"），但是亚当·斯密指出在增加生产的情况下工资就会增长。事实已经十分清楚地表明亚当·斯密在这一点上正确，而李嘉图和卡尔·马克思是错的。

亚当·斯密除了观点的正确性及他对后来理论家的影响之外就是他对立法和政府政策的影响。《国富论》一书技巧高超，文笔清晰，拥有广泛的读者。亚当·斯密反对政府干涉商业和商业事务、赞成低关税和自由贸易的观点在整个19世纪对政府政策都有决定性的影响。事实上他对这些政策的影响今天人们仍能感觉出来。

后来，经济学有了突飞猛进的发展，以致他的一些思想已被搁置一边，因而人们容易低估他的重要性。但实际上他是使经济学说成为一门系统科学的主要创立人，因而是人类思想史上的主要人物。

## 最有影响力的古典经济学家——大卫·李嘉图

大卫·李嘉图是古典经济学理论的完成者，古典学派的最后一名代表，最有影响力的古典经济学家。英国产业革命高潮时期的资产阶级经济学家，他继承和发展了斯密经济理论中的精华，使古典政治经济学达到了最高峰。是英国资产阶级古典政治经济学的杰出代表和完成者。

经济学刚刚诞生的时候，几乎所有的经济学家都是业余经济学家，不管是英国的亚当·斯密，还是法国的萨伊、巴斯夏。那个时候，大学里面也没有经济系，政府也没有开办经济研究和顾问机构，要搞经济学研究，就得自己先给自己找到饭碗。自己解决了生活问题，才能谈得上研究经济学。而英国古典经济学家李嘉图正是这么一个典范，而且，他也许是有史以来最富裕的经济学家。

李嘉图的父亲是个富裕的证券经纪人，所以，尽管李嘉图并没有正儿八经地上过什么学，但他的父亲却有钱给他请任何他喜欢的家庭老师来给他讲课。他12岁的时候，就曾被父亲派到荷兰留学，那时候的荷兰，是全球商业最发达的地区。两年后，李嘉图回到英国，开始下海跟父亲经商。

如果是这样一路下去，英国不过又多了个天才的证券经纪人而已。然而，李嘉图却爱上了一个跟自己家的宗教信仰不同的姑娘。父亲坚决不同意这门亲事，年轻气盛的李嘉图跟老父亲闹翻，21岁那年，父亲将李嘉图赶出家门。

李嘉图只好独立经营。他已经在证券交易界摸爬滚打了7年，所以，已经有了自己的朋友圈子，在这些朋友们的帮忙下，他的事业很快就上了正轨。短短几年时间，他就已经发财致富。据说，在他去世时，他的资产大约价值70万镑（如果折合成现在的货币，可能价值数千万美元），每年还有2.8万镑的收入。他的一个得意之作是在滑铁卢战役前4天，成功地买进大量政府债券，结果英军打败拿破仑，他大赚了一笔。

至此，仅仅发财致富已经不能让李嘉图看到人生的意义了，于是，他开始寻求在知识领域搞点什么。27岁那年，他偶尔读到了亚当·斯密的《国富论》，对政治经济学产生了兴趣。不过，与其说是他选择了政治经济学，不如说是政治经济学选择了他。因为，两年前，英国宣布脱离金本位制，英镑正在经历剧烈波动，年轻的金融家李嘉图不能不思考货币问题。因此，很容易理解，李嘉图最初的经济学研究几乎完全集中在货币问题上，他的第一篇文章就是《黄金的价格》。他发表这篇文章已经是1809年了，在这之前长达10年，即从27岁到37岁，是李嘉图学习研究政治经济学的时期。这中间，他得到了英国当时著名学者、功利主义的创始人詹姆斯·穆勒（即后来写《论自由》的密尔的爸爸）的无私帮助。李嘉图虽然是天才，但搞经济学还得学会研究问题，尤其得学会写文章。对于没有好好上过学的李嘉图来说，这方面的训练是痛苦的，但又是绝对必要的，否则，我们也不会看到他那11大卷著述了。

在经济理论研究方面，大卫·李嘉图算得上是一位大器晚成的奇才。在他14年短暂的学术生涯中，为后人留下了大量的著作、文章、笔记、书信、演说。其中，1817年出版的《政治经济学及赋税原理》（Principles of Political Economy and Taxation）最具盛名。李嘉图的著作不像斯密那样结构严谨，行文没有斯密那样流畅，词句也不如斯密那样华美，但《政治经济学及赋税原理》以更为精炼的理论架构，更加贴近现实的语言与例证，全面论述了他所生活的那个年代资本主义生产方式的运行机制，使他成为了英国古典政治经济学的集大成者，19世纪初叶最伟大的经济学家。李嘉图在《政治经济学及赋税原理》中集中讨论了国际贸易问题，提出了著名的比较优势贸易理论（Comparative Advantage Theory）。

李嘉图以功利主义为出发点，建立起了以劳动价值论为基础，以分配论为中心的理论体系。他继承了斯密理论中的科学因素，坚持商品价值由生产中所耗费的劳动决定的原理,并批评了斯密价值论中的错误。他提出决定价值的劳动是社会必要劳动,决定商品价值的不仅有活劳动,还有投在生产资料中的劳动。他认为全部价值由劳动产生,并在 3 个阶级间分配:工资由工人的必要生活资料的价值决定,利润是工资以上的余额,地租是工资和利润以上的余额。由此说明了工资和利润、利润和地租的对立,从而实际上揭示了无产阶级和资产阶级、资产阶级和地主阶级之间的对立。他还论述了货币流通量的规律、对外贸易中的比较成本学说等。但他把资本主义制度看作永恒的,只注意经济范畴的数量关系,在方法论上又有形而上学的缺陷,因而不能在价值规律基础上说明资本和劳动的交换、等量资本获等量利润等,这两大难题最终导致李嘉图理论体系的解体。他的理论达到资产阶级界限内的高峰,对后来的经济思想有重大影响。

## 李嘉图与马尔萨斯

李嘉图和马尔萨斯(Thomas Robert Malthus,公元 1766~1834 年)是两位在出身、经历、个性和思想观点等方面都有着明显反差的思想家。马尔萨斯出身于上层贵族社会,其父亲与当时思想界名流如休谟、卢梭等有着广泛的交游;而李嘉图出身于富有但缺乏社会地位的犹太移民家庭,其父亲似乎是一个唯利是图的投机者。马尔萨斯少年时代就博览群书,并进入剑桥大学;而李嘉图从未接受系统的正规教育。马尔萨斯是一个职业学者;而李嘉图的职业是证券经纪人。马尔萨斯过的是平淡无奇的教师生活;而李嘉图不仅在证券经营中一帆风顺,还担任过议员。马尔萨斯一辈子过的是学院生涯,却关心现实;而李嘉图虽然经商,但成了理论家。马尔萨斯从来没有富裕过;李嘉图个人资产雄厚。

马尔萨斯成名早于李嘉图。由于《人口原理》的发表,在李嘉图进行经济学研究时,马尔萨斯早已是名满英伦的经济学家,李嘉图对马尔萨斯的人口理论很是折服。"它所阐述的理论是那么清楚,那么使人满意,因而引起我的兴趣,这是仅次于亚当·斯密的名著。"在当时关于银行券问题的争论中,李嘉图分别于 1810 年和 1811 年发表了《黄金的高价是银行纸币贬值的验证》和《答博赞克特先生对金价委员会报告的实际观感》两篇论文,引起了马尔萨斯的注意。为了和李嘉图在相关问题上取得一致,避免无谓的笔墨官司,马尔萨斯主动结识了李嘉图。

由于理论观点的尖锐对立,李嘉图和马尔萨斯在谷物贸易、价值理论、经济周期理论等方面的争论在他们结识后全面展开,并持续到李嘉图离开人世。1815年2月,站在土地所有者立场上的马尔萨斯发表了《地租的性质与发展及其支配原则的研究》和《对限制国外谷物输入政策的意见的研究》,为谷物法的实施及政府提高谷物限价进行辩护;作为资产阶级利益辩护人的李嘉图发表了《论谷物低价格对资本利润的影响》,对马尔萨斯的观点进行了猛烈的批驳(正是为批驳马尔萨斯的这篇论文的发表,引出了李嘉图《政治经济学及赋税原理》的写作和出版)。1820年马尔萨斯出版了《政治经济学原理》后,李嘉图不惜用220页的篇幅,摘录了马尔萨斯在论证上的瑕疵;而马尔萨斯则坚决认为这类谬误在李嘉图的著作上也根深蒂固地存在着。在李嘉图逝世前的一年中,他们一直为重大理论问题争论不休,写了许多长信相互讨论辩驳。

在李嘉图与马尔萨斯的关系中,他们是终身论敌,更是终身朋友。在1811年6月马尔萨斯向李嘉图"冒昧地引见自己"之后,他们不仅十几年间持续通信交流思想,还经常相互拜访。李嘉图不仅通过自己的证券经营帮助过马尔萨斯赚取投资收益,临终前还留赠了马尔萨斯一笔生活费用。李嘉图去世前写给马尔萨斯的最后一封信中说:"现在,亲爱的马尔萨斯,我完了。像其他争辩者一样,在许多辩论之后,我们仍然保持各自的观点。然而这些辩论丝毫没有影响我们的友谊,即使你同意我的观点,我也不会比现在更爱你。"

同他们作为论敌的持久争论具有持久的影响一样,他们持久的友谊也是思想史上的一段佳话。马尔萨斯在李嘉图故去后,深情地说道:"除了自己的家属外,我从来没有这样爱戴过任何人。"

### 李嘉图与穆勒

1808年穆勒出版了阐述自由贸易主张《商业保护论》,李嘉图大为赞许。此时,穆勒已经是一位有影响的历史学家和逻辑学家。"李嘉图对穆勒深为敬佩,特别对穆勒受到他自己所缺少的正规的教育很是羡慕",李嘉图主动与之结识并成为知交。此后,李嘉图与穆勒经常就当时的热点问题座谈和通信讨论,李嘉图的知识素养和研究能力得到培养和提高。

1815年,在有关《谷物法》存废的论战中,李嘉图发表了《论低价谷物对资本利润的影响》的小册子,要求允许谷物自由贸易,进口低价谷物,以降低工资,增加利润,促进资本主义的发展。《论低价谷物对资本利润的影响》的发表引起了一定的社会反响。穆勒认为李嘉图已经是当时最优秀的经济思想家,还应该成为最优秀的经济学著作家,于是敦促李嘉图对小册子加以扩充和修改。李嘉

图一开始并不情愿，因为他对自己的写作能力缺乏自信，"穆勒先生希望我整个重写一次"，"我恐怕我不能胜任这一工作"。"我切盼写出一本值得出版的东西，但我诚恳地说，这一点恐非我力所能及"。"我发现最大的困难就是在最简单的叙述中也不能避免混乱"。此时穆勒承担起一个教师的职责，他对李嘉图鼓励道："因为你已经是最优秀的政治经济学思想家，所以我决心让你成为最优秀的作家。""正是由于穆勒的鼓励和帮助，李嘉图才消除了对自己从一个经济小册子作者发展成为一位整部政治经济学原理撰写人的能力的疑虑"，李嘉图的信心有所增强："为了满足我的宿愿，我一定要进行这一尝试。在一两年内，经过反复修改后，我也许能写出可以让人理解的东西。"面对写作中的困难，李嘉图有时不免懈怠，甚至再次流露出"悲观失望的老调"，这时穆勒像一个严厉的教师那样敦促他，要"全心全意研究政治经济学"，要"一小时也不迟疑地立即开始写你所要写的著作……"穆勒不仅对李嘉图的写作给予精神支持，不断督促和鼓励，还在写作方法、结构安排、论点阐述等技术环节给予周详的指导。穆勒的鼓励和指导贯穿于李嘉图写作的整个过程中。1817 年，《政治经济学及赋税原理》终于写作完成并出版。正是穆勒的无私奉献推动了这一政治经济学历史上有重要时代意义的著作的问世，甚至可以说，没有穆勒，就没有李嘉图的《政治经济学及赋税原理》。约翰·穆勒的评说并不过分："如果不是我父亲恳切的请求与热情鼓励，恐怕这本书永远不会出版，或者永远不会写出。"

穆勒与李嘉图之间的友谊，建立在他们对经济自由的共同信仰上，建立在他们对真理的共同追求上，在这个故事中，我们看到的是学术友谊对学术进步的促进。但是，在这个故事的进一步发展中，当李嘉图和穆勒之间的角色关系发生变化后，我们看到的却是学术崇拜对学术发展的桎梏。

《政治经济学及赋税原理》的发表，使李嘉图成为一流经济学家，并成为以他为核心的学术团体的宗师。这时，穆勒与李嘉图的关系发生了转变，由以李嘉图为学生和穆勒为教师的师生关系发展为以李嘉图为导师和以穆勒等人为信徒的门徒关系。穆勒就自称他和麦克库洛赫是李嘉图的两个而且是仅有的两个地地道道的信徒。为了传播李嘉图的思想，1821 年，穆勒出版了《政治经济学原理》，第一次系统阐述李嘉图的理论。

对李嘉图的学术崇拜阻碍了穆勒对科学的探讨和对真理的追求。李嘉图体系存在两个其自身无法克服的矛盾：劳动价值论与劳动和资本相交换的矛盾；劳动价值论同等量资本获取等量利润的矛盾。19 世纪 20 年代，李嘉图体系遭到了马尔萨斯和贝利的猛烈攻击。在李嘉图去世后，作为李嘉图学说的坚定信仰者和继承者，怀着对李嘉图及其学说的深厚感情,穆勒担当起为李嘉图学说辩护的责任。但是,基于信仰而不是科学的辩护注定是缺乏力量的,放弃了科学实际上就是选择了失败。在对第一个矛盾的解释中,穆勒混淆了劳动和劳动力,实际上是取消了李嘉图一贯坚持的劳动价值论;而在对第二个矛盾的解释中,穆勒关于新葡萄酒和陈葡萄酒的解释最终成为经济学史上的一个笑话。穆勒的解释丝毫没有解决李嘉图体系的矛盾,反而将李嘉图学说庸俗化,并最终导致了李嘉图体系的解体。

## 战后繁荣之父——凯恩斯

凯恩斯于1883年6月5日生于英格兰的剑桥,他的祖上是英国的贵族,他的父亲约翰内维尔·凯恩斯曾在剑桥大学任哲学和政治经济学讲师,他的母亲弗洛朗斯阿达·布朗是一位成功的作家和社会改革的先驱之一。

1889年,凯恩斯进入波斯学校。

1891年,进入圣菲斯学院的预科班。

1894年,他以全班第一的优异成绩毕业,并获得第一个数学奖。

1895年,考取伊顿公学,并于1899和1900年连续两次获数学大奖。他以数学、历史和英语三项第一的成绩毕业。

1902年,考取剑桥国王学院(剑桥大学)的奖学金。

1909年创立政治经济学俱乐部并因其最初著作《指数编制方法》而获"亚当·斯密奖"。

1936年其代表作《就业、利息和货币通论》(简称《通论》)出版。

1940年任英国财政部顾问,参与战时各项财政金融问题的决策,并在他的倡议下,英国政府开始编制国民收入统计,使国家经济政策拟订有了必要的工具。1942年被晋封为勋爵。

1944年7月,他随英国政府代表团出席布雷顿森林联合国货币金融会议,并成为国际货币基金组织和国际复兴与开发银行(世界银行)的英国理事。在1946年3月召开的这两个组织的第一次会议上,他当选为世界银行第一任总裁。

凯恩斯原是一个自由贸易论者,直至20年代末仍信奉传统的自由贸易理论,认为保护主义对于国内的经济繁荣与就业增长一无可取。甚至1929年同瑞典经济学家俄林就德国赔款问题论战时,还坚持国际收支差额会通过国内外物价水平的变动,自动恢复平衡。1936年其代表作《就业、利息和货币通论》

出版时,凯恩斯一反过去的立场,转而强调贸易差额对国民收入的影响,相信保护政策如能带来贸易顺差,必将有利于提高投资水平和扩大就业,最终导致经济繁荣。

凯恩斯认为,传统贸易理论以各项生产要素,包括劳动力已经充分就业为前提,宣扬按照比较成本原理进行贸易,既有充分就业,又享分工之利。但现实生活中并不存在这一前提,而却经常存在大量非自愿失业,如果一国按照传统理论自由贸易,虽可从事有比较优势部门的专业化生产,取得某些分工之利,但放弃或缩小比较优势不大或无比优势的部门,则必然是失业更趋严重。故凯恩斯不断抗议传统贸易理论不适用于现代资本主义。他还批评传统理论只注重分工的利益和强调对外收支均衡的自动调节过程,而完全忽略贸易差额对国民收入就业的影响。认为就一国而言,后者较前者更重要,因为顺差能增加收入,使资金流入,利率降低,投资提高,就业扩大;反之,"若为逆差,则可能很快就会产生顽固的经济衰退"。由此,凯恩斯赞成贸易顺差,并重新推崇起重商主义,认为"重商主义学说里含有入学真下成分"。不过在肯定重商主义某些观点的同时,他也承认"实行重商主义所能取得的好处,只限于一国,不会泽及全世界"。

在《通论》中,凯恩斯由投资乘数原理出发,对贸易差额与国民经济盛衰的关系作了进一步阐述。他认为投资的乘数作用表现为,一个部门的新增投资,不仅会使该部门的收入增加,而且会通过连锁反应,引起其他有关部门的收入增加,而且会通过连锁反应,引起其他有关部门追加新投资获得新收入,致使国民收入总量的增长若干倍于最初那笔投资。而一国的总投资既包括国内投资(它决定于国内的资本边际效率和利息率)也包括国外投资(它决定于贸易顺差额),"增加顺差,乃是政府可以增加国外投资之唯一直接办法;同时若贸易为顺差,则贵金属内流,故又是政府可以减低国内利率、增加国内投资动机之唯一间接办法"。除此之外,凯恩斯还强调贸易顺差本身对国民经济的作用亦犹如投资。认为出口是对本国产品的需求,如同投资,是一种"注入",能使国民收入增长;而进口则是对舶来品消费的增加,如同储蓄,是一种泄露,会减弱投资乘数的作用,使国民收入减少。因此,凯恩斯极力鼓吹贸易顺差,并提出应尽力扩大出口,同时借助保护关税和鼓励"购买英国货物"以限制进口的政策主张。上述凯恩斯关于乘数理论及贸易顺差的分析,后经英国学者哈罗德和美国学者马赫洛普等人的论证而发展为对外贸易乘数理论。

除《通论》外,凯恩斯另外两部重要的经济学理论著作是《论货币改革》

（1923年）和《货币论》（1930年）。这两部著作是其研究货币理论的代表作，但均未能脱出古典货币数量论的窠臼。

凯恩斯是一个最会把理论化为实践的人，在撰书的同时，凯恩斯也从事货币买卖。根据他在财政部工作得到的经验和对战后德国的考察，他开始看好美元，看跌欧洲货币，并按10%的保证金进行交易，建立了一系列货币仓位。不久他赚了大笔利润，并就此认为自己能比普通人更好地看清市场的走势。

1920年4月，凯恩斯预见德国即将出现信用膨胀，以此为理由，卖空马克。此前马克一直下跌，但现在开始反弹。4、5月间，凯恩斯损失了13125英镑，他任顾问的辛迪加也损失了8498英镑。经纪公司要求他支付7000英镑的保证金，于是他从一个仰慕者那里借来了5000英镑，又用他的预支稿酬支付了1500英镑，才得以付清。他承认，自己已经破产了。

1921年，通过写作，凯恩斯的经济状况好转，又开始了商品和股票投机，交易都采用保证金交易方式。

1924年，凯恩斯投资57797英镑，到1937年增值506450英镑，在证券业中建立了自己的声誉。此间，凯恩斯每年的平均投资复利收益率为17%，利润虽高，但仍然比不上保守的投资家沃伦·巴菲特的业绩。

在《就业、利息与货币通论》一书中，凯恩斯谈到了他的投资哲学，我们可以恰当地称之为"选美理论"——共有100幅候选美女照片，由公众从中选出4人。然而，人们并不投票给他认为是最美的人，而是选择大多数人都认为是最美的人。

像许多伟大的金融家一样，凯恩斯在大事上十分大胆，敢于冒险使用大量资金以支持一个论点。但小事上，他非常保守。

一次，凯恩斯和一个朋友在阿尔及利亚首都阿尔及尔度假，他们让一群当地小孩为他们擦皮鞋。凯恩斯付的钱太少，气得小孩们向他们扔石头。他的朋友建议他多给点钱了事，而凯恩斯，这个世界上最伟大的经济学家，回答道："我不会贬抑货币的价值。"

凯恩斯是本世纪最具影响力的经济学家，他创立的宏观经济学与弗洛伊德所创的精神分析法和爱因斯坦发现的相对论一起并称为20世纪人类知识界的三大革命。有的学者把凯恩斯的理论比做"与哥白尼在天文学上、达尔文在生物学上、爱因斯坦在物理学上一样的革命"。1998年的美国经济学会年会上，在150名经济学家的投票中，凯恩斯被评为20世纪"最有影响力"的经济学家，弗里德曼位列第二。

1946年4月21日，凯恩斯猝死于心脏病，时年63岁。凯恩斯一生对经济学作出了极大的贡献,一度被誉为资本主义的"救星"、"战后繁荣之父"等美称。

他的墓志铭是这样写的:

不用为我悲哀,朋友,千万不要为我哭泣。

因为,往后我将永远不必再辛劳。

天堂里将响彻赞美诗与甜美的音乐,

而我甚至也不再去歌唱。

## 一门皆显赫——保罗·萨缪尔森

拉里·萨默斯作为前哈佛大学校长、现任美国总统奥巴马的首席经济顾问已经是声名显赫了,但仍笼罩在保罗·萨缪尔森的光环下。因为人们在谈起拉里·萨默斯时,总是拿他和他的叔叔保罗·萨缪尔森比较。

保罗·萨缪尔森,当代凯恩斯主义的集大成者,经济学界的最后一个通才。他是当今世界经济学界的巨匠之一,他所研究的内容十分广泛,涉及经济学的各个领域,是世界上罕见的多能学者。萨缪尔森首次将数学分析方法引入经济学,帮助经济困境中上台的肯尼迪政府制订了著名的"肯尼迪减税方案",并且写出了一部被数百万大学生奉为经典的教科书《经济学》,被翻译成日、德、意、匈、葡、俄等多种文字,据报道销售量已达1000多万册,成为许多国家和地区制定经济政策的理论根据。他于1947年成为约翰·贝茨·克拉克奖的首位获得者,并于1970年成为第一个获得诺贝尔经济学奖的美国人。

保罗·萨缪尔森1915年5月15日在美国印第安纳州的加里出生,1923年搬到芝加哥居住。1935年获芝加哥大学文学学士学位,1936年获芝加哥大学文学硕士学位,1941年获哈佛大学理学博士学位。在哈佛就读期间,师从约瑟夫·熊彼特、华西里·列昂惕夫、哥特弗里德·哈伯勒和有"美国的凯恩斯"之称的阿尔文·汉森研究经济学。萨缪尔森出身于经济学世家,其兄弟罗伯特·萨默斯、妹妹安妮塔·萨默斯、侄子均为经济学家。这个侄子就是本篇开头提到的那位拉里·萨默斯。

萨缪尔森的巨著《经济学》对经济学中的三大部分——政治经济学、部门经济学、技术经济学都有专门的论述,他从宏观经济学到微观经济学,从生产到消费,从经济思想史到经济制度都比前人有新的创见。这部著作在内容、形式的安排上也可谓匠心独具,他在每一章的开头加上历代名人的警句,言简意赅地概括全章的主题,使读者不像是在啃枯燥的理论书,而是在读一部有文学色彩的史书。这一巨著的出版，为普及、推广其理论创立了良好的条件。

从历史角度看，里程碑式的经济学教科书在几十年内长盛不衰的情况并不鲜见。1776年"经济学之父"亚当·斯密的《国富论》问世以来，西方经济学界已经产生了三部公认的里程碑之作。第一部是1848年问世的约翰·穆勒的《政治经济学原理》。该书多次重版，成为19世纪后半叶英语世界中必读的经济学教科书。第二部是1890年首版的阿尔弗雷德·马歇尔的《经济学原理》。该书一直被奉为西方经济学界的"圣经"。1948年出现第三部"集大成"之作，即保罗·萨缪尔森的《经济学》。

1931年，聪明勤奋的萨缪尔森，在15岁的时候就考入芝加哥大学，专修经济学。尽管他进入经济学的领域纯属偶然，但结果证明，经济学这一行如天造地设般适合他，用他自己的话说9月2日（芝加哥大学开学的这一天）才是他真正的生日。

## 治学之路

进入大学后，萨缪尔森高效率地利用时间学习，博览群书。他爱好广泛，课余常把做高等数学习题作为自我消遣。他对物理学也有浓厚的兴趣。初入大学时，萨缪尔森年纪虽轻，但沉着稳重，喜欢思考。他对前人的理论总抱着审视的态度，寻觅理论尚未完善或不完美的地方。萨缪尔森最后以优异成绩获得了芝加哥大学的学士学位，其平均成绩是A，随后他从容地进入哈佛大学就读。进入哈佛大学后，萨缪尔森的眼界大为开阔，这里的学术思想与芝加哥大学迥然不同。

面对着各种学术流派，他更加刻苦地探讨和研究、类比各种学说的异同，找出他们的不足。1936年，即来到哈佛大学一年后，萨缪尔森获得了硕士学位，并以敏捷的思维、广博的知识及实干精神，赢得了哈佛大学经济学权威人士阿尔文·汉森教授的青睐。汉森收萨缪尔森做自己的助手，这使他对各种学派的研究更为深入。他不断地探讨汉森的学术思想，继续攻读博士学位，同时也为自己选择研究的主攻方向。

1936年，自英国内阁经济顾问委员会主席凯恩斯发表了他最有影响的《就业、利息和货币通论》（以下简称《通论》）一书以后，美国许多经济学者对凯恩斯的学说大感兴趣，萨缪尔森的导师汉森就是其中的一个。他原来反对凯恩斯的国家干预政策，提倡"自由放任"，后来转而成为凯恩斯主义在美国的传播人，把凯恩斯主义移植到了美国。他不但继承了凯恩斯的经济学说，而且把这种学说理论通俗化，还做了一些补充发展，后来成为美国凯恩斯主义学派的权威人士之一。萨缪尔森综观凯恩斯主义的形成和发展，感到确有可研究之处，于是师生协作，不断宣传凯恩斯主义，并对它做了进一步的补充。这样，汉森和萨缪尔森便成为凯恩斯主义在美国的主要代表人物。而萨缪尔森研究凯恩斯主义所做出的贡献远比他的导师大得多。

萨缪尔森在攻读博士学位时，重新阅读了从威廉·配弟到亚当·斯密，从李嘉图到马歇尔、瓦尔拉斯以及帕累托、庇古、凯恩斯等人的著作，得以综观整个经济思想史，并以新的眼光看待凯恩斯主义。当时社会上对凯恩斯理论中的"投资乘数论"及"就业乘数论"颇为注意，萨缪尔森认为，凯恩斯主义是从1929年4月的美国华尔街股票暴跌开始到1933年基本停止这一遍及资本主义世界的经济危机的历史背景下产生的。凯恩斯的理论对资本主义的发展很有价值。因此，他决定从当时社会上亟待解决的难题——投资与就业问题入手，来研究凯恩斯主义。

## 乘数论和加速原理

针对凯恩斯在《通论》中提出的"投资乘数论"和"就业乘数论"，汉森认为，乘数论不足以说明问题，原因是乘数论没有说明一定量的投资如何引起收入和就业的增加，也没有明确收入（或消费）的变化如何引起投资的变动。因而只有把加速原理（关于收入或消费量的变化如何导致投资量变动的理论）和乘数论有机地结合起来，才能充分估计乘数的作用，并解释经济增长中的周期波动现象。萨缪尔森注意到了乘数论和加速原理相互作用的关系，他在导师的提示下巧妙地把两者合为一体，于1939年发表了他的处女作《乘数分析与加速原理的相互作用》，并首创经济波动的模型，指出政府开支对国民收入的重大作用。西方经济学界认为，这一开创性的研究是他在经济周期理论方面的重要贡献之一。

## 经济学界的通才

萨缪尔森的研究，涉及经济理论的诸多领域。他根据所考察的各种问题，采用了多种数学工具，使用了既包括静态均衡分析，也包括动态过程分析的方法，这对当代微观经济学和宏观经济学许多理论的发展，都有一定的影响。萨缪尔森对静态、比较静态、动态三者的联系和区别，做了精辟的论述。在一般均衡论方面，他补充并发展了希克斯关于静态一般均衡稳定条件，进一步发展了均衡的极大条件、均衡位移和提·查特莱尔原理，并举出了很有说服力的经济实例，说明数理方法的普遍适用性。

在福利经济学方面，萨缪尔森首先对所有在这一领域中创建各个学说的先驱者的著作进行了分析和评价。尔后，他建立起自己的新福利经济学，并和汉森为国家福利萨缪尔森和弗里德曼论的建立和在实际生活中实施，做出了重大贡献，他的论述被西方经济学界认为是自庇古（一位伟大的古典经济学家）以来在福利经济方面少有的理论之一。

在国际贸易理论方面，萨缪尔森补充了比较成本学说的"赫克谢尔—俄林定理"，对贸易国之间的生产要素价格趋向均等的条件作了严密论证，被西方人士公认为"赫克谢尔—俄林—萨缪尔森模型"。他论述了国际贸易对贸易国利益的影响，被各资本主义国家认为是现代国际贸易理论的一项重要发展。由于萨缪尔森在经济理论界全面开创性的研究，麻省理工学院在1947年提升他为经济学教授。同时，美国经济学会吸收他为会员，并授予他约翰·贝茨·克拉克奖章。

2009年12月13日，萨缪尔森，这位经济学泰斗级的人物，在其位于美国马萨诸塞州的家中逝世，享年94岁。"一如既往，在做那些能够给我带来纯粹乐趣的事情的时候，我的所得远大于付出。"在他69岁的时候，他就已经这样评价自己的一生。

美联社在总结萨缪尔森一生主要成就时说：他将数学分析方法引入经济学，帮助经济困境中上台的肯尼迪政府制订了著名的"肯尼迪减税方案"，并且写出了一部被数百万大学生奉为经典的教科书。

麻省理工学院院长苏珊·霍克菲尔德说：萨缪尔森"改变了他接触的一切"。

## 精神病患者——约翰·纳什

纳什的名字是因为那部获奥斯卡奖的影片《美丽心灵》才被大家了解的，又因为他来北京参加数学大会而被关注。这个被精神分裂症困扰了30多年的天才曾被很多学术奖项和机构排斥在门外，他的诺贝尔奖得来的更是艰难。他在20世纪80年代中期即出现在候选人的名单当中，却因为两派意见相差太大而被搁置了近10年。1994年，他终于在投票中以微弱多数通过，获得当年的诺贝尔经济学奖。纳什的获奖原因曾是诺贝尔委员会的秘密，他们声称50年之后才会让世人知晓，但是终于还是被人披露了出来。西尔维亚·娜萨所著的《美丽心灵——纳什传》中讲述了这段艰难的历程。

20世纪80年代后期,纳什的名字开始出现在一流经济学杂志的十几篇论文的标题里,不过,纳什本人仍然默默无闻。许多年轻一辈的研究人员认为他已经去世,其他人则相信他被冷落在一家精神病院里,垂垂老矣。有关纳什获得诺贝尔经济学奖的幕后传闻,简直就和一个数学家获得诺贝尔经济学奖那样不同寻常。

## 艰难的获奖历程

20世纪80年代中期,纳什的名字第一次出现在一份诺贝尔经济学奖候选者的名单中。诺贝尔经济学奖评奖委员会直到1987年才开始着手处理这个问题,当时它委托一个学者韦布尔提交第二份报告。

韦布尔简单介绍了他的报告的内容,向委员会解释了博弈论的中心思想、这些思想对于经济学研究的重要意义以及主要的贡献者。他把纳什放在6名重要思想家的名单的首位。

韦布尔觉得评奖委员会很有可能最终为博弈论领域颁一个奖,但是,考虑到纳什的精神疾病以及他的早期论文是在几十年以前发表的事实,他没有任何理由相信纳什可能中选。

两年后,1989年秋天,韦布尔匆匆穿过普林斯顿大学的校园,去和纳什进行第一次会面。这次会面在韦布尔看来,最突出的记忆,同时也是当天将他从一个旁观者以及一个客观的报信者转变为一个热情的支持者的事情,是纳什在他们走进教工俱乐部时说的一句话。"我可以进去吗?"纳什问,他没有什么把握,"我不是大学的教师。"这个非常伟大的学者竟然并不认为自己有权利在教师俱乐部吃饭的事实,深深震撼了韦布尔,他认为这是一个需要纠正的不公正现象。与此同时,在斯德哥尔摩,经济学奖评奖委员会差不多已到了提交报告的时候。这些报告将要决定以后最应该考虑颁奖的领域,其中之一就是博弈论,纳什的名字出现在6名候选人中间。

但是,经济学奖评奖委员会中的斯塔尔强烈而坚决地反对将诺贝尔奖颁给纳什。斯塔尔做了不少深入的调查。那年初秋,他打电话给瑞典最具影响力的数学家、1962年菲尔兹奖得主赫尔曼德。赫尔曼德并不认为纳什在博弈论方面的工作有什么重大意义。在他看来,颁奖给这样一个人显得有些"荒诞无稽、相当危险"。斯塔尔还咨询了他认识的几位精神病医生的意见,他访问过的精神病医生曾经告诉他,精神分裂症是一种慢性而无休止的变性疾病。"这是一种非常悲惨的疾病，它会平静下来，不过完全康复却是另外一回事。"斯塔尔知道，人们对纳什怀有很大的同情，他一个接一个地提出新问题。斯塔尔说："他有病……你不能选择这么一个人。"他问到颁奖典礼怎么办。"他会来吗？他能应付过来吗？那可是一个大场面啊。"他提到纳什在读完研究生后就对博弈论丧失了兴趣。在那几个月的时间里，瑞典皇家科学院的一名成员说，斯塔尔和其他人无疑越来越觉得"一些错误选择可能损害这个奖的声誉，纳什当然不是一个有力的得奖者。大家担心整个事情可能一败涂地，变成一大丑闻"。

评奖委员会主席林德贝克一个接一个地驳倒斯塔尔的反对意见，他认为，斯塔尔的反对意见，比如纳什是一个数学家、在40年前就对博弈论失去了兴趣，患有精神疾病，都是与主题无关的东西。他同样担心纳什可能会在颁奖典礼上做出什么奇怪的举动，但是他相信这种情况应该可以解决。总之，拒绝向一个从学术角度上看最应该得奖的人颁奖，是毫无理由的。与此同时，他注意到自己的感情也牵涉在里面。大多数诺贝尔奖得主在得奖之前已经非常出名，备受推崇，诺贝尔奖只不过是其获得的"其中一项"至高无上的荣誉。但是在纳什的例子里，情况就有些不同了。林德贝克对他的人生悲剧以及纳什无论从什么角度看都已经被人遗忘的事实想了很多。后来他说："纳什与众不同，他从来没有得到过任何表彰，生活在真正悲惨的境地中，我们应该尽力将他带到公众面前。在某种程度上使他再次受到关注，这在感情上是令人满意的。"

### 纳什对获奖结果反应平静

最后，1994年10月12日在科学院的投票中，纳什与1994年度诺贝尔经济学奖的另外两名候选人勉强以微弱多数胜出，这是历史上最接近失败的一次评选。纳什是他们最后一个通知的人。电话铃响的时候，通知人雅各布森满怀期望地等待着，这是一个难以置信的激动时刻，是他在科学院工作20年以来"最美妙的时刻"，他后来这样描述纳什当时的反应。"他出人意料的平静，"他在事后说，"这是我的想法。他（指纳什）非常平静地接受了这个消息。"

### 幼年时期

1928年6月13日，纳什出生于西弗吉尼亚布卢菲尔德。像所有的天才儿童一样，儿时的纳什是一个性格孤僻，成天着迷于做各种实验的孩子。他的父亲是一位电子工程师，总是能解答纳什提出的各种问题。纳什最喜欢的一件礼物是《康普顿插图百科全书》。他的妹妹玛莎回忆起小时候的事情时说："当我和我的朋友外出的时候，总是要担起带上哥哥的任务。不过我觉得这并不能让我那古怪的哥哥变得容易相处些。"

他的老师并没有留意到他的出众之处，相反，老师们并不喜欢纳什的不合群和反复无常的性格以及对权威的不尊重。在纳什的青年时代，他总是成为人们嘲弄和取笑的对象，因为他对集体活动不感兴趣，拙于社交。他奇怪的举动让他饱尝了众人的白眼。

随着年龄的增长，这位"无所不知的人"——别人这样称呼纳什——越来越高大和强壮。他的谈吐尖锐，受到周围人的崇敬。毫无疑问，他认为自己是个比别人都高明的天才，并对那些他认为不如他的人不屑一顾。

## 失败的人生

纳什在卡内基理工学院（今卡内基大学）学习的时候，一位教授将纳什称为"高斯第二"，以此来形容这个学生的数学才能。纳什来到卡内基理工学院的目的是为了成为一名工程师，但最后他却在这所学校成为了一名数学家。

他的同学认为他是个社交能力极端差劲的人。孤僻、怪异、有距离感。但是没有人敢于和纳什发生正面冲突。大家不但害怕他的坏脾气，也害怕他的强壮。和他超乎常人的智力类似，纳什有着良好的身体素质。

1947年3月，纳什遭遇了一生中首次重大失败。他参加了当时的威廉·洛厄尔·帕特南数学竞赛。这是一个为大学在校学生举办的数学比赛，也被认为是让自己的名字在数学界出现的好机会。但是纳什输掉了这场竞赛，他没能进入前5名。对于一名未来的数学家来说，这是一个彻底的失败。

1948年，纳什从卡内基理工学院数学系毕业，并得到了去哈佛大学、普林斯顿大学、芝加哥大学和密歇根大学深造的机会。纳什本人向往哈佛大学。但是由于在帕特南数学竞赛中的失败（至少纳什一直这么认为），哈佛大学提供给纳什的奖学金是各所大学中最少的。最后，凭着推荐信中一句"这个学生是个天才"，纳什进入了普林斯顿大学。

普林斯顿大学的环境非常适合纳什。这个1933年成立大学城的小镇中聚集了众多著名的科学大师：罗伯特·奥本海默、爱因斯坦、冯·诺伊曼、诺曼·斯蒂恩罗德……1948年，纳什来到了这个满是哥特式建筑的小镇，来到数学系的红砖大楼中攻读博士学位。当时数学系的主任是俄国移民莱夫谢茨，他在一次事故中失去了双手和前臂。

莱夫谢茨鼓励学生进行独立思考。而当时人们对纳什的评价是："天空都不足以容纳他的独立性。"在这所学校中，学生唯一必须出席的课程是每天下午三点钟的下午茶。在那里，教授和学生们讨论数学，说着有关数学的笑话，谈论各种最新的数学研究成果，并通过这样的方式来评价每个学生的能力。要获得这所学校的学位并不容易：或是成功，或者被淘汰。

在这样一个鼓励思考和异想天开被认为是天才的象征的环境中，纳什的精神开始了自由的舞蹈。他对所有的学科都感兴趣，并利用下午茶的时间充分展示自己：谁都无法忽视他的存在。他甚至曾经造访过爱因斯坦，向他讲述自己对于重力的看法。在一个小时的讨论之后，爱因斯坦对纳什说："年轻人，你应该来学一点物理。"

纳什没有遵从他的建议。他认为只有学习数学才能令他重新发现自己。1949年纳什开始研究被当时数学界人士认为是丑姑娘的对策理论。对策理论的创始人是美国数学家约翰·冯·诺伊曼。1944年，诺伊曼和摩根斯顿共同撰写的《对策理论与经济行为》的出版标志着现代系统对策理论的诞生。在诺伊曼和摩根斯顿眼里，经济是一种完全科学性的行为，需要数学理论对它进行规范。

纳什的行事原则是，正确地提出问题，然后找到唯一的解决之道。他的第一项科学研究，即是在现代经济学中具有里程碑意义的对策论数学。1950年，纳什发表了他的"非合作对策"博士论文，提出了与诺伊曼的合作对策论相对立的观点。纳什在论文中引入了著名的"纳什均衡"理论，对有混合利益的竞争者之间的对抗进行了数学分析。纳什向诺伊曼提出他的理论，但是被后者简单地认为是"对已完善定理的新译法"。但诺伊曼这一回却是大错特错，纳什的非合作对策论，不但奠定了对策论的数学基础，而且在后来得到了商业策略家的广泛应用。

1950年，纳什进入兰德研究所工作，这是中央情报局设在圣莫尼卡的一个战略研究机构，雇佣数学家推行冷战时代的对策理论。在军事目的与科学行为相混合的兰德研究所，纳什独特的才华和行为并没有引起上层的足够重视。这年秋天，纳什回到了普林斯顿大学，决心将全部的精力放在纯粹的数学研究上。纳什需要证明自己的天才，同时他不想让对策理论在人们眼里变得无足轻重。于是他证明了一个几乎无法证明的几何定理。获得了同事的一致尊敬。随后几年中，纳什继续留在普林斯顿大学和兰德研究所工作。

但纳什对科学的最大贡献产生于他于1942年在麻省理工学院工作期间，一位同事刺激他说："既然你如此聪明，为什么解决不了变数问题？"6年后，纳什就把这个问题解决了，他甚至掌握了一些关于水面被打破、原子运动和地震活动的方程式的重要结果。纳什因此被《财富》周刊评为最耀眼的新生数学家。

然而，就在纳什30岁，即将成为麻省理工学院高级教授的时候，他的脑子出现了可怕的问题，经医生诊断，纳什得了妄想型精神分裂症。

最终纳什的家人和朋友决定将他送进医院治疗，但是他们尽量避免伤害纳什脑子的疗法。

纳什的病情在好转与复发之间反反复复。在深爱他的妻子的鼓励下，他顽强地与疾病做斗争。这位天才生命的后来几十年就在医院、医药、孤独和数学研究中度过。即使是处于病魔的重压之下，纳什仍然被他那令人兴奋的数学理论所驱使着。在这段艰难的时期，纳什的名字开始频频出现于各个地方：关于经济和生物演变的论文，科学政治理论和数学发现，硕果累累。绝对是通过意志的力量，他才一如既往地继续着他的工作，并于1994年获得了诺贝尔奖。

## 纳什均衡

纳什均衡又称为非合作博弈均衡，是博弈论的一个重要术语，以约翰·纳什的名字命名。

假设有n个局中人参与博弈，给定其他人策略的条件下，每个局中人选择自己的最优策略（个人最优策略可能依赖于也可能不依赖于他人的战略），从而使自己的利益最大化。所有局中人策略构成一个策略组合（Strategy Profile）。纳什均衡指的是这样一种策略组合，这种策略组合由所有参与人最优策略组成。即在给定别人策略的情况下，没有人有足够理由打破这种均衡。纳什均衡，从实质上说，是一种非合作博弈状态。

纳什均衡达成时，并不意味着博弈双方都处于不动的状态，在顺序博弈中这个均衡是在博弈者连续的动作与反应中达成的。纳什均衡也不意味着博弈双方达到了一个整体的最优状态，以下的囚徒困境就是一个著名的例子。

一个富翁在家中被杀，财物被盗；警方在此案的侦破过程中，抓到两个犯罪嫌疑人张三和李四，并从他们的住处搜出被害人家中丢失的财物。但是，他们矢口否认曾杀过人，辩称他们只是顺手牵羊偷了点儿东西。于是警方将两人隔离，分别关在不同的房间进行审讯。警察分别对张三和李四说："由于你们的偷盗罪已有确凿的证据，所以可以判你们1年刑期。但是，我可以和你做个交易。如果你单独坦白杀人的罪行，我只判你3个月的监禁，但你的同伙要被判10年刑期。如果你拒不坦白，而被同伙检举，那么你就将被判10年刑期，他只判3个月的监禁。但是，如果你们两人都坦白交代，那么，你们都要被判5年刑期。"

张三和李四怎么办呢？他们面临着两难的选择——坦白或抵赖。显然最好的策略是双方都抵赖，结果是大家都只被判一年。但是由于两人处于隔离的情况下无法串供，按照亚当·斯密的理论，每一个人都是一个"理性的经济人"，都会从利己的目的出发进行选择。这两个人都会有这样一个盘算过程：假如他招了，我不招，得坐10年监狱，招了才5年，所以招了划算；假如我招了，他也招，得坐5年，他要是不招，我就只坐3个月，而他会坐10年牢，也是招了划算。综合以上几种情况考虑，不管他招不招，对我而言都是招了划算。两个人都会动这样的脑筋，最终，两个人都选择了招供，结果都被判5年刑期。原本对双方都有利的策略（抵赖）和结局（被判1年刑）就不会出现。这就是著名的"囚徒困境"。它实际上反映了一个很深刻的问题，这就是个人理性与集体理性的矛盾。

实际上，如果两个人都抵赖，各判刑1年，显然比都判5年好，但实际上做不到，因为它不满足个人理性要求。作为一个理性的人，张三和李四都会想，如果我抵赖而对方坦白的话，自己就可能被判刑10年，理性的人是不会冒这种险的。但张三和李四都理性选择的结果，两人都被判了5年，最优的被判1年的结果并没有出现。也就是说，对每个人而言都是理性的选择，但对于整个集体来说却是不理性的。

这与传统经济学所言的结论相悖。传统经济学认为市场经济存在"看不见的手"，它调节的结果是每个人的理性选择最终会造成对整个集体的最大利益。实际上，就像囚徒困境一样，这只"看不见的手"在参与选择的人数只有少数几个的时候会失去作用，因为这个时候，人们决策的过程会考虑其他参与者的想法，就像赌博和下棋的时候一样，这就和买家和卖家数量都巨大时的完全竞争不完全一样，需要新的一套思路进行研究。

在上面的例子中，我们注意到了一个并非最优的结果，就是两人都选择坦白的策略以及因此被判5年刑期的结果，这个结果被称为"纳什均衡"，也叫非合作均衡。博弈论中最基本的概念就是"纳什均衡"，一谈到博弈论，人们说得最多最著名的也是"纳什均衡"。纳什均衡指的是这样一种战略组合，这种战略组合由所有参与人的最优战略组成，也就是说，给定别人战略的情况下，没有任何单个参与人有积极性选择其他战略使自己获得更大利益，从而没有任何人有积极性打破这种均衡。

当然，"纳什均衡"虽然是由单个人的最优战略组成，但并不意味着是一个总体最优的结果。如上述,在个人理性与集体理性的冲突的情况下,各人追求利己行为而导致的最终结局是一个"纳什均衡",也是对所有人都不利的结局。从这个意义上说,"纳什均衡"提出的悖论实际上动摇了西方经济学的基石。同时,它也提示我们:合作是有利的"利己策略"。实际上,如果上述两个囚徒能够串供进行合作,那么他们一定会选择都抵赖从而以偷盗罪被判1年,当然,正是考虑到了这一点,所以警察才对他们隔离审查从而获知了事实真相,对囚徒而言最有利的合作结果才没有出现。"纳什均衡"描述的就是一种非合作博弈均衡,在现实中非合作的情况要比合作情况普遍。所以"纳什均衡"是对冯·诺依曼和摩根斯特恩的合作博弈理论的重大发展,甚至可以说是一场革命。

今天,"纳什均衡"被广泛应用于各个领域的研究,尤其在进行制度分析中,我们可应用它得出一个很重要的结论:一种制度(体制)安排要发生效力,必须是一种"纳什均衡"。否则,这种制度安排便不能成立。

## 穷人的经济学家——阿马蒂亚·森

来自非洲的前联合国秘书长科菲·安南在谈到阿马蒂亚·森时,曾经对他做过如下评价:"世界上的穷人和被剥夺者,在经济学家之中不可能找到比阿马蒂亚·森更旗帜鲜明也更有见地的斗士。通过表明我们的生活质量不应以我们的财富而应以我们的自由为标准来衡量,他的著述已使发展理论及实践发生了革命性剧变。"这个评价无疑十分中肯。

### 解决"投票悖论"

阿马蒂亚·森对公共选择理论的四项主要贡献之一,是解决了名为"投票悖论"的问题。这个问题可以用包括三个人物和三项选择的例子来解释。假设人物1选择是a,其次是b,最后是c;人物2的选择顺序是b、c、a;人物3是c、a、b。他们的选择可以表示为:就人物1和3的组合而言,a的选票多于b;但在人物1和2之间,b的选票多于c;在人物2和3之间,c的选票多于a。这里出现一种投票悖论,破坏得多数票者获胜的规则。投票悖论对公共选择问题显然是一种固有的难题,所有公共选择规则都不能避开这个问题。

阿马蒂亚·森建议的解决方法实际上非常简单,假设将人物1的选择中a和b的项目互换如下:3-cab,2-bca,1-bac。

现在 b 胜过 c（人物 1 和 2），c 胜过 a（人物 2 和 3），而 b 也胜过 a（人物 1 和 2），投票悖论已告消失，唯有 b 获得大多数票而获胜。阿马蒂亚·森在以上的例子中察觉，所有人物均同意 a 项并非最佳。因此，可将这种论证伸展至符合以下三种条件中任何一种选择模式：（1）所有人物同意其中一种选择不是最佳；（2）同意某一项不是次佳；（3）同意某一项不是最差。至于有四项或四项以上的选择情况时，每个包括三项选择的子集合须符合这三种条件之一。这就是阿马蒂亚·森提出的著名的价值限制理论，它产生的结果是得大多数票者获胜的规则总是能达成唯一的决定。

## 引入"个人选择"

森的第二个主要贡献，就是引入了个人选择的概念，令公共选择理论内容更丰富。除了社会上可供选择的元素外（譬如政府的税收政策），他引入私人方面的元素（譬如个人利得）。私人元素的排列全由这些元素的拥有人来评估，这种情况与社会元素是有所不同的。他证明了，在尊重个人权益与做出集体决定之间，有基本的矛盾存在。换言之，没有一个集体决议机制能与尊重个人并存。

## 挑战"不可能定理"

1933 年 3 月，阿马蒂亚·森出生在印度孟加拉的圣蒂尼克坦，地点在罗宾德罗纳特·泰戈尔创立的国际大学校园内。他的外祖父是研究中世纪印度文学的著名学者，也是一位印度教哲学权威，与泰戈尔过从甚密。阿马蒂亚这个名字就是诗翁泰戈尔为他取的，意为"永生"。

阿马蒂亚·森克服了 1972 年诺贝尔经济学奖得主阿罗的不可能定理衍生出的难题，在这方面充分显示出他的睿智。他的另一项贡献是关于如何比较人际间的满足水平。

为了解决阿罗不可能定理，学术文献主要提出了两种处理方法，而阿马蒂亚·森对这两种方法均做出了贡献。其中一种方法是，就阿罗所定出的四个假设（公理），逐一地加以放宽，并考察放宽的后果。这些公理本身没有什么不好，但更好的做法是增加它们的信息内容。阿罗假设不可将不同人之间的满足程度互相比较，但阿马蒂亚·森却引入满足感的可度量性和可比较性。他及其他学者证明了，如果具备更多的信息，可以扩展合理的社会福利函数的范围。一旦个人的满足水平可视为人际间可比较的，则你已可以做出不同种类的社会评价。

森的父亲在达卡大学（在今孟加拉国）教授化学。他出生后即浸染在周围浓厚的学术氛围当中，据他后来回顾，未来的人生道路似乎除了矢志向学，教书为文，辗转于世界各地的大小校园之间，他想不出还会是别的什么样子。

森幼承家学，发蒙很早，而后来的初等和中等教育，则主要完成于泰戈尔建立的学校。这里课程设置丰富，充分反映了泰戈尔在文化上兼收并蓄的思想。学校的教育理念也很先进，那就是着重启发和培养学生的好奇心和求知欲，而对于在考试成绩上争强好胜，希望因此而出人头地的表现，则从不鼓励。这种教育理念对他影响至深，使他毕生受用。森在青少年时期爱好广泛，17岁以前志趣几变，曾游移在梵语、数学、物理等不同专业之间，最后终于被经济学所吸引，心无旁骛。不过，毕生从事教学和研究的意愿，则从未变过。离开圣蒂尼克坦后，1951年，森进入加尔各答管区学院，专修经济；1953年离印赴英，进剑桥大学三一学院，继续深造，并于1959年获得博士学位。此后，他相继在印度德里大学经济学院、伦敦经济学院、牛津大学万灵学院、哈佛大学等校任教，教授经济学和哲学等。1998年，他被剑桥大学三一学院选为院长，复回剑桥，主持学政。2003年以后，他又返回哈佛工作。他担任过一些重要的学术组织，如美国经济协会、经济计量学协会和国际经济协会的主席，也曾在国际事务中起过重要作用，如担任联合国秘书长的经济顾问，以及帮助联合国开发计划署编制人类发展报告等。

森研究经济学的重要动机之一，是帮助他的祖国印度摆脱经济贫困，走向繁荣。为此，他曾经选择经济发展问题作为他的主攻方向之一。他在1971年离开印度，辗转于欧美各著名学府，但始终和国内的大学保持着紧密的联系，尤其是他曾经工作过的德里大学。他一直是该大学的荣誉教授。为了学术活动，也出于自己的爱好，他始终过着带有游历性质的生活。剑桥大学毕业以后，他便常回印度，从来没有半年不归的情况。他也一直保持着印度国籍。这样的好处之一是保证了他对于国内公众事务的发言权。

森对于饥荒问题所做研究的成果，集中体现在他出版于1981年的《贫困与饥荒：论权利与剥夺》一书中。在这部书里，他向从未遭到质疑的传统观点提出了挑战，这种观点认为造成饥荒最重要的原因无非是食物短缺，故往往发生在旱灾或洪涝灾害之后。通过对1940年以来发生在印度、孟加拉和非洲撒哈拉等贫穷国家和地区数起灾荒的实证研究，他发现事实并非如此简单。例如1974年孟加拉国饥荒，就是由于当年该国发生水灾引起食物价格飞涨，农业工人的就业机会急剧减少，收入大幅降低，使得他们无力购买粮食，从而陷入饥饿境地造成的。他认为,要想彻底弄清饥荒的形成机制,必须仔细分析不同的社会经济因素如何影响不同的社会经济群体,进而导致了灾难性的后果,致使某些群体连生存的食物这样应得的基本社会福利都无法获得。

森对于饥荒问题的兴趣源于他的个人经验。他在9岁时亲身经历了1943年孟加拉大饥荒,这次饥荒造成了300万人死亡。如此巨大的人口损失,经他后来研究,是完全可以避免的。他指出,当时的印度有着充分的粮食供应,只是由于大量的农工失去工作,贫穷如洗,从而失去了购买能力,粮食的分配途径遂因此而被阻断。通过审慎考察近年发生的重大饥荒的环境条件和形成机制,阿马蒂亚·森指出,在许多饥荒的实例中,食物的供应能力实际上并未显著减少。相反,正是另外的社会和经济因素,如工资降低、失业、食物价格昂贵、食物分配系统崩溃等,造成了社会中某些群体的人们陷于饥饿。换句话说,饥荒的形成并不是没有粮食,而是饥饿的人有需求而无消费——这些人的粮食消费权利被废止了!这样的饥饿群体,总是无钱无权的底层民众。森用他少时的经验告诉人们,灾荒年代受苦最深,乃至大量死亡的,永远是在社会阶梯上处于底层的人,特别是那些根本无阶梯可上的农业劳动者。他们处于完全无法采取行动的状态——既无从获得食物,也无力逃避灾祸。一个国家的阶级特征在灾荒年代表现得就是这样突出。森的结论是:饥荒不仅源于食物的缺乏,更源于食物分配机制上的不平等。

饥荒既然多属人祸,那么它就不是不可避免的。饥荒出现的时候,也正是需要政府积极发挥职能的时候。由于饥荒的主要受害者是穷人,政府便可通过适当的就业方案,如实施某些公共工程等,提高穷人的收入,使他们有能力购买食物,同时严格平抑物价,使之保持稳定,从而防止饥民产生乃至死亡。即使是最贫穷的国家,只要政府采取了得当的干预措施,也能顺利渡过严重的水旱灾荒,1973年的印度,80年代初期的津巴布韦和博茨瓦纳,都是例子。

阿马蒂亚·森研究范围广泛,除经济发展外,在福利经济学、社会选择理论等方面也都成就斐然。他已经出版了《贫困与饥荒:论权利与剥夺》、《理性与自由》、《以自由看待发展》、《身份认同与暴力》、《经济发展与自由》、《集体选择和社会福利》、《论经济上的不平等》、《伦理学和经济学》、《自由、合理性与社会抉择》等十几部专著,其中前5种已经出版汉译本。

森穷其一生致力于福利经济学的研究,并因此而被称作"经济学界的良心"。他在1970年出版的专著《集体选择和社会福利》影响深远。该书就个人权利、多数裁定原则、有关个体状况资料的有效性等做了着重论述,意在促使研究者将注意力集中在社会基本福利问题上。他设计了若干方法，用以测算贫穷的程度，算后所得的数据，可以为改进穷人的经济状况提供有效的帮助。他关于饥荒原因的著作尤负盛名。他的研究成果具有很大的现实意义，为有效地防止或减轻食物短缺带来的后果提供了实际的解决方法。

## 总统、首相的导师——米尔顿·弗里德曼

1992年获诺贝尔经济学奖的贝克尔形容，弗里德曼可能是全球最知名的经济学家，"他能以最简单的语言表达最艰深的经济理论"。他亦是极出色的演说家，能随时即席演说，极富说服力。香港科技大学经济发展研究中心主任雷鼎鸣形容弗里德曼思考快如闪电，据说辩论从未输过。"无人敢说辩赢了他，因与他辩论过已是无限光荣，没多少人能与他说上两分钟。"

弗里德曼生于纽约市一个犹太工人家庭，他的父母从奥匈帝国来到美国相识，曾在血汗工厂工作。弗里德曼是家中第四个孩子，也是唯一的男孩。在高中的最后一年，弗里德曼的父亲去世。

他16岁前完成高中学业，凭奖学金入读罗杰斯大学。原打算成为精算师的弗里德曼最初修读数学，成绩为3.62（对于4学分的大学，3.62属于优秀），1932年取得经济学学士学位，翌年他到芝加哥大学修读硕士，1933年芝加哥大学硕士毕业。在芝加哥大学上第一堂经济课时，座位是以姓氏字母编排，他紧随一名叫罗斯的女生之后，两人6年后结婚，从此终生不渝。弗里德曼曾说他的作品无一不被罗斯审阅，更笑言自己成为学术权威后，罗斯是唯一敢跟他辩论的人。当弗里德曼病逝时，罗斯说："我除了时间，什么都没有了。"可见夫妻情深。

### 治学之路

#### 站在凯恩斯的对面

20世纪30年代的经济大萧条曾使凯恩斯的有效需求不足理论和政府干预经济的政策闻名于世；"二战"后，西方社会20余年的经济繁荣更让凯恩斯思想大放异彩。但正是在凯恩斯主义的鼎盛时期——20世纪50年代，以弗里德曼为主要创始人的货币学派打着对抗"凯恩斯革命"的旗号诞生了。

#### 两个重要特点

弗里德曼的理论具有两个重要特点：坚持经济自由，强调货币作用。

他旗帜鲜明地反对凯恩斯的政府干预思想。弗里德曼认为,在社会经济的发展过程中,市场机制的作用是最重要的。市场经济具有达到充分就业的自然趋势,只是因为价格和工资的调整相对缓慢,所以要达到充分就业的状况可能需要经过一定时间。如果政府过多干预经济,就将破坏市场机制的作用,阻碍经济发展,甚至造成或加剧经济的动荡。

弗里德曼还强劲地攻击凯恩斯所倡导的财政政策。他认为,在货币供给量不变的情况下,政府增加开支将导致利率上升,利率上升将引起私人投资和消费的缩减,从而产生"挤出效应",抵消增加的政府支出,因此货币政策才是一切经济政策的重心。

### 反通货膨胀的旗手

20世纪70年代的经济"滞涨"为货币学派带来了大展宏图的历史机遇。长期实施"凯恩斯主义"的扩张性经济政策终于给西方经济带来了恶果。70年代之后,各国的经济发展缓慢下来,赤字越来越大,失业越来越多,通货膨胀率越来越高。在这种经济形势下,经过10多年发展起来的货币学派选择了以通货膨胀为主要靶子,提出了以稳定货币、反对通货膨胀为中心内容的一系列政策主张。

与其他经济学家不同,弗里德曼把通货膨胀的责任完全归到了政府的身上。"没有一个政府肯承担通货膨胀的责任,即使不是很严重的通货膨胀也是如此。政府官员往往寻找各种借口,把责任推托给贪婪的企业家、刚性的工会、挥霍无度的消费者、阿拉伯的酋长、恶劣的气候以及一些风马牛不相及的理由。无疑,企业家是贪婪的,工会也有刚性,消费者并不节约,阿拉伯酋长提高了石油价格,天气往往不正常,然而所有这些只能提高个别商品的价格,并不能使一般物价普遍提高。"

弗里德曼认为,根治通货膨胀的唯一出路是减少政府对经济的干预,控制货币增长。控制货币增长的方法是实行"单一规则",即中央银行在制定和执行货币政策的时候要"公开宣布并长期采用一个固定不变的货币供应增长率"。

由于这些政策主张顺应了西方经济在新形势下发展的需要,因此赢得了许多的赞同者和追随者,并且得到官方的特别赏识。20世纪80年代初,弗里德曼成为了里根政府的经济政策顾问,在1979年至1990年期间,弗里德曼还是英国首相撒切尔的经济顾问。

在里根和撒切尔这两位"高徒"的推动下,西方世界在20世纪80年代掀起了一股浩大的"放松管制"运动。

瑞士、日本等被认为是"成功地控制了通货膨胀"的国家，自称其"成功的秘密"就在于实行了货币学派的"稳定的货币供应增长率"政策。货币学派一时声誉鹊起，被普遍看作凯恩斯学派之后的替代者，弗里德曼更是被称为"反通货膨胀的旗手"。

"负罪"的获奖人

1976 年，弗里德曼获得诺贝尔经济学奖。在颁奖典礼上，当他从座位上起立以便从瑞典国王手中接过获奖证书时，一位观众突然举起"自由归于智利人民"的横幅站起来进行抗议，大喊"资本主义下台，弗里德曼下台"，会场一阵骚乱。

事情的起因还要从智利的军事政变说起。20 世纪 70 年代，智利军人皮诺切特发动军事政变推翻阿连德政府。阿连德是社会党人，上台后推行国有化和计划经济。这些政策引起智利国内经济倒退与混乱。皮诺切特上台后开始用强力手段推行市场经济改革，改革方案是由萨克斯等一批美国青年经济学家策划的，这些人中不少曾受教于弗里德曼。这种经济转型引起智利国内失业与贫穷现象严重，遭到左翼人士反对，皮诺切特对他们实施镇压，国内矛盾激化。于是，一些人指责弗里德曼同智利问题有牵连，设在瑞典的智利委员会则把弗里德曼称为"要对当前智利的失业饥饿政策负有罪责的经济学家"。在这样的背景下，发生颁奖典礼上的抗议事件也就不足为奇了。

颁奖典礼上的尴尬从另一个侧面也表明弗里德曼经济政策在 20 世纪七八十年代的影响力。无论是发达国家还是发展中国家，其经济运行无处不渗透着弗里德曼的思想与主张。

2006 年 11 月 6 日，弗里德曼逝世。

## 欧元之父——罗伯特·蒙代尔

罗伯特·蒙代尔（Robert A. Mundell），美国哥伦比亚大学教授、女娲亚太基金会国际资深顾问、世界品牌实验室主席、1999 年诺贝尔经济学奖获得者、"最优货币区理论"的奠基人，被誉为"欧元之父"。

罗伯特·蒙代尔曾就读于英属哥伦比亚大学和伦敦经济学院，于麻省理工学院获得哲学博士学位。在 1961 年任职于国际货币基金组织（IMF）前曾在斯坦福大学和约翰霍普金斯大学高级国际研究院 Bologna（意大利）中心任教。自 1966 年至 1971 年，他是芝加哥大学的经济学教授和《政治经济期刊》的编辑；

他还是瑞士日内瓦的国际研究研究生院的国际经济学暑期教授。1974 年起执教于哥伦比亚大学。

蒙代尔教授在北美洲、南美洲、欧洲、非洲、澳大利亚和亚洲等地广泛讲学。他是联合国、国际货币基金组织、世界银行、加拿大政府、拉丁美洲和欧洲的一些国家、美国联邦储备委员会和美国财政部等许多国际机构和组织的顾问。1970 年,他担任欧洲经济委员会货币委员会的顾问;他还是 1972～1973 年度在布鲁塞尔起草关于统一欧洲货币的报告的 9 名顾问之一。自 1964 年至 1978 年,他担任 Bellagio—Princeton 国际货币改革研究小组成员;自 1971 年至 1987 年,他担任 Santa Colomba 国际货币改革会议主席。

蒙代尔教授发表了大量有关国际经济学理论的著作和论文,被誉为最优化货币理论之父;他系统地描述了什么是标准的国际宏观经济学模型;蒙代尔教授是货币和财政政策相结合理论的开拓者;他改写了通货膨胀和利息理论;蒙代尔教授与其他经济学家一起,共同倡导利用货币方法来解决支付平衡;此外,他还是供应学派的倡导者之一。蒙代尔教授撰写了大量关于国际货币制度史的文章,对于欧元的创立起了重要的作用。此外,他撰写了大量关于"转型"经济学的文章。1997 年,蒙代尔教授参与创立了《Zagreb 经济学杂志》。2005 年,以蒙代尔教授名字命名的《蒙代尔》杂志(The Mundell)出版。蒙代尔教授自 1999 年开始担任全球领先的战略咨询机构——世界经理人集团的董事会主席。

蒙代尔教授撰写的著作包括《国际货币制度:冲突和改革》(蒙特利尔:加拿大私营规划协会,1965 年);《人类与经济学》(纽约:McGraw—Hill,1968 年);《国际经济学》(纽约:Macmillan,1968 年);《货币理论:世界经济中的利息、通货膨胀和增长》(加利福尼亚,Pacific Palisades:Goodyear,1971 年);《新国际货币制度》(与 J. J. Polak 共同编写)(1977 年);《世界经济中的货币历程》(与 Jack Kemp 共同编写)(1983 年)。其合编的著作包括:《全球失衡》(1990 年);《债务、赤字和经济状况》(1991 年);《建设新欧洲》(与 M. Baldassarri 共同编写)(1992 年);《中国的通货膨胀与增长》(与 M. Guitian 共同编写)(1996 年);《欧元作为国际货币制度的稳定器》(与 A. Clesse 共同编写)(2000 年)。

# 世界经济机构

## 国际货币基金组织

国际货币基金组织（International Monetary Fund，IMF），是世界银行巨头们私有的欧美中央银行以及其他一些掌控了世界经济命脉的银行家们所掌握的（欧美中央银行一般是私有的，这些国际银行家们掌握了货币发行权，也就是这些政府真正的幕后之手）国际金融组织。1946年3月正式成立。1947年3月1日开始工作，1947年11月15日成为联合国的专门机构，在经营上有其独立性。总部设在华盛顿。

国际货币基金组织的最高权力机构为理事会，由各成员派正、副理事各一名组成，一般由各国的财政部长或中央银行行长担任。每年9月举行一次会议，各理事会单独行使本国的投票权（各国投票权的大小由其所缴基金份额的多少决定）；执行董事会负责日常工作，行使理事会委托的一切权力，由24名执行董事组成，其中8名由美、英、法、德、日、俄、中、沙特阿拉伯指派，其余16名执行董事由其他成员分别组成16个选区选举产生；中国为单独选区，亦有一席。执行董事每两年选举一次；总裁由执行董事会推选，负责基金组织的业务工作，任期5年，可连任，另外还有3名副总裁。

该组织临时委员会被看作是世界两大金融机构之一国际货币基金组织的决策和指导机构。该委员会将在政策合作与协调，特别是在制订中期战略方面充分发挥作用。国际货币基金组织每年与世界银行共同举行年会。

### 机构宗旨

该组织宗旨是通过一个常设机构来促进国际货币合作，为国际货币问题的磋商和协作提供方法；通过国际贸易的扩大和平衡发展，把促进和保持成员国的就业、生产资源的发展、实际收入的高水平，作为经济政策的首要目标；稳定国际汇率，在成员国之间保持有秩序的汇价安排，避免竞争性的汇价贬值；协助成员国建立经常性交易的多边支付制度，消除妨碍世界贸易的外汇管制；在有适当保证的条件下，基金组织向成员国临时提供普通资金，使其有信心利用此机会纠正国际收支的失调，而不采取危害本国或国际繁荣的措施；按照以上目的，缩短成员国国际收支不平衡的时间，减轻不平衡的程度等。

## 主要职能

其主要职能：制定成员国间的汇率政策和经常项目的支付以及货币兑换性方面的规则，并进行监督；对发生国际收支困难的成员国在必要时提供紧急资金融通，避免其他国家受其影响；为成员国提供有关国际货币合作与协商等会议场所。促进国际间的金融与货币领域的合作；促进国际经济一体化的步伐；维护国际间的汇率秩序；协助成员国之间建立经常性多边支付体系等。

## 组织资金

该组织的资金来源于各成员认缴的份额。成员享有提款权，即按所缴份额的一定比例借用外汇。1969 年又创设"特别提款权"的货币（记账）单位，作为国际流通手段的一个补充，以缓解某些成员的国际收入逆差。成员有义务提供经济资料，并在外汇政策和管理方面接受该组织的监督。

## IMF 的改革

在 2009 年 9 月美国匹兹堡召开的二十国集团（G20）第三次金融峰会上，与会领导人承诺将新兴市场和发展中国家在 IMF 的份额提高到至少 5% 以上，5% 的变化意味着发达国家和发展中国家双方的投票权比例由 57∶43 调整到 52∶48，接近对等。中国成为投票权转移的最大赢家，超过英国和法国成为 IMF 投票权的第四大国，仅次于美国、日本和德国。但由于未能兑现，中国的 IMF 份额增加到 3.977%，投票权增加到 3.807%，依然低于美国（16.77%），日本（6.01%），德国（5.87%），英国（4.85%），法国（4.85%）。

# 世界银行

世界银行（WBG）是世界银行集团的俗称，"世界银行"这个名称一直是用于指国际复兴开发银行（IBRD）和国际开发协会（IDA）。这些机构联合向发展中国家提供低息贷款、无息信贷和赠款。它是一个国际组织，其一开始的使命是帮助在第二次世界大战中被破坏的国家的重建。今天它的任务是资助国家克服贫困，各机构在减轻贫困和提高生活水平的使命中发挥独特的作用。

世界银行成立于1945年12月27日，1946年6月开始营业。凡是参加世界银行的国家必须首先是国际货币基金组织的会员国。其成立的详细背景参照国际货币基金组织一章。世界银行集团目前由国际复兴开发银行（即世界银行）、国际开发协会、国际金融公司、多边投资担保机构和解决投资争端国际中心五个成员机构组成。总部设在美国首都华盛顿。国际银行家推动的美国联邦货币储备委员会也在此地。世界银行仅指国际复兴开发银行（IBRD）和国际开发协会（IDA）。"世界银行集团"则包括IBRD、IDA及3个其他机构，即国际金融公司、多边投资担保机构和解决投资争端国际中心。这5个机构分别侧重于不同的发展领域，但都运用其各自的比较优势，协力实现其共同的目标，即减轻贫困。

世界银行的工作经常受到非政府组织和学者的严厉批评，有时世界银行内部的审查也对其某些决定提出质疑。往往世界银行被指责为美国或西方国家施行有利于它们自己的经济政策的执行者，此外往往过快、不正确地、按错误的顺序引入的或在不适合的环境下进行的市场经济改革对发展中国家的经济反而造成破坏。世界银行的真正掌控者是世界银行巨头，他们最终的目的是追逐利润，现在的状况可以说是一个妥协的结果。

今天世界银行的主要帮助对象是发展中国家，帮助它们建设教育、农业和工业设施。它向成员国提供优惠贷款，同时世界银行向受贷国提出一定的要求，比如减少贪污或建立民主等。

## 世界银行的股份及组织机构

### 世界银行的股份

世界银行按股份公司的原则建立。成立初期，世界银行法定资本100亿美元，全部资本为10万股，每股10万美元。凡是会员国均要认购银行的股份，认购额由申请国与世行协商并经世行董事会批准。一般来说，一国认购股份的多少根据该国的经济实力，同时参照该国在国际货币基金组织缴纳的份额大小而定。会员国认购股份的缴纳有两种方法：

（1）会员国认购的股份，先缴20%。其中2%要用黄金或美元缴纳，18%用会员国本国的货币缴纳。

（2）其余80%的股份，当世行催交时，用黄金、美元或世界银行需要的货币缴付。世界银行的重要事项都需会员国投票决定，投票权的大小与会员国认购的股本成正比，与国际货币基金的有关投票权的规定相同。世界银行每一会员国拥有250票基本投票权,每认购10万美元的股本即增加一票。美国认购的股份最多,有投票权226178票,占总投票数的17.37%,对世界银行事务与重要贷款项目的决定起着重要作用。我国认购的股金为42.2亿美元,有投票权35221票,占总投票数的2.71%。

世界银行的组织机构

世界银行的最高权利机构是理事会,由每一会员国选派理事和副理事各一人组成。任期5年,可以连任。副理事在理事缺席时才有投票权。

理事会的主要职权包括:批准接纳新会员国;增加或减少银行资本;停止会员国资格;决定银行净收入的分配,以及其他重大问题。理事会每年举行一次会议,一般与国际货币基金组织的理事会联合举行。

世界银行负责组织日常业务的机构是执行董事会,行使由理事会授予的职权。按照世界银行章程规定,执行董事会由21名执行董事组成,其中5人由持有股金最多的美国、日本、英国、德国和法国委派。另外16人由其他会员国的理事按地区分组选举。我国和沙特阿拉伯由于拥有一定的投票权,均可自行单独选举一位执行董事。

世界银行行政管理机构由行长、若干副行长、局长、处长、工作人员组成。行长由执行董事会选举产生,是银行行政管理机构的首脑,他在执行董事会的有关方针政策指导下,负责银行的日常行政管理工作,任免银行高级职员和工作人员,行长同时兼任执行董事会主席,但没有投票权。只有在执行董事会表决中双方的票数相等时,可以投关键性的一票。

世界银行工作目标

世界银行向发展中国家提供长期贷款和技术协助来帮助这些国家实现它们的反贫穷政策。世界银行的贷款被用在非常广泛的领域中,从对医疗和教育系统的改革到诸如堤坝、公路和国家公园等环境和基础设施的建设。除财政帮助外,世界银行还在所有的经济发展方面提供顾问和技术协助。1996年詹姆斯·沃尔芬森当任总裁以来,世界银行将其重点集中在反贪污运动上。有人认为这个做法违反了世界银行协议第10节第10款中规定的"非政治性"。不过世界银行在社会经济学的名义下曾多次涉及会员国国家改革乃至选举的活动。

近年来世界银行开始放弃它一直追求的经济发展而更加集中于减轻贫穷。它也开始更重视支持小型地区性的企业,它意识到干净的水、教育和可持续发展对经济发展是非常关键的,并开始在这些项目中投巨资。作为对批评的反应,世界银行采纳了许多环境和社会保护政策来保证其项目在受贷国内不造成对当地人或人群的损害。虽然如此,非政府组织依然经常谴责世界银行集团的项目带来环境和社会的破坏以及未达到它们的目的。

私营部门发展是世界银行的一个战略，其目的是推助发展中国家的私营化。世界银行的所有其他战略都必须与这个战略相协调。

## 世界贸易组织

1994年4月15日，在摩洛哥的马拉喀什市举行的关贸总协定乌拉圭回合部长会议决定成立更具全球性的世界贸易组织 World Trade Organization，WTO。简称"世贸组织"，以取代成立于1947年的关贸总协定（GATT）。

世贸组织是一个独立于联合国的永久性国际组织。1995年1月1日，世贸组织正式开始运作，负责管理世界经济和贸易秩序，总部设在瑞士日内瓦莱蒙湖畔。1996年1月1日，它正式取代关贸总协定临时机构。世贸组织是具有法人地位的国际组织，在调解成员争端方面具有更高的权威性。与关贸总协定相比，世贸组织涵盖货物贸易、服务贸易以及知识产权贸易，而关贸总协定只适用于商品货物贸易。

世贸组织成员分4类：发达成员、发展中成员、转轨经济体成员和最不发达成员。2006年11月7日，世界贸易组织总理事会在日内瓦召开特别会议，正式宣布接纳越南成为该组织第150个成员。

世界贸易组织总部设在瑞士日内瓦。世贸组织的第一任总干事是意大利前外贸部长雷纳托·鲁杰罗，第二任总干事是新西兰前总理麦克·穆尔，第三任总干事是泰国前副总理兼商业部长素帕猜，第四任总干事是欧盟前贸易谈判代表帕斯卡尔·拉米。

建立世贸组织的设想是在1944年7月举行的布雷顿森林会议上提出的，当时设想在成立世界银行和国际货币基金组织的同时，成立一个国际性贸易组织，从而使它们成为"二战"后左右世界经济的"货币－金融－贸易"三位一体的机构。1947年联合国贸易及就业会议签署的《哈瓦那宪章》同意成立世贸组织，后来由于美国的反对，世贸组织未能成立。同年，美国发起拟订了关贸总协定，作为推行贸易自由化的临时契约。1986年关贸总协定乌拉圭回合谈判启动后，欧洲共同体和加拿大于1990年分别正式提出成立世贸组织的议案，1994年4月，在摩洛哥马拉喀什举行的关贸总协定部长级会议才正式决定成立世贸组织。1947—1993年，关贸总协定主持了8轮多边关税与贸易谈判，第8轮谈判于1986年至1993年12月15日在日内瓦举行，称为"乌拉圭回合"。其中第五轮称为"狄龙回合"，第六轮称为"肯尼迪回合"，第七轮称为"东京回合"。世贸组织与国际货币基金组织（IMF）、世界银行（WBG）一起被称为世界经济发展的三大支柱。

##  世界贸易组织大厦

2003年8月30日,世贸组织总理事会一致通过了关于实施专利药品强制许可制度的文件。根据这份文件的规定,发展中成员和最不发达成员因艾滋病、疟疾、肺结核及其他流行疾病而发生公共健康危机时,可在未经专利权人许可的情况下,在其内部通过实施专利强制许可制度,生产、使用和销售有关治疗导致公共健康危机疾病的专利药品。这不仅将大大降低相关专利药品的市场价格,而且将有利于更迅速和有效地控制、缓解公共健康危机,确保生命健康基本权利得到尊重和保护。

同年12月13日至18日,世贸组织第六次部长级会议在中国香港举行,会议通过了《部长宣言》,规定发达成员和部分发展中成员2008年前向最不发达国家所有产品提供免关税、免配额的市场准入;发达成员2006年取消棉花的出口补贴,2013年年底前取消所有形式农产品出口补贴。

##  世贸组织的宗旨

世贸组织的宗旨是:提高生活水平,保证充分就业和大幅度、稳步提高实际收入和有效需求;扩大货物和服务的生产与贸易;坚持走可持续发展之路,各成员方应促进对世界资源的最优利用、保护和维护环境,并以符合不同经济发展水平下各成员需要的方式,加强采取各种相应的措施;积极努力确保发展中国家,尤其是最不发达国家在国际贸易增长中获得与其经济发展水平相适应的份额和利益。

##  世贸组织的基本职能

世贸组织的基本职能是:管理和执行共同构成世贸组织的多边及诸边贸易协定;作为多边贸易谈判的讲坛;寻求解决贸易争端;监督各成员贸易政策,并与其他同制订全球经济政策有关的国际机构进行合作。与关贸总协定相比,世贸组织管辖的范围除传统的和乌拉圭回合确定的货物贸易外,还包括长期游离于关贸总协定外的知识产权、投资措施和非货物贸易(服务贸易)等领域。世贸组织具有法人地位,它在调解成员争端方面具有更高的权威性和有效性。

##  世贸组织目标

世界贸易组织的目标是建立一个完整的,包括货物、服务、与贸易有关的投资及知识产权等内容的,更具活力、更持久的多边贸易体系,使之可以包括关贸总协定贸易自由化的成果和乌拉圭回合多边贸易谈判的所有成果。

## 世贸组织基本原则

世界贸易组织的基本原则是非歧视贸易原则，包括最惠国待遇、透明度和国民待遇条款；可预见的和不断扩大的市场准入程度，主要是对关税的规定；促进公平竞争，致力于建立开放、公平、无扭曲竞争的"自由贸易"环境和规则；鼓励发展与经济改革。

## 世贸组织的组织机构

### 部长级会议

部长级会议是世贸组织的最高决策权力机构，一般两年举行一次会议，讨论和决定涉及世贸组织职能的所有重要问题，并采取行动。

部长级会议的主要职能是：任命世贸组织总干事并制定有关规则；确定总干事的权力、职责、任职条件和任期以及秘书处工作人员的职责及任职条件；对世贸组织协定和多边贸易协定做出解释；豁免某成员对世贸组织协定和其他多边贸易协定所承担的义务；审议其成员对世贸组织协定或多边贸易协定提出修改的动议；决定是否接纳申请加入世贸组织的国家或地区为世贸组织成员；决定世贸组织协定及多边贸易协定生效的日期等。下设总理事会和秘书处，负责世贸组织日常会议和工作。世贸组织成员资格有创始成员和新加入成员之分，创始成员必须是关贸总协定的缔约方，新成员必须由其决策机构——部长会议以三分之二多数票通过方可加入。

### 总理事会

在部长级会议休会期间，其职能由总理事会行使，总理事会也由全体成员组成。总理事会可视情况需要随时开会，自行拟订议事规则及议程。同时，总理事会还必须履行其解决贸易争端和审议各成员贸易政策的职责。

总理事会下设货物贸易理事会、服务贸易理事会、知识产权理事会。这些理事会可视情况自行拟订议事规则，经总理事会批准后执行。所有成员均可参加各理事会。

### 各专门委员会

部长级会议下设立专门委员会，以处理特定的贸易及其他有关事宜。已设立贸易与发展委员会，国际收支限制委员会，预算、财务与行政委员会，贸易与环境委员会等10多个专门委员会。

### 秘书处与总干事

秘书处与总干事：由部长级会议任命的总干事领导的世界贸易组织秘书处（下

称秘书处），设在瑞士日内瓦，大约有500人。秘书处工作人员由总干事指派，并按部长级会议通过的规则决定他们的职责和服务条件。部长级会议明确了总干事的权力、职责、服务条件及任期规则。世贸组织总干事主要有以下职责：他可以最大限度地向各成员施加影响，要求它们遵守世贸组织规则；总干事要考虑和预见世贸组织的最佳发展方针；帮助各成员解决它们之间所发生的争议；负责秘书处的工作，管理预算和所有成员有关的行政事务；主持协商和非正式谈判，避免争议。

截至1999年5月，世贸组织共有30多个理事会和常设委员会。

### 世贸组织标识

1997年10月9日，世贸组织启用新的标识。该标识由六道向上弯曲的弧线组成，上三道和下三道分别为红、蓝、绿三种颜色。标识意味着充满活力的世贸组织在持久和有序地扩大世界贸易方面将发挥关键作用。六道弧线组成的球形表示世贸组织是不同成员组成的国际机构。标识久看有动感，象征世贸组织充满活力。标识的设计者是新加坡的杨淑女士，她的设计采用了中国传统书法的笔势，六道弧线带有毛笔书法起笔和收笔的韵味。

## 亚洲开发银行

亚洲开发银行（Asian Development Bank，ADB。简称"亚行"）是亚洲和太平洋地区的区域性金融机构。它不是联合国下属机构，但它是联合国亚洲及太平洋经济社会委员会（联合国亚太经社会）赞助建立的机构，同联合国及其区域和专门机构有密切的联系。根据1963年12月在马尼拉由联合国亚太经社会主持召开的第一届亚洲经济合作部长级会议的决议，1965年11月至12月在马尼拉召开的第二届会议通过了亚洲开发银行章程。同年12月19日正式营业，总部设在菲律宾首都马尼拉。

### 亚行宗旨

建立亚行的宗旨是通过发展援助帮助亚太地区发展中成员消除贫困，促进亚太地区的经济和社会发展。亚行对发展中成员的援助主要采取4种形式：贷款、股本投资、技术援助、联合融资相担保。

### 亚行具体任务

（1）为亚太地区发展中会员国或地区成员的经济发展筹集与提供资金；

（2）促进公、私资本对亚太地区各会员国投资；

（3）帮助亚太地区各会员国或地区成员协调经济发展政策，以更好地利用自己的资源在经济上取长补短，并促进其对外贸易的发展；

（4）对会员国或地区成员拟定和执行发展项目与规划提供技术援助；

（5）以亚洲开发银行认为合适的方式，同联合国及其附属机构，向亚太地区发展基金投资的国际公益组织，以及其他国际机构、各国公营和私营实体进行合作，并向它们提供投资与援助的机会；

（6）发展符合亚洲开发银行宗旨的其他活动与服务。

## 亚行组织机构

亚行的组织机构主要有理事会和董事会。由所有成员代表组成的理事会是亚行最高决策机构，负责接纳新成员、变动股本、选举董事和行长、修改章程等，通常每年举行一次会议。行长是该行的合法代表，由理事会选举产生，任期5年，可连任。

## 亚行资金及来源

### 普通资金

普通资金用于亚洲开发银行的硬贷款业务。这是亚洲开发银行进行业务活动最主要的资金来源。普遍资金来源于股本、借款、普通储备金、特别储备金、净收益和预交股本等。

### 开发基金

亚洲开发银行基金创建于1974年6月，基金主要是来自亚洲开发银行发达会员国或地区成员的捐赠，用于向亚太地区贫困国家或地区发放优惠贷款。同时亚洲开发银行理事会还按有关规定从各会员国或地区成员缴纳的未核销实缴股本中拨出10%作为基金的一部分。此外，亚洲开发银行还从其他渠道取得部分赠款。

### 技术援助特别基金

亚洲开发银行认为，除了向会员国或地区成员提供贷款或投资以外，还需要提高发展中国家会员或地区成员的人力资源素质和加强执行机构的建设。为此，亚洲开发银行于1967年成立了技术援助特别基金。该项基金的一个来源为赠款；另一个来源是根据亚洲开发银行理事会1986年10月1日会议决定，在为亚洲开发基金增资36亿美元时将其中的2%拨给技术援助特别基金。

### 日本特别基金

在1987年举行的亚洲开发银行第20届年会上，日本政府表示，愿出资建立一个特别基金。亚洲开发银行理事会于1988年3月10日决定成立日本特别基金。主要用途：（1）以赠款的形式，资助会员国或地区成员的公营、私营部门的开发项目。（2）以单独或联合赠款的形式，对亚洲开发银行向公营部门开发项目进行贷款的技术援助部分予以资助。

## 亚行主要业务

贷　款

亚洲开发银行所发放的贷款按条件划分，有硬贷款、软贷款和赠款三类。硬贷款的贷款利率为浮动利率，每半年调整一次，贷款期限为10～30年（2～7年宽限期）。软贷款也就是优惠贷款，只提供给人均国民收入低于670美元（1983年）且还款能力有限的会员国或地区成员，贷款期限为40年（10年宽限期），没有利息，仅有1%的手续费。赠款用于技术援助，资金由技术援助特别基金提供，赠款额没有限制。

亚洲开发银行贷款按方式划分有项目贷款、规划贷款、部门贷款、开发金融机构贷款、特别项目执行援助贷款和私营部门贷款等。

技术援助

技术援助可分为项目准备技术援助、项目执行援助、咨询技术援助和区域活动技术援助。技术援助项目由亚洲开发银行董事会批准，如果金融不超过35万美元，行长也有权批准，但须通报董事会。

选举历史

截至2009年5月，日本和美国同为亚行最大股东，各持有15.571%的股份和拥有12.756%的投票权。1986年2月17日，亚行理事会通过决议，接纳中国为亚行成员国。同年3月10日中国正式为亚行成员，台湾以"中国台北"名义继续保留席位。中国是亚行第三大股东国，持股6.429%，拥有5.442%的投票权。在1987年4月举行的理事会第20届年会董事会改选中，中国当选为董事国并获得在董事会中单独的董事席位。同年7月1日，亚行中国董事办公室正式成立。1986年，中国政府指定中国人民银行为中国对亚行的官方联系机构和亚行在中国的保管银行，负责中国与亚行的联系及保管亚行所持有的人民币和在中国的其他资产。2000年6月16日，亚行驻中国代表处在北京成立。2008年8月，亚行董事会任命中国进出口银行副行长赵晓宇为亚行副行长。